미혹의
영을
경계하라

미혹의
영을
경계하라

• 초판 1쇄 발행 2016년 6월 30일

• 지은이 조 디모데(정래) 지음
• 펴낸이 조유선
• 펴낸곳 누가출판사

• 등록번호 제315-2013-000030호
• 등록일자 2013. 5. 7.
• 주소 서울특별시 공항대로 637 B-102(염창동, 현대아이파크 상가)
• 전화 02-826-8802 팩스 02-6455-8805

• 정가 13,000원
• ISBN 979-11-85677-12-5 03230

미혹의 영을 경계하라

Hells and Heavens

조 디모데(정래) 지음

"근신하라 깨어라 너희 대적 마귀가 우는 사자처럼 두루 다니며 삼킬 자를 찾나니.
너희는 믿음을 굳게 하여 저를 대적하라
이는 세상에 있는 너희 형제들도 동일한 고난을 당하는 줄을 앎이라"
베드로전서 5장 8–9절

출판사
누가

여호와 닛시!!!

신약성경에 보면 예수님의 제자들이 예수님께 질문을 했다. "주의 임하심(재림)과 세상 끝에는 무슨 징조가 있습니까?" 그때에 예수님의 첫마디가 "너희가 사람의 미혹을 받지 않도록 주의하라 많은 사람이 내 이름으로 와서 이르되 나는 그리스도(구원자)라 하여 많은 사람을 미혹케하리라"(마태복음 24:3-4)고 말씀하셨다.

그리고 디모데전서 4장 1-2절에 "성령이 밝히 말씀하시기를 후일에 어떤 사람들이 믿음에서 떠나 미혹케 하는 영과 귀신의 가르침을 좇으리라 하셨으니, 자기 양심이 화인을 맞아서 외식함으로 거짓말하는 자들이라"고 1900년 전에 이미 예언을 하셨다.

예수님이 심판주로 다시 오실 재림의 시기가 가까이 왔음을 실감케 한다. 우리나라에도 자칭 하나님, 재림예수가 많이 등장했기 때문이다.

대한민국이 요란스럽다. 성경을 모독하는 이단사상이 난무하고, '지옥의 소리'가 등장하고, '천국과 지옥'을 다녀왔다는 간증자들이 신앙을 혼란스럽게 만들고, 서울에 '자미국을 개국하고 자미인황, 지황이란 관명을 받아 자칭 인류의 대표요, 황제가 되어 우주의 창조자이신 여호와 하나님을 모욕하는 자가 있어 하나님의 종으로 더 이상 침묵하고 보고만 있을 수 없어 하나님께 기도하는 중 골리앗 앞에 다윗처럼 여기에 대한 책을 쓰기로 결심했다.

"하나님의 말씀은 살았고 운동력이 있어 좌우에 날선 어떤 검보다도 예리하여 혼과 영과 및 관절과 골수를 찔러 쪼개기까지 하며 또 마음의 생각과 뜻을 감찰하나니, 지으신 것이 하나라도 그 앞에 나타나지 않음이 없고 오직 만물이 우리를 상관하시는 자의 눈앞에 벌거벗은 것같이 드러나느니라"(히브리서 4:12-13)

이제 자미국의 정체와 미혹의 영과 귀신의 가르침이 무엇인지 생생하게 들어 날 것이다.

이러한 일이 일어날 것을 하나님께서는 내가 1977년 호남신학교 3학년 때 심령과학에 대해 관심을 갖게 하셨고, 그 이듬해인 1978년에는 우연히 주간지에 연재되고 있는 '영계의 여행'이란 제목 하에 '사후의 진상'이란 내용을 읽어 보면서 더욱 사후의 세계인 '영계'에 대해서 관심을 갖게 되었다. 그러던 중 어느 지인으로부터 하나의 자료인 회보(會報)를 전달 받았다. 그 회보를 읽던 중 '신과 악마에 대하여'라는 제목을 읽고 큰 충격을 받았다. 그것은 영계에서 온 통신인데 "지상의 산물인 신학(神學)을 박멸하고 이것의 대신으로 보다 더 올바른 신의 가르침을 지켜야 한다."는 것이다. 그런데 그것이 30여 년이 지난 지금 현실이 되고 있다. 그때 이것에 대한 연구를 하지 않으면 안 되겠다는 생각이 들어 연구를 시작했고, 그것에 대한 자료와 책을 모았다.

그리고 성경을 다시 읽기 시작했다. 구약 창세기로부터 신약 계시록의 중요한 구절을 노트에 기록하면서 정독했다. 성경을 읽으며 깨달은 것은 지금까지 하나님의 창조에 대해서 잘못 이해하고 있었다는 것이다.

지금까지 우리가 알고 있고, 가르치고 있는 창조론은 태양계를 중심으로 한 창조로만 알고 있었기 때문에 우주만물을 창조하신 여호와 하나님의 창조를 축소해석하고 있었던 것이다. 이제 우리는 하나님의 창조가 재해석 되어야 한다. 기독교인들이 하나님의 창조에 대해서 잘못 이해하고 있기 때문에 믿지 않는 자들에게 하나님의 창조에 대해서 공격을 받고 있다.

2000년대에 들어오면서 더욱 사탄의 역사가 여기저기서 두드러지게 나타나고 있고, 표적과 기적이 곳곳에서 일어나고 있다. 그 중에 자미국이 등장했다. 그가 쓴 책이 30여 권이나 된다. 필자도 10권 이상을 구입해 읽어 보았다.

'천경'과 '천지인 견문록'이란 책에 보면 "모든 종교가 진짜 하늘을 섬기지 않는 가짜 하늘을 섬기는 것이라고 알리는데도 모든 종교인이 자미국에 쳐들어와 난리를 왜 안치는 건지?"[1]라고 자미국 만이 인류의 구원자인양 자신만만해 하고 있다. 이것은 교만하여 하나님 위에 오르고자 하여 하나님처럼 되려고 하는 마귀의 속성이다.

『천지령』306페이지에서는 '이 저자는 하늘의 뜻을 받은 그대로를 전하는 것이니 이 저자에게 비난의 말을 할 자들은, 뜻도 없는 비난의 말이 아닌, 하늘의 진실을 통하여 어느 부분이 잘못되었다고 이 저자처럼 논리 정연하게 정리해 하늘의 뜻을 펼침에 도움이 되는 조언들을 해 주었으면 좋겠다."고 했다.

그리고 "우리 모두가 진정으로 하늘로부터 구원 받을 수 있는 진리의 길을 조언해 달라는 말이다"라고 하고 있어 종(필자)은 진실을 알리고, 책 내용에 대한 반론을 쓰기 위해 필을 들었다.

독자 여러분!

이미 성경을 통해 살아있는 하나님의 말씀은 미혹의 영과 귀신의 가르침인 자미국이 등장할 것을 예언했고, 그것은 사탄의 활동이라고 밝히고 있다. 그래서 이제 때가 되어 나타난 것이다. 필자는 이러한 때가 올 것을 성경 말씀을 통해, 자료인 회보를 통해 추측하고 있었다. 그리고 신약 베드로 전서 5장 8-9절 "근신하라 깨어라 너희 대적 마귀가 우는 사자처럼 두루 다니며 삼킬 자를 찾나니, 너희는 믿음을 굳게 하여 저를 대적하라 이는 세상에 있는 너희 형제들도 동일한 고난을 당하는 줄을 앎이라"고 베드로 제자가 주님을 모른다고 부정했던 것을 회개하면서 이 권면을 하게 되었다.

여기에서 주신 말씀은 "마귀를 대적하라"는 것이다. '대적하다'는 '안디스테미'로 '대항하다. 반대하다. 거역하다'라는 뜻을 가지고 있다.

그러므로 마귀를 대적하고 예수님이 부탁하신 말씀처럼 미혹 받지 않기 위해 소명을 가지고 이 책을 쓰게 되었다.

2016년 6월 30일
인류를 위해 십자가에 죽으심과 부활하신 예수 그리스도의 종
조 디모데(정래) 목사

● 차례 ●

제2부 성경의 예언과 현실

제3부 자미국을 알고 계십니까?

제4부 사탄, 마귀의 간계를 경계합시다

사후의
세계

Hells and Heavens

제1장

사후의 세계에 대해서
과학은 어떻게 접근하는가?

• 먼저 심령과학 분야를 다루는 것은 자미국이 등장하게 된 동기에 대해 독자들의 이해를 돕기 위한 것이다.

필자는 전남 광주 호남신학교 3학년 재학 중 어느 지인으로부터 사후세계인 영계에 대한 이야기를 듣고 평소 궁금했던 것도 있고 신학공부를 하는 신학도로서 관심을 갖고 있던 차에 심령과학을 접하게 되었다. 마침 그 이듬해(1978년) 주간중앙지에 '영계 여행'이란 제목으로 '사후의 진상'에 대해서 매주 연재하고 있었다. 내용을 읽어보고 새로운 학문으로 내게 필요한 자료라 생각되어 매주 주간지를 구입해 보았다.

'사후의 진상'에 나오는 내용은 나에게 깊은 관심사였기에 나름대로 요약 정리했다.

1. 죽음이 끝이 아니다

인간이 죽으면 어떻게 될까? 과연 인간이 죽으면 그것으로 끝나는 것일까?

사후의 영혼은 보통사람의 눈에는 보이지 않고 귀에 들리지도 않으며 마음에 느껴지지도 않는다. 그렇다고 아무것도 없다고만 단정하는 것은 잘못이다.

그렇다면 한 가지 예를 들어보자. 전파는 우리들의 눈에 보이지 않고 느껴지지도 않는다. 그러나 **존재(存在)**한다. 전파가 존재하고 있는 것에 대해 지금은 부정하는 사람이 한 사람도 없을 것이다. 그러나 과학이 발달되기 전 사람들은 '전파'가 존재한다고 상상도 못했다. 만약 그때에 전파가 있다고 말하는 사람이 있다면 미친 사람처럼 취급을 받았을 것이다. 이와 같이 사후세계도 확실히 존재하고 있지만 현대 과학에서는 모든 사람들에게 이해할 수 있도록 입증하고 설명하기가 어려우므로 대부분의 사람들은 알지 못하고 있는 것뿐이라고 말한다.

영국의 학사원회장 클라크 박사, 프랑스의 노벨상 수상자 베르손 박사, 미국의 J. B. 라인 박사를 비롯하여 그 외의 유명한 많은 과학자들이 연구를 계속하고 있고, 이웃 나라 일본에서도 동경대학, 동경공과대학, 전자통신대학 교수들과 그 밖의 우수한 과학자들이 열심히 연구하고 있다고 했다.[2]

유럽과 미국에서는 영혼이 있고, 영계가 존재한다는 점에 대해서 과학적으로 입증하고 나서는 학자들이 많다고 증언한다. 특히 노벨상 수상자인 탕천(湯川) 박사는 양자이론(量子理論)을 거듭 연구해 나가면서 최종에 가서는 종교와 비슷한 이론이 된다고 말하고 있다. 그러므로 불원한 장래에 사후의 세계를 현대 과학적으로 충분히 이해할 수 있게 입증되리라고 믿고 있다.[3] 그러나 **종교와는 다르다**고 말한다.

그러면 앞에서 말한 과학자들에 의해서 해명되어 가고 있는 사후의 세계는 과연 어떤 세계일까? '인간의 육체는 영혼이 살고 있는 일시적인 숙소이다. 그리고 인간의 참모습은 영(靈)이다. 육체는 죽어도 영은 죽지 않고 영원히 살아 진보향상하고 있다'고 심령과학자들은 말하고 있다. 진짜의 자기(眞我)는 육체가 아니고 육체에 깃들어 있는 영혼이라고 한다. 그리고 현재는 이 육체에 들어와서 생활하고 있지만 죽으면 영혼은 육체를 떠나 사후의 세계인 영계에서 영원히 살면서 진보향상하고 있다고 강조한다. 그러므로 사람은 육체보다 영혼이 더 중요하다는 것을 확인했다.

2. 사람이 죽게 되면 어떻게 되는가? (임사체험)

우리의 육체가 사망하면 불사(不死)의 영혼(眞我)은 육체를 빠져나가서 다른 차원의 세계로 날아간다. 이것은 매미가 껍질을 벗고 날아가는 것과 비슷하다. 단지 영은 물질과는 달리 보통 우리들의 육안으로는 보이지 않을 뿐이다. 그러나 영능이 있는 사람의 눈에는 보일 때가 있고 볼 수도 있다. 소위 영시현상(靈視現象)이라는 것이다.[4]

그러면 죽으면 우리들의 영은 어디로 가는 것일까? 사후의 세상이란 어떤 곳일까? 죽어서 저세상에서는 어떻게 생활할까? 여기에 대해서 심령과학이 말하는 저세상인 '사후의 세계'와 영혼의 생활 상태인 '사후의 진상'은 종교에서 말하는 사후의 진상과는 판이하게 다른 점이 많다고 이야기한다.

즉, 현계는 영혼의 수련장이라고 한다.

사후의 세계는 광대무변(廣大無邊)하고 다종다양(多種多樣)하여 이 지상세계와 비교하면 현저한 차이가 있다는 것이다. 현계에서 제일 가까운 장소의 사후세계의 상황에 대하여 의사로부터 사망선고를 받은 뒤에 얼마 있다가 다시 살아난 소생 자들의 말이 전부 일치되어 사후의 세계도 과학적으로 탐구할 수 있다는 가능성이 입증되고 있다.[5]

사후의 세계 경험을 임사체험이라고 하는데 세계 각국에서 임사체험 자들이 일천만 명이 넘는다는 통계에 놀라지 않을 수 없다.

임사체험을 한 사람들의 경험은 대체로 두 종류가 있다.

첫 번째는 아름다운 꽃이 피어 있고 새가 지저귀고 있는 푸른 초원이 있고 전방에 맑은 강물이 흐르고 그 건너편에는 아담한 집이 한 채 보였다고 강을 건너려 한다. 그곳으로 막 가려는 찰라에 등 뒤에서 자기를 부르는 소리가 들리기도 하고 또는 갑자기 눈앞에 수염이 하얀 할아버지가 나타나서 "네가 오기에 아직 이르니 빨리 돌아가라"고 해 빨리 돌아온즉 의식이 다시 회복되기도 하고 이 보다도 영계의 더 깊은 곳까지 보고 온 사람들도 많다고 한다.

이들의 공통점은 영혼이 육체에서 벗어나 미지의 세계로 옮겨 가는 과정이 흡사 어두운 터널을 빠져나가 찬란한 빛 속으로 들어갔다는 것이다. 그리고 형형색색의 꽃이 만발하고 새들이 지저귀며 아름다운 동산이 있고 찬란한 집이 있는데 이때 온 계단이나 대문이 모두 금으로 아름답게 장식되어 있었다고 한다.[6] 이상의 경험을 한 사람들 중에는 사후의 세계의 자유와 즐거움과 쾌적한 맛을 잊어버릴 수 없어서 다시 살아난 것을 후회하는 사람들도 있다고 한다.

두 번째는 의식을 잃어 사막과 같은 황량하고 쓸쓸한 곳을 걷고 있노라면 저 멀리 지평선과 같은 곳에 선향의 불꽃과 같은 작은 등불이 가물가물하게 보여 그곳을 향하여 가려고 걸음을 옮기려 하는데 뒤에서 자기의 이름을 부르는 소리가 들리기도 하고, 나이가 많은 백발의 할아버지가 눈앞에 나타나 길을 막고 "빨리 집으로 돌아가라"고 하는 바람에 되돌아와서 다시 살아난 사람이 있거나 또는 어두운 터널의 바닥 근처에 도착했을 때 비명소리가 사방에서 울리고 악취와 오물로 구역질이 날 지경이었으며 두려움과

절망의 부르짖음을 들을 수 있었다고도 한다.[7]

　세계 각국에서 임사체험한 자들은 거의 전부가 앞에 말한 두 가지 종류의 어느 한쪽에 속하는데 첫 번째의 경우는 사후세계의 높은 곳 즉, 종교에서 말하는 천당이나 극락세계로 가는 것이고 두 번째의 경우는 사후세계의 낮은 곳 즉 지옥이나 음부로 가는 영혼이라고 생각한다. 중요한 것은 사람은 죽어 저세상(사후세계)으로 갈 때 생전에 가지고 있던 사상과 경험과 성격을 그대로 가지고 가 저세상의 생활을 시작한다는 것이다. '서로 생각이 같고 뜻이 맞는 동지끼리는 같은 장소로 모인다.' 하는 것이 심령과학에서 말하는 영계의 법칙이라고 한다.[8]

3. 죽는 순간의 기분은 어떤가?
- 죽음의 순간을 영매(신접한자=무당)를 통해 알아본다

　인간이 죽으면 과연 어떠한 상태가 되는지 죽어보지 않고는 알 수가 없다. 그러나 심령과학이 발달함에 따라서 우수한 영매(靈媒=영 능력이 있는 사람으로서 사령(死靈)이나 생령(生靈)을 부르기도 하고 자기의 몸이 중개하는 기계가 되어 영을 접하게 할 수 있는 사람)를 통한 영계통신에 의하여 조사 연구할 수 있게 되어 외국의 심령과학 연구가들이 실험 조사한 자료를 이용하여 죽음의 상태를 소개하기도 했다.[9]

　한 사람의 죽은 자의 예를 간추려 본다.

　E 씨는 1914년 ○월 ○일 80세에 이 세상을 떠났다.

　영국 사람인 E 씨의 영(靈)은 그의 조카인 Y 씨를 영매로 하여 자기의 임종 때의 상태를 대략 다음과 같이 전했다.

"나는 어쩐된 일인지 몸이 무거워 견딜 수가 없었다. 조금 있다가 그 신체의 무거움 속에서 빠져나오는 것 같은 기분이었다. 그러고 나서 몸의 한쪽 끝이 갑자기 가볍게 되고 눈도 아주 똑똑하게 보였다. 조금 전까지만 해도 전혀 보이지 않던 방안의 상태며 방으로 모여드는 여러 사람들의 얼굴이 다시 분명하게 보이게 됨과 동시에 나의 몸은 자유자재가 되었다. 나는 나의 죽은 모습을 볼 수 있었다. 침대 위에 누워 있는데 입으로부터 무슨 광선의 줄 비슷한 것을 토해내고 있었다. 그 줄은 얼마 있다가 갑자기 소리를 내며 진동하더니 툭하고 끊어져서 입 밖으로 사라져 버렸다. (註＝혼줄 즉 생명사가 끊어진 것임) 이때에 방안에서 나를 지켜보던 사람들이 '이제 임종하셨다'고 하면서 눈물을 닦고 있었다. 나는 이때에 처음으로 나의 죽은 얼굴을 볼 수 있었는데 그 얼굴은 생전에 거울로 보던 내 얼굴과는 판이하게 보기 흉한 것이었다. 그리고 으스스하게 몸에 스며드는 형용할 수 없는 지독한 추위를 느꼈다. 생각만 해도 소름이 오싹 끼치는 추위였다. 아무리 차다고 하여도 물질세계에는 무엇에 비교할 수 없을 만큼 찬 기운이었다. 그런 나의 몸을 자세히 살펴보니 발가벗은 알몸이었고 주위에는 따뜻하게 녹여 줄 사람이나 녹일만한 아무것도 없었다.

이 시간이 굉장히 길고긴 시간으로 생각되었다. 잠깐 있다가 나는 문득 그 차디찬 추위가 약간 가신듯 한 느낌이 들었다. 가만히 보니 누가 나의 곁에 서 있었다. 그로부터 지금까지 줄곧 그분의 지도와 보호를 받고 있다. 그분의 모습은 언제나 잘 변한다. 희미하게 번쩍하기도 하고 분명하게 반짝 빛나기도 하고 불꽃과 같기도 했지만 빛 같기도 했다. (註＝인간이 죽어서 유계에 들어가면 어떤 영이 나타나서 지도 보호하여 준다. 이 영을 수호령이라고 하는데 E 씨에게 나타나 있는 영은 Y 씨의 수호령이며 영계에서 많은 수양을 쌓은 고급영이다. 수호령은 대개 150년 내지 300년 전에 타계한 그 사람의 선조의 영들이며 보통 빛으로 나타난다. 영격이 높을수록 그 빛은 고상하고 투명하고 강하다.)"

이상은 영능자 Y 씨의 백부의 영(E 씨)이 죽는 순간의 과정을 설명한 것이다. 이와 같이 유계 영계에 대해서는 유계 영계에 살고 있는 사람 즉, 얼마 전에 죽은 사람들의 영혼을 불러내어서(초령＝招靈) 우수한 영매에 빙의시켜 그 영매의 입을 빌어서 이야기를 하게 한다. 이러한 것을 영언현상(靈言現象)이라고 한다. (註: 자미국에서도 이러한 현상이 일어나고 있다.)

4. 영혼이탈(靈魂離脱)도 가능하다

영매의 손을 빌어서 글을 쓰게 함으로써 알 수도 있다. 이것을 자동서기(自動書記)라 하는데 빙의된 영이 영매의 손을 조작하여 글자를 쓰기도 하고 그림을 그리기도 한다. 또 영매 중에는 자기의 영혼을 일시 이탈(離脱)시켜서 사후세계를 보고 오기도 하고 특정한 영혼과 대화를 나누고 오는 자도 있다. (註＝이것을 유계 또는 영계행각(靈界行脚)이라고 한다.[10]

5. 영매(신접한자=무당)를 사용하는 영교회(靈交會)

1) 죽은 사람과 이야기할 수 있는 영능자

1980년대 초만 해도 우리나라는 부락에 한 가정 정도에 전화기가 보급되어 전화할 일이 있으면 그 집에 가서 전화를 했고 전화가 오면 방송으로 알려주어 뛰어 가서 전화를 받기도 했다.

전화 왔다는 연락을 받고 뛰어가 받아보니 수십 년 만나지 못했던 초등학교 동창생이었다. 초등학교를 졸업하고 헤어진 지 수십 년이라 얼굴은 보이지 않고 말소리는 변하여 처음에는 도저히 알 수 없었으나 그 친구와 산에 가서 곤충채집하던 일과 시냇가에서 목욕하며 고기 잡던 때를 이야기를 나누다 보면 그때서야 비로소 서로 틀림없는 친구로 알고 그동안의 적조했던 회포를 이야기한다.

이와 비슷한 일이 심령과학에서도 일어난다. 즉, 영매라고 불리는 사람의 육체를 사용하여 에테르계(他界)의 영이 현계 사람에게 통신해 오는 것이다. 위에서 말한 영능자라고 하는 사람은 영능자들 중에 자기를 위해 쓰지 않고 남을 위해 쓰는 것을 전문으로 하는 사람을 영매(靈媒)라고 한다. 영어로는 메디안(Median)이라고 하는데 이것은 본시 '중간에 서는 사람'이라는 뜻이다. 전화기에 비하면 수화기의 역할에 해당한다.[11]

이 현계에 있는 사람들이 전부 영능자가 된다고 가정하면 영매는 필요 없게 된다. 그것은 마치 집집마다 전화기를 가지고 있으면 남의 전화를 쓸 필요가 없어지는 것과 같다.

2) 영교회(靈交會)에서는 죽은 자와 안부교환도 할 수 있다

영계의 사람과 교신하고 싶을 때에는 전화 없는 사람이 이웃집 전화를 빌려 쓰듯이 영매에게 의뢰하여야 한다. 그리고 하나의 전화로 가족이 돌려가며 상대방(외국에 나가있는 가족 친척)과 이야기하듯 영매를 통하여 여러 사람이 영계에 있는 자기의 선조나 육친에게 말하기 위해 날짜를 정해 놓고 영매의 집에 모이는 것을 영교회라 한다.

이 영교회를 매개체로 영계의 상황과 사후의 진상을 어느 정도 알아 낼 수 있다. 그런데 이 영교회를 통하여 영계의 영혼을 불러내어도 상대가 참으로 그 사람인지 아닌지 곤란할 때가 있다고 한다. 이때에 제일 좋은 방법은 어린 시절 일이나 두 사람만의 비밀을 이야기해 보는 것이다.

미국에서나 유럽 등에서는 이러한 영교회를 자주 개최하는 곳이 있으며 때로는 공회당과 같이 큰 건물을 사용하여 수백 명, 수천 명의 많은 사람들을 상대로 개최하고 있다.[12]

이러한 영교회를 공개영교회(公開靈交會)라 한다. 그런데 이러한 공개영교회는 어떻게 행해지고 있는지 그 예를 설명하고자 한다.

공개영교회가 소집되면 처음에 전원이 기립하여 오늘의 영교회가 성공할 수 있도록 마음을 같이 하여 기도를 올리고 계속하여 조용히 합창을 한다. 노래가 끝나면 사회자는 다음과 같이 이야기한다.

"지금부터 아무개 영매(신접한 자)가 영시능력을 사용하여 에테르계의 영(사후의 영)들과 이야기를 하려고 합니다. 조용하게 사랑하는 마음으로 영매의 성공을 빌어주시기 바랍니다."

이 말은 혹시라도 이 회장 안에 단 한 사람이라도 사악한 마음을 가진 사람이 있어서 영매를 미워하든가 하면 마치 전선(電線)에 장난을 하여 전화기에 잡음을 넣는 것과 같이 그 미워하는 마음이 영매의 영능력을 방해하게 되고 심할 때는 회(會)를 중지하지 않으면 안 되기도 한다고 한다. 이와 같이 사회자의 주의가 끝나면 일어서서 영교회를 시작하는데 제일 먼저 영매가 이렇게 말을 한다.

"뒤로부터 두 번째 줄 제일 끝에 있는 남자는 손을 들어 보세요. 네 지금 손을 드신 분입니다. 당신 바로 옆에 비행복을 입은 20살이 넘어 보이는 남자가 있습니다. 키는 큰 편이며 몸은 후리후리하고 머리색은 검은 빛이고, 눈은 갈색입니다. 좌측 뺨에 작은 검은 점이 있습니다."

이렇게 영매는 영안(靈眼=에테르계의 눈)에 비친 그대로 설명하면서 이번에는 그 영과 통신을 하여 그 대답을 하나하나 전한다.

"이 사람은 당신의 둘째 아들인데 이름은 '시므온'이라고 합니다."
"네, 맞습니다."
"프랑스에서 전사하였다고 합니다."
"네, 틀림없이 맞습니다."
"아버지는 요즘 시므온을 생각하며 무척 슬퍼하고 계시는데 시므온은 아버지께서 슬퍼하시면 곤란하다고 말씀하십니다. 아들은 지금 건강하고 자신 있게 살아가고 있다는 것을 알아주시면 좋겠어요. 어제 저녁 아버지께서는 시므온의 사진을 꺼내어 보셨다는군요. 그리고 아버지께서 지금 쓰고 있는 손목시계는 아들 시므온 것이라지요? 그 시계를 시므온의 동생이 커서 사용할 수 있는 나이가 되면 동생에게 양도해 주셨으면 좋겠습니다." 하고 소원합니다.

"네, 나는 어제 시므온의 사진을 서재에 꽂혀있는 사진첩을 꺼내어 보았습니다. 그리고 내가 지금 쓰고 있는 시계는 시므온의 것입니다. 아들의 소원대로 동생이 사용할 수 있는 나이가 되면 양도하지요."

이렇게 하여 지상세계의 아버지와 에테르계(영계)의 아들과 극적으로 오래간만에 상봉이 이루어지게 된 것이다.

이상과 같이 영교회의 이야기 가운데 한 가지 불가사의 한 일이 있다. 그것은 시므온이 비행복을 입고 있다는 것이다. 그러면 시므온이 에테르계(영계)에서 쭉 계속하여 비행복을 입고 있을까? 사실은 시므온이 죽을 때 비행복을 입고 있는 모습이 아버지에게 자기가 아들임을 알리는 데 확실하기 때문이다. 그래서 시므온은 자기가 전사할 때의 모습과 같은 모습으로 영매에게 보인 것이다. 사람은 누구든지 죽을 때의 복장을 제일 잘 기억한다. 그런 까닭에 에테르계로부터 이 세상 물질계에 나타날 때는 대개 죽을 그 당시 복장을 한다.

또 영은 때때로 자기에 관한 일뿐만이 아니고 이 지상의 장래에 나타날 일을 알려 주기도 하고 또 만일 그것이 위험한 일이라면 미리 방비하는 방법을 가르쳐 주는 영(靈)도 있다. 이러한 것을 예언(豫言)이라고 하는데 그 예언을 듣기도 하고 나타난 영의 모습을 보기도 하는 것을 영시능력(靈視能力), 영청능력(靈聽能力)이라고 한다.[13)]

이와 같이 영매가 영교회를 하거나 예언 같은 것을 할 때에는 반드시 이 두 가지 영시, 영청능력을 사용하게 된다. 과거에는 사후세계에 대하여 분명치 않거나 잘못된 오해들이 많았다고 한다.

그러나 근래에 와서 에테르계의 눈과 귀 즉, 영시영청 능력을 사용하여 사후세계의 신비를 많이 탐구 발견하였다. 그러므로 현재는 사후세계는 틀림없이 존재하고, 인간의 영혼은 영구불멸(永久不滅)하다는 것을 의심할 여지가 없는 엄연한 사실로 인정하게 되었다.[14)]

6. 심령과학도 과학(科學)분야로 공인(公認)

심령과학이란 심령문제를 과학적인 방법을 총동원해서 연구하는 하나의 학문이다.[15)] 이미 백여 년의 역사를 가졌고, 미국에서 시작하여 체계가 세워지기 시작하여 영혼과 죽은 뒤의 세계를 그 연구대상으로 하는 자연과학의 한 분야로서의 심령과학(心靈科學)이 성립하기 시작했다.

영국의 옥스퍼드대학 같은 곳에서는 심령과학과가 창설된 지 오래일 뿐만 아니라 영국에는 심령치료의가 2천 명이나 있어서 종합병원에 배치되어 있는 실정이다. 심령현상을 찍은 사진 책, 그 밖의 심령관계서적만도 이미 수천 종류가 넘게 간행이 되어 있다. 심령과학을 미신이라고 하는 것은 무식한 생각이다. 우리나라에서는 최근(注 =1970대)에서야 소개되었지만 세계 여러 나라에서는 과학의 한 분야로서 공인된 지 오래된 학문임을 밝혀둔다.[16]

심령과학은 영혼에 의하여 일어나는 현상을 심령현상이라고 하며, 이런 심령현상과 영계의 여러 가지 현상을 계통적으로 연구 정리하여, 그 속에서 일반적인 법칙을 찾아내어 이를 응용하는 학문을 심령과학(心靈科學)이라고 말한다.[17]

18세기 이후 심령과학이 급진적으로 발전하기 시작했다. 필자는 심령과학을 알고 나서 성경 말씀이 더 확실해졌다. 현대과학이나 심령과학이 오히려 성경을 해명해 주고 있다고 보는 것이다. 우리 눈에 보이지 않는 세균을 과학자들은 현미경을 발명하여 세균이 존재하고 있음을 인류에게 알게 했고, 사진까지 찍어 세균의 정체를 밝혀내어 그에 대한 연구로 질병을 퇴치하는 데 기여해 왔다. 그리고 저 멀리 광활한 하늘에 눈에 보이지 않는 별들의 세계를 과학자들은 망원경을 발명하여 우주에 존재하는 은하계의 별들의 세계까지 인류에게 알려주고 있다. 또한 성경에서 말해주고 있는 영혼의 세계, 사후의 세계, 신들의 세계, 그리고 사람의 영혼이 영구불멸하다는 것까지도 과학은 증명해 주고 있다.

과학의 발달은 인류에게 많은 혜택을 주고 있지만 반면에 인류를 고난으로 빠뜨리기도 한다. 심령과학이 발전함에 따라 사후의 세계에 대한 인류의 궁금증이 풀리기도 했지만 사탄(마귀)은 이것을 이용하여 우리 인류를 미혹한다. 하나님처럼 되려고 하는 사탄의 교만한 속성은 인류를 위한 것 같지만 결국은 멸망의 길로 끌고 가려는 전술을 가지고 있다.

이제 하나님의 말씀인 성경을 통해서 사탄의 음모와 전략을 밝히려고 한다. 그러면 심령과학을 이용한 사탄의 신비의 전술이 무엇인지 알아보자.

제2장

———

심령과학의
용어(用語)

심령(心靈) 용어에서 보면 사탄은 어떻게 활동하는 가를 알 수 있다.

심령연구(心靈研究) - 일반적으로 말하는 천리안(千里眼), 예언, 영혼, 심령, 귀신, 유령, 도깨비, 기적, 재생(再生) 등등의 모든 현상을 심령의 입장에서 과학적으로 연구해 그 원인과 법칙을 밝혀냄과 동시에 앞으로 심령주의(心靈主義)에 들어갈 우리들 인간의 사후세계(死後世界)의 존재와 그 사후세계가 현계(現界)에 미치는 영향을 상세하게 알아냄으로서 인류의 복지에 공헌하려는 연구이다.[18]

여기에서 주목할 것은 심령연구는 '인류의 복지에 공헌하려는 연구'라고 했다. 우리는 그동안 이 지구촌에 민주주의와 공산주의(사회주의)의 두 주의 제도권 속에 정치, 경제를 발전시켜 왔다. 그러나 민주주의가 공산주의보다 우월하다는 것이 증명되었고, 공산주의는 무너지기 시작했다. 지금도 사회주의를 정치적 이념으로 삼고 있지만 경제의 발전을 위해서는 민주주의의 제도를 도입하고 있다.

그런데 이제 사후(死後)의 세계와 연관시키는 심령주의를 꿈꾸고 있는 부류가 있다는 것을 알아야 한다. 여기에 자미국이 앞장서고 있다. 이것은 마귀(사탄)의 음모이기 때문에 단호히 배격해야 한다.

1. **정신적 심령현상** – 이 현상은 영능이 있는 사람의 영시(靈視), 영청, 영언, 투시, 자동서기, 영감 등의 모든 현상을 말한다. 이것은 영능의 강약 입신상태의 심천(深淺)및 그 사람에게 빙의되어 있는 지도령 등의 영격 등에 의해 지각되는 현상에 차이가 생긴다.

2. **물리적 심령현상** – 정신적 심령현상은 특수한 영능자만이 지각할 수 있지만, 물리적 심령현상은 누구든지 볼 수 있고 사진까지 찍을 수 있는 여러 가지 심령현상인데 고음(叩音), 심령사진, 물품이동 및 끌어당기기, 직접 담화, 악기주명(樂器奏鳴), 염사(念寫) 등이 있다.

3. **영매 (신접한 자=무당)** – 영능력(靈能力)이 있는 사람으로서 사령(死靈)이나 생령(生靈)을 부르기도 하고, 자기의 몸이 중계하는 기계가 되어 영(靈)을 접(接)하게 할 수 있는 사람을 말한다.

4. **영장(靈障)** – 심령적 원인으로서 어떤 장애, 예를 들면 질병, 불행, 재액(災厄), 등에 빠졌을 경우 그 원인이 되는 것이다.

5. **영시(靈視)** – 초감각적지각(超感覺的知覺)에 의해 심령현상을 그대로 투시하는 것이다. 현재, 미래, 과거사 인물 등을 보는 것, 병자의 환부를 투시하기도 하고, 먼 곳에서 생긴 사건과 가족, 친구, 아는 사람들의 상태, 또는 경치 등을 보는 현상이다.

6. **천리안현상(千里眼現想)** – 육안으로 볼 수 없는 먼 거리의 사상(事象)을 마치 그 자리에 있어서 현상을 보는 것과 같이 선명하게 보는 현상을 말하는데 반의식, 또는 무의식의 입신상태에 있어서 유체(幽體)가 영능자의 몸에서 이탈해 그 상황을 자세하게 보고, 다시 육체에 돌아와서 보고하는 경우 등이 있다.

7. **투시(透視)** – 체내의 환부(患部) 상태나 가시광선(可視光線)을 통하지 않

는 밀폐된 용기내의 물품을 보는 능력이다. 체내투시의 경우에는 환부만이 떠올라 보이는 경우가 많다. 우수한 영능자에 의한 체내 투시는 대단히 정확해서 의학적으로도 판단할 수 없는 상태까지 투시해서 오진(誤診)을 발견하기도 하고 수술의 필요, 불필요를 결정할 수도 있다고 한다.

8. **영청**(靈聽) - 보통 사람에게는 들리지 않는 소위 천성(天聲), 신의 소리를 듣는다는 현상인데 이 기구에 대해서는 지도령이 영능자의 언혼(言魂)을 조작하여 그 영능자가 귀로 듣는 것과 같은 느낌을 일어나게 한다.

9. **자동서기**(自動書記) - 이것은 빙의된 영이 영매의 손을 조작하고 영매의 의식 외 혹은 그 이상의 문장을 짓는 현상인데 영국의 스텐톤 모제스는 이 능력으로 유명하다. 글자를 쓰는 대신에 그림을 그릴 경우는 자동회화(自動繪畵)라고 한다.

10. **자동담화**(自動談話) - 영이 영매에 빙의되어 이야기하는 것인데 물론 이 경우에 영매의 의식이 없지만 그러나 잠재의식이 섞여 들어가는 수가 많다. 또 우수한 영매의 경우 영매가 있는 장소 이외에 메가폰을 두면 그곳에서 영의 소리가 들려오기도 한다.

11. **입신**(入神)**상태**(Trance) - 영매가 정신통일을 하고 영을 접할 때 자기의 의식이 없어지고 자기의 몸에 다른 신령(神靈)이 빙의되기 시작할 때의 상태를 말한다.

12. **사령**(死靈) - 죽은 사람의 영혼으로서 일반적으로 영(靈)이라고 하면 사령을 말한다.

13. **생령**(生靈) - 산 사람의 영(靈)으로서 염(念)이라고 할 경우도 있다. 사령을 대상으로 부를 때에 사용하며 염력이라고 하는 것은 이 생령으로부터 나오는 염의 힘 즉, 그 파장(波長)을 말한다.

14. **수호령**(守護靈) - 인간의 배후에 있어서 주로 어떤 일정한 인간을 영계에서 지키고 보살피고 있는 배후령의 일종인데 가장 본인과 밀접한 관계가

있다.

15. **지도령**(指導靈) – 이것은 지배령이라고도 하며 배후령 중에서도 어떤 한 가지 목적을 위해 인간을 지도하고 있는 영혼이다. 예를 들면 그 사람의 직업, 취미, 특기 등을 지도하고 있는 배후령으로서 생전 같은 직업이었고 같은 취미를 가지고 있던 영혼이 많고, 선조나 국적과는 관계가 없다. 의사는 의사였던 영혼, 음악가는 음악가였던 영혼, 소설가는 문학을 좋아하던 사람의 영혼, 서예가에는 서예의 영혼, 외국선생은 외국어의 영혼, 물리적 심령현상을 일으키는 영매에게는 요가를 한 사람의 영혼이 되는 수가 많다. 그리고 이 지도령은 대부분 선영(善靈)이다.

16. **악령**(惡靈) – 사람에게 해를 주는 사령(死靈), 또는 악마(惡魔), 도깨비, 기타 장난을 하는 자연령(自然靈), 사람을 속이는 동물령 등의 총칭이다.

17. **빙의령**(憑依靈) – 일시적으로 인간에게 붙어서 해를 주는 인령(人靈), 동물령, 자연령 등을 빙의령이라 하며 빙의령이 들린 현상을 빙의현상(憑依現像)이라고 한다. 또 해를 주는 것이 아니고 어떤 도움을 청하려고 빙의하는 예도 있다.

18. **지박령**(地縛靈) – 죽은 뒤에 주로 죽은 장소라든가 특별히 어떤 인연이 있는 토지, 건물 등에 머물러 있는 부랑령(浮浪靈)을 말한다. 예를 들면 물에 빠져죽은 저수지, 전사한 옛 전장(戰場), 죽음을 당한 집, 목을 매어 죽은 나무, 자동차 사고로 죽은 장소, 기차에 치어 죽은 건널목 등에 언제까지나 머물러 있는 망령(亡靈)이다. 때때로 물질과 물리적 현상을 일으켜 사람들을 놀라게 하고, 빙의하여 괴롭게 하는데 이것도 악령의 일종이다.

19. **초령**(招靈) – 죽은 자의 영을 영매의 몸에 와서 붙게 하는 것인데 이때에 주로 이 세상에서 영계에 향해 영을 부른다. 인간의 영혼이 그 대상이 된다.

20. **교령회**(交靈會) – 심령연구가나 동호자(同好者)들이 모여서 초령(招靈)

하기도 하고 물리현상 등의 실험을 하는 모임이다. 개인적인 것도 있고 일반에게 공개하는 공개교령회도 있다.

21. **심령치료**(心靈治療) – 영적으로 나타나는 질병은 육체적 장애 또는 정신적 장애로 나타나는데 이것을 영적인 처치에 의해 치유하는 현상이다. 인간의 질병의 원인은 의학적인 것과 영적인 것이 있는데 이중 영적인 질병은 의학적인 치료가 곤란하므로 영혼의 존재를 인정하는 심령치료를 받아야 한다고 주장한다.

22. **직접치료**(直接治療) – 병자를 눈앞에 두고 직접 오른손 또는 왼손을 병자의 신체의 일부분 또는 환부에 대는 방법과 단지 옆에서 염파(念波)만을 보내서 치료하는 두 가지 방법이 있다.

23. **원격치료**(遠隔治療) – 치료자와 환자가 같은 장소에 있지 않는 것인데 부재요법(不在療法)이라고도 한다. 치료자는 단지 기념(祈念)만을 행해서 염파(念波)로 먼 곳에 있는 병자에게 보낸다. 거리에 제한이 없으며 이 지구상 어디든지 그 염파를 보낼 수 있다고 한다.

24. **수장요법**(手掌療法) – 환자의 아픈 곳에 사람의 손바닥을 대어 병을 치료하는 방법인데 손을 꼭 붙이는 경우와, 5cm ~10cm, 또는 2 ~3m 떨어지게 할 때도 있다. 또 환부나 그 주위 또는 환부와 관계가 있는 부위를 누르고 만지는 지압을 하는 3종이 있다.

25. **고음**(叩音) – 문을 노크하는 소리와 같은 소리인데 유명한 하이즈빌 사건의 발단도 이 고음이었다.

26. **직접담화**(直接談話) – 대개 메가폰을 통해 고인의 것이라고 생각되는 소리로 말해 오는 현상이다. 한국에 있어서 소위 애기 씨의 영의 직접담화 현상에는 메가폰 대신에 꽃병을 사용한다고 한다.

27. **직접서기**(直接書記) – 쓰는 경우도 있고, 그리는 경우도 있다. 놓여 있는 붓이나 연필에 아무도 손대지 않아도 일어나는 현상이므로 자동서기와

는 달리 이것을 직접서기라 한다.

28. **악기주명**(樂器奏鳴) - 피아노나 아코디언이 자연히 소리가 나는 일이 있다. 우리나라에서도 벽장 속에 가야금에서 시조 곡조가 들린 예도 있다고 한다.

29. **물품이동**(物品移動) - 영매가 전연 손을 쓰지 않았는데 책상이나 물건이 들린다든가 자리가 옮겨지는 현상이다.

30. **염파**(念波) - 심령현상이 일어날 때에 인간으로부터 발사되는 일종의 전자파와 같은 것인데 현대과학으로 알려져 있는 이외의 어떤 에너지를 가진 것인데 텔레파시로 먼 곳에 있는 사람과 교신할 경우 일방적인 송념(送念)의 작용을 염파(念波)라고도 하며, 또한 영파(靈波)라고도 한다.

31. **유계**(幽界) - 심령연구상 대체로 영의 세계를 유계(幽界), 영계(靈界), 신계(神界)의 3종으로 구분한다. 이 유계는 인간이 죽은 후에 바로 들어가는 세계로서 영의세계 중에서 가장 이 세상과 가까운 곳이다.

32. **엑토플라즘**(Ectoplasm) - 영매가 어떤 물리적 현상을 일으킬 때 그 영매의 몸에서 나오는 물질인데 사진에도 찍힌다. 영매가 전혀 손을 사용하지 않고 책상, 의자, 기타 물품을 움직이는 것은 이 엑토플리즘의 작용으로 이루어지는 것이다.

33. **재생**(再生) - 인간이 죽었다가 다시 태어나는 것. 심령주의에서는 영혼을 완전히 닦아질 때까지 재생을 반복한다는 전제하에 소위 윤회(輪廻)한다는 것을 설명하고 있다. 사실 인간의 영과 혼을 단 한 번의 짧은 인생으로서 완전히 진화시키기는 대단히 어려우므로 여러 번의 재생을 필요로 한다. 심령학적으로도 인간은 여러 번 다시 태어난다고 하는데 이것은 아무도 처음부터 훌륭한 사람은 없다는 것을 증명하는 것이다.

이와 같은 경이로운 일이 심령과학에서 확인되었다. 또한 이미 일부분은 종교의 세계에서도 무속의 세계에서도 일어나고 있는 사실이다. 이러한 경이로운 일이 일어나게 되는 원인과 목적이 무엇인지 알아야 한다. 특히 지금 자미국에서 일어나고 있는 표적과 기적이 무엇인지 어디로부터 오는 것인지 알아야 미혹 받지 않는다. 신비로운 기적이 일어나는 것을 체험하고 자미국에서만 일어나고 있는 것처럼 감탄하며 그것에 빠져드는 사람들이 많이 있다. 이것은 새로운 것이 아니라 이미 예로부터 토속신앙에서도 무속의 세계에서도 심령과학에서도 일어나고 있는 현실임을 알아야 한다.

특히 기독교의 경전인 성경에는 이러한 표적과 기적이 많이 기록되어 있다. 그것은 우주 만물을 창조하신 전능하신 하나님의 권위와 주권을 행사하심이요, 그분이 보내신 인류의 구세주이신 예수 그리스도께서 이 세상에 오셔서 행하신 권능이시다. 그런데 마귀(사탄)는 하나님처럼 되고자 하는 교만으로 하나님의 권능을 흉내 내며 인류를 미혹하고 있다. 하늘의 진실을 알려주는 전 세계의 유일한 곳이 자미국이라고, 최초로 나타나는 신비한 능력이라고, 자미천황님의 천지기운을 받을 수 있는 자미국을 능가할 곳이 없다고 하는 등 인류 최초로 일어나는 어떠한 신비의 능력인양 선전하고 있는 것은 하나는 알고 둘은 모르는 수치다.

그리고 인간, 조상님, 신, 영들은 육신의 삶이 전부가 아니라 천상입궁이 최고의 소원이라는 진실도 인류 최초로 알게 되었다고 한다. 그의 책에 최초라는 말을 많이 쓰고 있다. 그러나 성경에는 이미 그 정체를 알려주고 있다. 이러한 일이 때가 되면 나타나리라고 예언된 성경 말씀이 많이 있다. 성경에 기록된 말씀으로 자미국에서 일어나고 있는 표적과 기적의 배경이 무엇인지 조명(照明)해 보고자 한다.

제3장

영계통신에 의한
증언

  자미국이 쓴 생령(生靈)이란 책에 보면 거리에 상관없이 전 세계 어디에 살고 있든 산 사람의 생령(혼)을 부를 수 있는 신비한 능력, 살아있는 사람의 영혼에게 필자(인황)가 명을 내려서 부르면 3분 안에 즉시 온다고 한다. 필자 인황의 신비스러운 능력은 어디가 끝인지 본인 자신조차도 가늠하기 어려울 정도라고 말한다. 그리고 본인이 천지기운으로 명을 내리면 현실로 이루어지는 신비한 일들이 너무나 많다고 했다.[19]

  그렇다면 다음 영계통신을 통해 사망의 세력을 잡고 있는 마귀의 음모가 무엇인지 알아야 할 것이다.

1. 사후(死後)의 세계는 신(神)이 지배하는 세계

  심령과학상 사후의 세계를 설명하는데 있어서 이 현계(現界)가 각 나라의 정부에 의해서 지배되는 세계라고 한다면 사후의 세계는 신(神)이 지배하는 세계라고 말한다. 다시 말하면 죽은 후의 영계의 세계는 신(神)이 지배하는 세계임을 무속의 세계에서도 인정하고 있다.

일반이 말하고 있는 신(神)에는 여러 가지의 계급이나 여러 가지 직분을 가진 신이 있는데 여기에서 말하고자 하는 신은 우리들 인간을 비롯해서 우주의 모든 것을 창조하고, 지금도 엄연히 우주에 편재하고 있는 절대 신에 대하여 설명하고자 한다.[20]

여기에서 말하는 창조 절대신은 성경에서 말하는 창조주 여호와 하나님이 아님을 밝힌다. 필자가 1979년 유 박사님을 만나 대화를 하는 중 성경에 말씀하고 있는 창조주 하나님을 설명했을 때 유 박사님은 심령과학에서 말하고 있는 창조 절대자 신은 기독교에서 믿고 있는 창조주 하나님이 아니라고 했다. 그리고 성경을 무시해 버렸다. 그 절대자 창조의 신을 자미국에서는 '태상천존 자미천황태제님'이라고 밝히고 있다.

필자가 책을 쓰고자 하는 이유도 여기에 미혹당하고 있는 인류에게 성경적으로 마귀(사탄)의 궤계를 능히 대적하기 위하여 책을 쓰고 있음을 다시한번 강조한다.

여기에 중요한 영계의 사실이 있다. 세계에서 가장 크고, 높다고 하는 영계의 '인베레-타' 유혼단(類魂團)의 통솔자인 인베레-타에게 서기전(B.C.) 500년경 실재했던 예루살렘의 예언자가 지금으로부터 85년 전(1930년경)에 당시 유명한 심령 연구가이며 고급영매였던 '스테톤 모-제스'의 질문에 대하여 자동서기(自動書記)를 통하여 회답해온 문장의 내용을 모은 책이 '영훈'(靈訓 = Spirit Teaching)이라고 한다. '영훈'에서 발췌한 내용이 한국심령학회 회보(제26호)에 실려 있었다.

사정상 내용 전체를 밝힐 수는 없고 중요한 내용을 간추려 본다.

첫 번째 - 신학자(神學者)가 가르치는 신의 관념은 극히 야비저열(野卑低劣)하여 그 주장은 영혼의 발달에 대하여 가장 해로운 영향을 준다. 우리들은 단연코 이것을 승복(承服) 할 수 없다.[21] 성경에서 가르치는 하나님에 대해서 야비저열 하다고 아주 단호하게 이야기 한다. 이것은 영계의 악령의 역사라고 말할 수밖에 없다. 그들은 그들이 알고 있는 신에 대한 생각은 전혀 다르다고 말한다. 그들은 성경이 인간에게 비밀을 누설한 신의 생각을 모아서 기록한 것이라는 것을 인정하지만 신에 대한 인간의 생각은 영구히 완전할 수가 없다고 한다. 인간은 오직 한 걸음 한 걸음 신에게 가까이 갈 뿐이라고 역설한다.

두 번째 - 우리들의 사명은 지상의 산물인 신학(神學)을 박멸하고 이것의 대신으로 보다 더 올바른 신(神)의 가르침을 지켜야 한다. [22] 여기에서 신학을 박멸하겠다고 하는 것은 신학의 기초가 되는 하나님의 말씀인 성경을 박멸하겠다는 것이다. 필자는 이 내용을 읽고 충격을 받아 여기에 대해서 연구하기 시작했다. 박멸(撲滅)은 모조리 없애 버리겠다는 뜻인데, 이것이 영계 즉, 사망의 권세를 잡고 있는 마귀(사탄=용)의 음모이다. 그러면 왜 성경을 없애겠다고 하는 것일까! 그것은 신약성경 히브리서 2장 14-15절 "자녀들은 혈육에 함께 속하였으매 그도 또한 한 모양으로 혈육에 함께 속하심은 사망으로 말미암아 사망의 세력을 잡은 자 곧 마귀(사탄)를 없이하시며, 또 죽기를 무서워하므로 일생에 매여 종노릇하는 모든 자들을 놓아주려 하심이니"라고 말씀하셨기 때문이다.

세 번째 - '영훈(靈訓)'에 대한 신(神)은 제3자의 속죄(贖罪) 같은 것은 조금도 바라지 않고 있다. 신은 하나님의 규칙 위반자에게 복수적으로 징죄(懲罪)를 주는 일은 하지 않으므로 죄악에 대하여 대리자의 희생을 요구하는 등은 절대로 없다.[23] 여기에서 주장하는 것은 인류의 범죄에 대해서 예수 그리스도와 같은 구원자는 필요치 않다는 것이다. 자기들이 알고 있는 신은 범죄자에게 심판하거나 죄에 대한 형벌을 주는 무자비한 신이 아니라 빛과 사랑의 결정이라고 한다.

네 번째 – 자기들만의 교리가 올바르고 다른 것은 전부 배척해도 좋다는 이유는 아무 데도 없다. 진리는 단연코 한 종교의 교의나 교조의 독점물이 아니다. [24] 모두가 다 진리가 될 수 있다고 말한다. 그러나 진리는 하나다. 그래서 영계에서는 기독교의 진리를 배척한다. 한 종교의 독점물이 될 수 없다고 강조한다. 뒤에 마귀의 전략 전술이 무엇인지 알게 될 것이다.

다섯 번째 – 교회의 그리스도교회에서 가르치는 것과 같이 모든 사람들에게 복종을 강요하는 신은 과연 여러분들의 숭배의 대상이 될 수 있을까? 그 신은 자기의 독생자의 희생에 의하여 비로소 그 노여움을 풀고 기분에 맞는 소수자만을 천국으로 인도해서 미래영겁 자기에 대한 찬미가를 부르게 하여 만족의 뜻을 표시하고 있는 듯한 신이 아닌가! 그리고 그 외 다른 사람들에게는 천국에 들어가는 허가증을 주지 않고 모두 이들을 지옥으로 쫓아 보내어 말로는 표현할 수 없는 고통을 영구히 주고 있다는 것이 아닌가! 이것은 인간이 미신이나 교회가 만들어낸 신으로서 실제로 우리들이 알고 있는 신은 결코 그런 것이 아니다. 그의 사랑은 무한하여 모든 것에 일시동인(一視同仁)의 정의(正義)의 신이다.[25]

그래서 우리의 영혼은 숙명적인 운명에 의하여 죽어서도 위로 진보 전진의 일로(一路)를 걸어 갈 뿐이라고 한다. 여기에 예외자는 없다는 것이다. 어떤 사람이라도 총아(寵兒)로서 특별한 대우를 받을 수 없으며 또 어떠한 사람이라도 불가항력의 잘못 때문에 범한 죄를 벌 받는 일이 없다고 한다. 그래서 기독교와 같은 신앙을 배척하는 이유는 어떠한 타락이라도 회개하면 당장에 용서받고 천당이나 극락에 들어가서 신이나 부처님을 모실 수 있다는 것이 사실이라면 천당이나 극락이 고결(高潔)하기 비할 때 없는 착한 사람과 극악무도한 못된 사람들이 서로 무릎을 맞대고 잡거생활을 영위하고 있는 불가사의한 괴상한 장소라고 할 수밖에 없다고 그럴듯하게 합리화시키고 있다. 그러나 사후의 세계에도 형벌은 있다고 한다. 그것은 신이 노하여 내려치는 징벌의 회초리는 아니고, 부끄러움을 참고 자기 자신이 쌓아 올리는 덕(德)에 의해서만 보상할 수 있는 자연의 제재이고, 겉만의 참회나 자비를 바라는 염불이나 기도로는 절대로 보상할 수 없는 물건이라고 주장한다.

여섯 번째 – 인간은 신에 대하여, 동포에 대하여, 자기 자신에 대하여 전신전령(全身全靈)을 바쳐 다해야 할 책임과 의무가 있다.[26]
이것을 요약하면 다음의 3부로 구분할 수 있다.[27]

1) 신에 대한 책무(責務) – 신의 인식과 숭배하고 공경함
2) 이웃에 대한 책무 – 동포에게의 공헌(貢獻)
3) 자기에 대한 책무 –
　(1) 자기의 신체를 건강하게 보전한다.
　(2) 자기의 지식을 개발한다.
　(3) 진리(眞理)를 구한다.
　(4) 착한 행실을 힘쓴다.
　(5) 영계(靈界)와의 교통(交通)을 강구(講究)한다.

이것이 영계에서의 지상 현실 생활에 대한 강력한 인류에게 요구하는 가르침이며 마귀의 영적 전략이다. 앞으로 여기에 대한 성경 말씀으로 대응책을 강구할 것이다. 또한 그들은 이 세상에서 결코 일종일파(一宗一派)의 도구마

에 굴종해서는 안 된다고 역설(力說)하고 있다.

일곱 번째 - 신(神)의 계시는 항상 진보하고 있으며 특수한 경우와 특수한 민족에게만 한정하는 것이 아니다. 예를 들면 '바이블' 편집시대의 필자들은 예수를 신의 독생자라고 생각하고 이 도구마를 부정하는 자를 이단자 (異端者)로 취급했다. 동시에 이 사람들은 멀지 않은 장래에 예수가 구름을 타고 지상에 강림하여 지상 인류의 심판에 참가 한다고 믿고 있다. 물론 이 것이 전부 미신이었던 것은 말할 것도 없다. 예수의 사후 2000년이 가까워 오지만 아직도 예수는 지상에 재림하지 않는다. 어지간한 활안(活眼)을 가지고 바이블에 대하지 않으면 폐해가 생긴다.[28]

여기에서 예수의 사후 2000년이 가까워 오지만 아직도 지상에 재림하지 않았다고 인정한다. 사실이다. 아직 때가 안 되었기 때문이다. 예수님은 사후 3일 만에 다시 살아나셔서 많은 사람들이 보는 가운데 오셨던 하나님의 나라로 올라 가셨다.(신약성경 사도행전 1장 10-11절)

그리고 때에 대해서도 말씀해 주셨다. 예수님의 제자들이 주의 재림과 세상 끝에는 무슨 징조가 있습니까 질문했을 때 신약 마태복음 24장 4-14절에 다음과 같이 말씀하셨다.

"예수께서 대답하여 가라사대 너희가 사람의 미혹을 받지 않도록 주의하라 많은 사람이 내 이름으로 와서 이르되 나는 그리스도라 하여 많은 사람을 미혹케 하리라 난리와 난리 소문을 듣겠으나 너희는 삼가 두려워 말라 이런 일이 있어야 하되 끝은 아직 아니니라 민족이 민족을, 나라가 나라를 대적하여 일어나겠고 처처에 기근과 지진이 있으리니 이 모든 것이 재난의 시작이라 그때에 사람들이 너희를 환란에 넘겨주겠으며 너희를 죽이리니 너희가 내 이름을 위하여 모든 민족에게 미움을 받으리라 그때에 많은 사람이 시험에 빠져 서로 잡아주고 미워하겠으며 거짓 선지자가 많이 일어나 많은 사람을 미혹하게 하겠으며 불법이 성하므로 많은 사람의 사랑이 식어지리라 그러나 끝까지 견디는 자는 구원을 얻으리라 이 천국 복음이 모든 민족에게 증거 되기 위하여 온 세상에 전파되리니 그제야 끝이 오리라"

그리고 계속 이어서 주신 마태복음 24장 23-31절 말씀이 있다.

"그 때에 사람이 너희에게 말하되 보라 그리스도가 여기 있다 혹 저기 있다 하여도 믿지 말라 거짓 그리스도들과 거짓 선지자들이 일어나 큰 표적과 기사를 보이어 할 수만 있으면 택하신 자들도 미혹하게 하리라 보라 내가 너희에게 미리 말하였노라 그러면 사람들이 너희에게 말하되 보라 그리스도가 광야에 있다 하여도 나가지 말고 보라 골방에 있다 하여도 믿지 말라 번개가 동편에서 나서 서편까지 번쩍임같이 인자의 임함도 그러하리라 주검이 있는 곳에는 독수리들이 모일찌니라 그 날 환란 후에 즉시 해가 어두워지며 달이 빛을 내지 아니하며 별들이 하늘에서 떨어지며 하늘의 권능들이 흔들리리라 그 때에 인자의 징조가 하늘에서 보이겠고 그 때에 땅의 모든 족속들이 통곡하며 그들이 인자가 구름을 타고 능력과 큰 영광으로 오는 것을 보리라 저가 큰 나팔소리와 함께 천사들을 보내리니 저희가 그 택하신 자들을 하늘 이 끝에서 저 끝까지 사방에서 모으리라"

여러 가지 예언된 말씀이 더 있지만 이러한 때가 아직 안 되었기 때문에 예수님은 아직 재림하지 않으셨다. 시간이 되면 1초도 지체하지 않으시고 오실 것이다.

신약 히브리서 10장 37절에 기록되었으되 "잠시 잠깐 후면 오실이가 오시리니 지체하지 아니하시리라"고 주님의 재림은 시간이 되면 지체하지 아니하시고 틀림없이 오시리라고 강조하셨다. 그때가 가까이 왔다는 징조 중에 하나가 자미국의 등장이다. 영계의 통신이 "예수의 사후 2000년이 가까워 오지만 아직도 예수는 지상에 재림하지 않는다. 어지간한 활안을 가지고 바이블에 대하지 않으면 폐해가 생긴다."고 조롱하는데 그때가 되면 가슴을 치며 통곡하게 될 것이며 직접 눈으로 보게 될 것이라고 2000년 전에 예언을 하셨다.

요한계시록 1장 7절에 기록되었으되 "볼찌어다 구름을 타고 오시리라 각인의 눈이 그를 보겠고 그를 찌른 자들도 볼 터이요 땅에 있는 모든 족속이 그를 인하여 애곡하리니 그러하리라 아멘"

이상과 같이 영계에 가서 2500년이나 지났으며 영계에 있어서의 최대 최고의 유혼단의 통솔자로 활동한 인베레-타의 영계통신에 의한 절대 신에 대한 설화라고 밝히면서 그들의 활동지침을 말하고 있다. 그것에 대한 사후세계에서의 마귀의 전술과 궤계를 낱낱이 밝힐 것이다.

성경의
예언과 현실

Hells and Heavens

제1장

———

인류를 미혹하는 마귀(사탄=용)의
전술전략은 무엇인가?

1. 예수님을 시험하는 마귀

영생(永生)의 존재인 인류를 죽음과 저주 속에 빠뜨린 마귀의 전술전략은 인류의 메시아로 오신 예수님까지 시험하였던 세 가지 전략에서 찾아 볼 수 있다.(신약성경 마태복음 4장 1-11절)

첫 번째 : 음식(떡=먹을 것)으로 미혹했다.

예수님이 인류를 구원하시려 사망과 저주받은 이 세상에 오셔서 하나님 나라와 복음을 전하시기 전 광야로 가셔서 마귀에게 시험을 받으셨다. 그때 예수님은 40일 동안 금식을 하셨다. 인성을 가지신 예수님은 무척 배가 고픈 극한 상황 속에 마귀가 찾아와 "네가 만일 하나님의 아들이어든 명하여 이 돌들이 떡 덩이가 되게하라"(마태복음 4: 3)고 아주 간교하게 시험을 했다. 마귀는 예수님이 하나님의 아들이심을 알고 있었다. 그래서 "네가 만일 하나님의 아들이어든" 하면서 돌들이 떡 덩이가 되게 하라고 예수님을 굴복시키려는 계략을 이용한 것이다. 예수님은 마귀의 간교를 아시고 하나님의 말씀으로 응징하셨다.

마태복음 4장 4절에 기록되었으되 "예수께서 대답하여 이르시되 기록되었으되 사람이 떡으로만 살 것이 아니요 하나님의 입으로부터 나오는 모든 말씀으로 살 것이라"고 하셨다. 그때 마귀는 꼼짝없이 역습당했다.

"사람이 떡(밥)으로만 사는 것이 아니라 하나님의 입으로 나오는 모든 말씀으로 살 것이라"는 인류에게 가장 근본적인 말씀을 가르쳐 주신 것이다. 마귀는 여기에서 아무런 대항을 하지 못했다. 사람은 육신의 양식보다 영의 양식인 하나님의 말씀이 더 중요하다는 것을 강조하신 것이다.

사람은 하나님의 형상대로 지음을 받았다.

요한복음 4장 24절에 기록되었으되 "하나님은 영이시니 예배하는 자가 신령과 진정(진리)으로 예배할지니라"고 말씀하셨다. 짐승과는 달리 사람은 하나님의 형상대로 창조되었기 때문에 종교심을 갖고 있다. 육체로는 육의 양식이 필요하지만 영적인 사람에게는 영의 양식인 하나님의 말씀이 필요하다는 것을 명심해야 한다.

그런데 죽은 우리의 조상들이 "배고프다"하면서 육신의 양식을 찾는다고 한다. 이것은 마귀에게 속고 있는 것이다. 인생에 있어서 먹는 것처럼 중요한 것은 없다. 그래서 예수님도 일용할 양식을 위해 기도하라고 가르쳐 주셨다. 사람이 먹지 못하면 죽는다. 하나님의 아들이신 예수님까지 음식으로 미혹한 마귀는 사망 권세를 잡고 있기 때문에 죽어서도 육신의 음식으로 무기를 삼고 있다.

천상의 천사가 교만하여 하나님 자리를 넘보다 저주를 받고 천상에서 쫓겨나 대적자인 용, 마귀, 사단이 되었다.

그 마귀, 사단이 지금 예수님께 찾아와 돌들을 떡 덩어리가 되게 하라고 시험하고 있는 것이다.

두 번째 : 천지조화와 하나님의 말씀으로 미혹했다.

두 번째로 예수님을 표적과 기적을 동원하고 하나님의 말씀을 인용해 미혹한다. 마태복음 4장 5-7절에 기록되었으되 "이에 마귀가 예수를 거룩한 성으로 데려다가 성전 꼭대기에 세우고, 가로되 네가 만일 하나님의 아들이어든 뛰어내리라 기록되었으되 저가 너를 위하여 그 사자들을 명하시리니 저희가 손으로 너를 받들어 발이 돌에 부딪히지 않게 하리로다하였느니라" 하고 말씀을 마귀가 인용한 것은 구약 시편 91편 11-12절에 나오는 말씀을 인용하며 미혹한 것이다.

예수님은 유대광야에서 금식하시며 기도하셨다. 그런데 그 먼 거리를 축지법을 쓰듯 순식간에 예수님을 성전 꼭대기에 세우고 간교하게 이번에도 "네가 만일 하나님의 아들이어든 뛰어 내리라"고 명령하는 것이다. 그러면 하나님이 아들이기 때문에 천사를 명하여 돌에 부딪히지 않도록 할 것이라는 것이다. 그러나 예수님은 이번에도 하나님의 말씀으로 거절하셨다. "또 기록되었으되 주 너의 하나님을 시험치 말라 하였느니라"고 구약성경 신명기 6장 16절 말씀을 인용해 물리치셨다.

이와 같이 마귀는 표적과 기적을 동원하고 하나님 말씀을 인용해 사람들을 미혹한다. 마귀는 때에 따라 전술용으로 성경 말씀을 인용한다. 하나님 말씀을 인용한다고 하나님 편에 있는 것이 아니다. 마귀는 하나님의 말씀을 누구보다 더 잘 알고 있기 때문에 우리는 조심해야 한다. 예수님까지 미혹한 마귀는 마지막 때에 한 사람이라도 더 표적과 기적으로 그리고 하나님의 말씀으로 미혹하기 위해 혈안이 되어 있다.

세 번째 : 절(경배) 받는 것과 섬김 받기를 좋아한다.

이번에는 마귀가 예수님을 성전 꼭대기에서 데리고 지극히 높은 산으로 갔다. 마태복음 4장 8-10절에 기록되었으되 "마귀가 또 그를 데리고 지극히 높은 산으로 가서 천하만국과 그 영광을 보여, 가로되 만일 내게 엎드려 경배하면 이 모든 것을 네게 주리라 이에 예수께서 말씀하시되 사단아 물러가라 기록되었으되 주 너의 하나님께 경배하고 다만 그를 섬기라 하였느니라" 하셨다.

여기에서 지극히 높은 산은 일명 시험 산으로 구약의 여리고 앞에 있는 산이며 예수님께서 세 번째 시험을 받으신 산으로 알려진 곳이다. 십자군들은 이 산을 콰란타나 산으로 불렀는데 '사십의 산'이란 뜻이다. [29]

이렇게 지극히 높은 산으로 일순간에 데리고 가서 천하만국을 보여주며 만일 내게 엎드려 절하면 이 모든 영광을 다 주겠다고 예수님마저 굴복하여 경배하라고 가증스럽게 요구했다.

그러나 예수님은 "사단아 물러가라 기록되었으되 주 너의 하나님께 경배하고 다만 그를 섬기라" 하셨고 "네 하나님 여호와를 경외하며 섬기며 그 이름으로 맹세할 것이니라"(신명기 6장 13절) 하고 책망하셨다.

마귀는 하나님의 영광을 자신이 차지하려는 교만 때문에 하나님의 성산에서 쫓겨나 에덴동산에서 사람을 타락케 만들고 사망의 권세를 잡고 인류를 구원하러 오신 예수님마저 굴복시키려고 자기에게 경배하라고 요구하고 있다. 그래서 우상 앞에 절을 하는 것은 마귀를 섬기는 일이다. 마귀는 예수님을 시험하는 방법으로 인류를 지금 미혹하고 있다. 특히 자미국에서 일어나고 있는 표적과 기적이 마귀로부터 오고 있음을 성경 예언을 통해 밝혀질 것이다.

예수님이 마귀에게 시험을 받으실 때 마귀를 물리치셨던 방법은 하나님 말씀을 인용한 "기록되었으되"다. 그래서 필자도 이 책을 쓰면서 성경 말씀을 인용한 "기록되었으되"로 이 책을 써 나갈 것이다.

2. 거짓말쟁이요 거짓의 아비인 마귀

예수님께서는 누구보다 마귀의 정체에 대해서 잘 알고 계신다. 그래서 마귀에 대해 신약성경 요한복음 8장 44절에 기록되었으되 "너희는 너희 아비 마귀에게서 났으니 너희 아비의 욕심을 너희도 행하고자 하느니라 저는 처음부터 살인한 자요 진리가 그 속에 없으므로 진리에 서지 못하고 거짓을 말할 때마다 제 것으로 말하나니 이는 저가 거짓말쟁이요 거짓의 아비가 되었음이니라" 말씀하셨다.

곧 마귀는 한마디로 거짓말쟁이요 거짓의 아비라고 밝히셨다. 그리고 여기에 조정자인 용(龍)이 미혹자로 등장한다.

요한계시록 12장 9절에 기록되었으되 "큰 용이 내어 쫓기니 옛 뱀 곧 마귀라고도 하고 사단이라고도 하는 온 천하를 꾀는 자라 땅으로 내어 쫓기니 그의 사자들도 저와 함께 내어 쫓기니라"고 했다.

여기서 용(龍)의 정체에 대해서 밝혀 주셨다. 이 용이 최초의 인류의 조상인 여자와 아담을 간교한 뱀을 통해 꾀어 하나님의 금하신 선악과를 먹게 하므로 인류를 죽음과 저주 속으로 빠뜨렸다.

창세기 1장 27-28절에 기록되었으되 "하나님이 자기 형상 곧 하나님의 형상대로 사람을 창조하시되 남자와 여자를 창조하시고 하나님이 그들에게 복을 주시며 그들에게 이르시되 생육하고 번성하여 땅에 충만하라 땅을 정복하라 바다의 고기와 공중의 새와 땅에 움직이는 모든 생물을 다스리라 하시니라"

창세기 2장 15-17장에 기록되었으되 "여호와 하나님이 그 사람을 이끌어 에덴동산에 두사 그것을 다스리며 지키게 하시고 여호와 하나님이 그 사람에게 명하여 가라사대 동산 각종 나무의 실과는 네가 임으로 먹되 선악을 알게 하는 나무의 실과는 먹지 말라 네가 먹는 날에는 정녕 죽으리라 하시니라"

창세기 3장 1-6절에 기록되었으되 "선악을 알게 하는 나무의 실과를 먹으면 정녕 죽으리라"

그러나 마귀는 뱀을 이용하여 "결코 죽지 아니하리라"고 하는 거짓말과 하나님처럼 되리라는 교만으로 인류를 미혹했다. 이것이 용(龍)이요, 사탄이요, 마귀의 속성이다. 마귀에게 미혹당한 인류는 결과로 영원한 영생의 삶을 빼앗겨 버렸다.

창세기 3장 17-20절에 기록되었으되 "아담에게 이르시되 네가 네 아내의 말을 듣고 내가 너더러 먹지 말라 한 나무 실과를 먹었은즉 땅은 너로 인하여 저주를 받고 너는 종신토록 수고하여야 그 소산을 먹으리라 땅이 네게 가시덤불과 엉겅퀴를 낼 것이라 너의 먹을 것은 밭의 채소인즉 네가 얼굴에 땀이 흘러야 식물을 먹고 필경은 흙으로 돌아가리니 그 속에서 네가 취함을 입었음이라 너는 흙이니 흙으로 돌아갈 것이니라 하시니라 아담이 그 아내를 하와라 이름 하였으니 그는 모든 산 자의 어미가 됨이더라"

이렇게 해서 인류는 억울한 죽음을 당하고 말았다.

창세기 2장 7절 말씀에 기록되었으되 "하나님이 흙으로 사람을 지으시고 생기(生氣)를 그 코에 불어 넣으시니 사람이 생령(生靈)이 된지라"

창조주 하나님이 사람을 흙으로 지으시고 그 코에 생기를 불어 넣어 생령이 되게 하셨다. 그래서 사람은 원래 생령(生靈)이다. 그런데 마귀의 꼬임에 빠져 죽음의 선악과를 먹고 저주 받아 죽게 되어 여기에서 인생의 죽음이 시작된 것이다. 죽음의 저주를 받은 뒤에 아담이 아내였던 '여자'를 '하와'라는 이름을 붙여 주었다. '하와'라는 이름의 뜻은 '산자의 어미' 즉 '생명(生命)'이라는 뜻이다. 그래서 인생에게 이때부터 죽음의 명(命=목숨)이 생겨 생령(生靈)에서 생명(生命)으로 저주받고 마귀의 종이 되어 사망의 권세 속에 죽음의 두려움과 저주의 세월을 보내고 있다.

이러한 절망 가운데 인류를 구원하시려 창조주 하나님은 자신의 독생자인 예수님을 보내 주시겠다고 약속하시고 때가 되매 육신의 몸을 입고 이 땅에 2000년 전에 오셨다. 지구촌에 성탄절이 우연히 생긴 것이 아니다. 선악과를 따 먹고 저주를 받을 때에 하나님은 인류에게 구원의 길을 열어 놓으시고 저주하셨다.

창세기 3장 14-15에 기록되었으되 "여호와 하나님이 뱀에게 이르시되 네가 이렇게 하였으니 네가 모든 육축과 들의 모든 짐승보다 더욱 저주를 받아 배로 다니고 종신토록 흙을 먹을 지니라 내가 너로 여자와 원수가 되게 하고 너의 후손도 여자의 후손과 원수가 되게 하리니 여자의 후손은 네 머리를 상하게 할 것이요 너는 그의 발꿈치를 상하게 할 것이니라 하시고"

이렇게 구원의 길을 열어 놓으시고 때가 차매 독생자 예수님을 이 지구촌에 내려 보내신 것이다.

신약성경 갈라디아서 4장 4-7절 말씀처럼 예수님이 이 지구촌에 때가 되어 오셔서 십자가에 죽으시고, 3일 만에 다시 살아나셔서 40일 동안 이 세상에 더 계시다가 하나님이 계시는 보좌 우편으로 올라 가셨다. 이제 때가 되면 다시 재림하실 것입니다. 이것이 인류의 소망이요 복음의 기쁜 소식이다.

제2장

불법의 비밀이
이미 옮겨졌다

성경에 기록된 말씀은 살아계신 하나님의 말씀이기 때문에 때가 되면 그대로 이루어지고 있다.

필자는 답답한 마음으로 하나님께 기도할 때가 있다. 왜 하나님께서는 불의를 보시고 그대로 계실까, 마귀의 사자 귀신들은 날뛰고 있는데 왜 잠잠하고 계실까? 그러나 하나님께서는 이미 기록하신 말씀을 진행하고 계신다. 다시 말해서 성경을 통해서 예언된 말씀이 지구촌에 진행 중이라는 것이다. 하나님께서는 기록된 성경 말씀을 통해 신앙의 기준을 정해 놓으셨다. 그래야 미혹을 받지 않기 때문이다. 기준이 없으면 무엇이 옳고 그른지 알기 어렵고 혼란스럽다.

신약성경 디모데후서 3장 16-17절에 기록되었으되 "모든 성경은 하나님의 감동으로 된 것으로 교훈과 책망과 바르게 함과 의로 교육하기에 유익하니 이는 하나님의 사람으로 온전케 하며 모든 선한 일을 행하기에 온전케 하려 함이니라"

지금 내려오고 있는 신의 메시지가 어디에서 오는 것인지 정체가 밝혀질 것이다. 직통계시를 조심해야 한다. 특히 천국과 지옥을 다녀왔다는 자들과 자미국에서 말이다.

1. 예수님의 재림이 가까이 오면
   먼저 배도(背道)하는 일이 생긴다

이미 앞서 마귀(사단=용)는 거짓말쟁이요, 거짓의 아비라고 했다. 성경 말씀을 통해 예언된 말씀이 있다.

신약성경 데살로니가 후서 2장 1-12절 말씀은 예수 그리스도의 강림(재림)이 가까워 오면 어떤 일이 먼저 있어야 하느냐 하는 말씀이다. 이 말씀을 정리해 보자.

첫 번째, 배도하는 일이 생긴다고 했다. 배도(背道)는 하나님을 대적하고 배반하는 즉, 성경 말씀에 대한 반란을 뜻한다.

두 번째, 불법의 사람 곧 멸망의 아들이 나타난다고 했다.

세 번째, 그는 하나님이나 숭배함을 받는 자 위에 뛰어나 자존(自尊)하여 자기를 보여 하나님이라고 한다고 했다.

네 번째, 이에 대해 영계에서 불법의 비밀이 이미 활동하고 있으나 지금 막는 자가 있어 그 중에서 옮길 때까지 기다리고 있다는 것이다.

다섯 번째, 때가 되어 악한 자가 임할 때 사단의 역사를 따라 모든 능력과 표적과 거짓기적과 불의의 모든 속임으로 멸망하는 자들에게 임한다고 했다.

여섯 번째, 이러한 유혹을 행함으로 진리를 따르지 않고 거짓을 믿고 불의를 좋아하는 자로 심판을 받게 하시겠다는 것이다.

그런데 이러한 일이 현실로 나타나고 있다. 첫째가 배도하는 일이요, 그 다음에 중요한 것은 영계에서의 불법의 비밀이 때가 되어 옮겨진 일이다. 여기에 대한 자세한 내용을 다루겠다.

먼저 배도(背道)하는 일이란 '아포스타시아'로 진리를 버린 상태 즉, 하나님의 말씀에서 떠난 반란의 행위를 말한다. 진리의 말씀인 성경을 배반하는 불법의 사람이 나타난다고 했는데 주님이 오시기까지 그 반란의 행위는 계속될 것이다. 이 말씀이 기록된 당시(A.D. 53년경) 바울 사도는 신약 데살로니가 후서 2장 5-8절에 기록되었으되 "내가 너희와 함께 있을 때에 이일을 너희에게 말한 것을 기억하지 못하느냐 저로 하여금 저의 때에 나타나게 하려 하여 막는 것을 지금도 너희가 아나니 불법의 비밀이 이미 활동하였으나 지금 막는 자가 있어 그 중에서 옮길 때까지 하리라 그 때에 불법한 자가 나타나리니 주 예수께서 그 입의 기운으로 저를 죽이시고 강림하여 나타나심으로 폐하시리라"는 말씀처럼 '저의 때'에 나타나게 하려 하여 지금은 막고 있으나 때가 되면 나타난다는 것이다. 그 불법의 비밀이 이미 활동하고 있었다고 밝혔다.

앞에서 이미 기록했지만 심령 연구가이며 고급 영매였던 '스테톤 모-제스'의 자동서기를 통하여 알려진 바에 의하면 영계(靈界)에서 B.C. 500년에 불법의 비밀이 활동하고 있었다고 알려왔다. 그러니까 예수님 탄생 500년 전부터 불법의 비밀(신비)이 활동하고 있었다는 것이다. 이것은 사망의 권세를 잡고 있는 사탄의 활동이다.

신약성경 히브리서 2장 14-15절에 기록되었으되 "자녀들은 혈육에 함께 속하였으매 그도 또한 한 모양으로 혈육에 함께 속하심은 사망으로 말미암아 사망의 세력을 잡은 자 곧 마귀를 없이 하시며 또 죽기를 무서워하므로 일생에 매여 종노릇하는 모든 자들을 놓아주려 하심이니"

그래서 마귀(사탄)는 예수님의 탄생을 가장 싫어하고 두려워했다. 왜냐하면 마귀의 일을 멸하려 오셨기 때문이다. 그 증거가 헤롯왕을 이용하여 아기 예수를 죽이려 했다는 것이다. 지금으로부터 2,500년 전 영계에서 하나님의 말씀을 대적하는 마귀(사탄)의 불법의 비밀이 활동하고 있었음을 우리는 명심해야 할 것이다.

A.D. 53년경 바울 사도 당시 이 불법의 비밀이 이미 활동하고 있었으나 아직 때가 안 되었기 때문에 막는 자가 있어 비밀로 붙여 두었으나 그 중에 옮길 때가 되면 그 비밀이 공개되리라는 것이다. 여기서 '옮길 때까지'라는 의미는 '옮길'은 '기노마이'로 '발생하게 되는' '원인이 되다' '되기 시작하다'는 뜻이요, '때까지'는 '헤오스'로 '여기서부터'라는 뜻을 가지고 있다. 그러니까 어떤 일이 발생하기 시작하면서 배도(背道)하는 일이 생기고 불법한 일이 시작된다는 것이다.

참고로 여기서 '영혼의 세계'(1974년) 책에 보면 심령학연구 발전 연표가 나온다. [30]

사정에 의하여 몇 가지만 중요한 내용을 간추려 본다.

〈1688년〉 임마누엘 스웨덴보르그의 출생. 어릴 때부터 신비적인 경향이 있었고, 열 살 이전에는 사람들이 신이나 천인이 이 소년의 입을 빌어서 말을 한다는 소문이 퍼졌다고 한다.

〈1745년〉 스웨덴보르그는 57세에 신의 지시에 따라 사후의 세계(영계)에 출입 시작(일하던 모든 것을 접고 영계 저서에 몰입 = 27년간)

〈1772년〉 스웨덴보르그는 영국에서 3월 29일 84세로 영계로 들어감.

〈1848년〉 하이즈빌 사건으로 영혼의 존재가 입증되었고, 영혼과 사람과의 교통이 가능하다는 것이 판명되었다. 그리고 그 집에서 살던 두딸이 영매로도 활동해 그 사건이 계기가 되어 근대 심령과학 연구에 영향을 주었다.

〈1851년〉 영국 캠브리지대학 안에 망령학회가 창설되다.

〈1855년〉 19세기 영 D.D.홈 씨가 영국에서 사람들을 놀라게 한 여러 가지 심령현상을 일으켜 영혼의 활동을 입증했다.

〈1862년〉 미국 백악관에서 링컨 대통령이 참석한 가운데 교령회 개최.

〈1870년〉 오스트리아에서 영혼연구지 〈광명의 선구자〉 발행.

〈1885년〉 미국에서 심령연구협회가 설립되었는데 영국협회의 지부로 시작.

〈1906년〉 미국의 의학박사 위크란드가 정신분열 환자를 빙의령을 제령 (除靈)하고 완치시킴.

〈1921년〉 초심리와 심령연구에 관한 제1회 국제회의 개최되다. (덴마크 코 펜하겐에서)

〈1930년〉 보스톤에서 죽은 뷜판사의 지문이 마쟈리 영매에 의해 왁스 위 에 인각(印刻) 되다.

〈1933년〉 영국 BBC방송국에서 세계 최초의 영언을 공개방송.

〈1943년〉 1934년부터 듀크대학연구소에서 시작한 염력실험에 관한 보고.

〈1968년〉 소련 모스코바에서 국제심리학회의가 처음으로 개최되다.

이렇게 심령과학이 근대에 새로운 학문으로 각광을 받고 출발했으며 초 창기에는 대학 내에서 한 학회로 발족한 것이 1882년에 영국심령연구회가 창설되고 1885년에는 미국에서는 영국의 협회지부 격으로 약식 협회가 조 직되어 초대 회장으로 당시 천문학자였던 시몬. 뉴콤 씨가 취임했다고 한 다. 그 뒤 몇몇 과학자들이 관심을 가지게 되어 1905년 미국에서 정식으로 심령과학협회(A.S.P.R)라는 조직을 갖게 되었다. 왜 기독교 국가인 영국과 미국에서 사후세계를 연구하는 심령과학이 먼저 시작되었는지 그 이유는 사망의 세력을 잡고 있는 마귀의 전략이라고 생각된다. 마귀의 공격 대상은 하나님을 믿는 기독교인들이다.

여기에서 주목할 것은 심령연구 발전과정에서 먼저 시작된 것은 임마누 엘. 스웨덴보르그의 출생으로부터 시작된다. 그가 쓴 저서 『나는 영계(靈界) 를 보고 왔다』(1975년)에서 책 머리말에 그에 대한 소개를 하고 있다.

스웨덴보르그는 1688년 스톡홀름의 독실한 기독교도 집안에서 태어났다. 그런데 어릴 때부터 신비적인 경향을 지녀 열 살 이전에 이미 교회의 목사님들과 신에 대하여 이야기하기를 좋아했고, 또 그 언행 에는 사람들을 놀라게 하는 일이 많았으며 사람들은 신이나 천인이 이 소년의 입을 빌어서 말을 한다는 소문이 퍼졌다고 한다.[31]

이와 같이 기록에 보면 독실한 기독교도 집안에서 태어났다고 했고, 『스베덴보리의 위대한 선물』이란 책에는 스베덴보리는 1688년 1월 29일 스웨덴의 한 목사의 둘째 아들로 태어났다. 그의 아버지는 고명한 종교 지도자였다. 당시 스웨덴의 국교는 루터교(기독교의 한 종파)였는데, 스베덴보리의 아버지는 스웨덴 여왕으로부터 수도 스톡홀름에 있는 스카라 대성당 대사교(大司敎)라는 교회 최고 지위에 임명되었다.[32]

여기에서는 한 목사의 아들로 태어났다고 소개하고 있다. 그리고 그의 소개서에 보면 어릴 적부터 신비적인 경향이 있었고 또 신에 대한 이야기를 좋아했으며, 사람들을 놀라게 하는 말들을 했다고 한다. 성년 대학시절에는 그의 마음이 온통 과학 분야에 집중하고 있어 부모님은 과학자가 되는 것을 반대했으나 부모님의 반대를 무릅쓰고 대학졸업과 동시에 스웨덴보르그는 과학자의 길을 선택했다고 했다. 그는 과학자, 수학자, 발명가, 철학자, 신비사상가 등으로 업적을 남기고, 천문학의 성운설(星雲說)을 처음으로 발표했고, 인체생리학의 연구로 성격의 상위(相違)를 발견하려고 몰두하였으며, 인체의 해부학적 생리학적인 수많은 논문을 발표하기도 했다.

스웨덴보르그는 젊은 시절부터 초자연현상을 연구하곤 하였는데 그의 말에 의하면, 56-57세 되던 해에 세 번 예수의 모습을 보고 그 다음부터 천리안의 능력을 발휘하게 되었고, 사후의 세계인 영계에 가서 영(靈)들과의 대화를 나눌 수 있게 되었다고 한다.[33]

스웨덴보르그가 고국 스웨덴뿐만 아니라 온 유럽에서까지 "불가사이한 인물"로 불리는 것은 그가 남긴 방대한 "영계저술"의 내용의 불가사의함에 의한 것이라고 한다. 그가 사후의 세계인 영계에 다녀와서 반드시 쓴 그의 저술은 모두 영의 계시에 의하여 놀랄 만큼 빠른 속도로 써진 것이어서 인간이 한 일이라고 생각할 수 없을 만큼 방대한 분량이었다고 한다.

그 대부분은 런던의 대영박물관에 귀중하게 보존되어 있다. (註-저서 '천국의 놀라운 세계와 지옥에 대하여' '자연사물의 원리' '영혼세계의 질서' '새예루살렘' '신지와 신애' '신려론')

스웨덴보르그는 84세까지 살았지만 후반생의 약 30년간은 모든 학문을 팽개치고 그가 말하는 하늘의 계시에 따른 '영적생애'를 보내는데 바쳤고, 또 영(靈)의 세계와 교신(交信)하는 영매(靈媒)로서 온 유럽에 큰 화제를 던지게 했다.[34] 여기서 특히 알아야 할 것은 스웨덴보르그는 사후의 세계인 영계(靈界)를 드나들면서 영매(靈媒)로서 활동을 했다는 것이다. 영매는 성경에서는 신접(神接)하는 자 곧 무당(巫堂)을 말한다. 우리나라에서 무당(巫堂)되는 길도 스웨덴보르그가 경험한 것과 비슷하다. 심령과학 용어로 무당을 영매(靈媒)라고 한다. 특히 우리나라 유명한 심○○ 님도 비슷한 경험으로 무당이 되었다. 그의 부모님은 독실한 기독교 가정으로 교회에 장로님이요 권사님이셨다. 어릴 적에 사후의 세계를 두 번이나 다녀오고 그곳에서 신을 만나 대화도 했단다. 어릴 적부터 부모님과 이웃 사람들을 놀라게 한 신기가 있었다. 원하지 않았지만 신(神)의 부름을 받아 지금까지 무당으로 인생을 살아가고 있다.

그의 저서에 보면 이런 내용이 있다. 이것은 주신이신 사명대사 할아버지께서 알려 주신 일이기도 하지만, 본시 나 하나만의 이익을 위해 무당(巫堂)이 된 것이 아니라는 사실을 내 스스로 상기하기 위해서도 나는 그런 일들을 즐겨한다. (중략) 이 처럼 살아가면서 겪는 갖가지 고민과 어려움을 무당(巫堂)이라는 영매(靈媒)를 통해 해결하려면 무엇보다도 손님들의 정성이 깊어야 한다.[35] 그렇기 때문에라도 영매(靈媒)인 무당(巫堂)은 항시 바른 말을 하고 정의로운 마음가짐을 가져야 한다. 그것은 신(神)과 함께 살아가는 영매(靈媒)의 제1조건이라고 할 수 있다.[36] 여기에서 무당인 심○○ 자신이 무당은 영매라고 밝혔다. 스웨덴보르그도 영매로서 활동을 했다면 무당이 틀림이 없다. 왜 스웨덴보르그가 영매가 되었는지 그 과정을 다음에 자세히 다루겠다.

성경 말씀의 예언대로 먼저 배도(背道)하는 일이 생긴다고 했다. 스웨덴보르그는 독실한 기독교 가정, 그보다 목사의 둘째 아들로 태어났다. 목사님 가정에서 하나님을 믿는 신앙인으로서 자라온 것이다. 그런데 56세부터 예수님을 세 번 보았고, 57세부터 영계를 드나들게 되었다. 그러면서 신기한 능력을 발휘하게 된 것이다. 예수님을 보았다고 했는데 진짜 예수님이었을까? 우리나라에 1992년 10월 28일 예수님이 재림하시고, 믿는 자가 휴거된다고 휴거의 열풍이 부는 때가 있었다. 그때 『다가올 미래를 대비하라』는 책이 시리즈로 나왔다. 필자는 그 책들을 다 구입해서 읽어 보았다. 책들의 일부를 소개하는 것은 독자 여러분의 이해를 돕고자 하는 데 있다.

제1권 『다가올 미래를 대비하라』에서 이○림 목사님이 최초로 만나 이야기를 들었던 자를 진군이라고 소개했다. 그의 증언이다. "그는 예수 그리스도를 종종 만났는데 예수께서는 그에게 안수하시면서 '너는 내 능력의 종이다. 너는 가서 내 길을 곧게 하라'고 말씀하셨고, 가시려는 주님을 가지 말라고 하자 '네가 내 안에 있고 내가 네 안에 있는데 무엇을 염려하느냐'고 하셨다."[37]

제3권 『경고의 나팔』에는 "서울 모 교회 R 목사님은 '1979년에 16년 남은 줄로 알고 있었는데 주님이 3년 오차가 있다며' 92-3년으로 휴거시기를 가르쳐 주셨고, 또 82-3년경에도 열 손가락을 다 헤아리기 전에 주님이 오신다고 전하라는 명령을 받았다고 한다."[38]

제4권 『1992년의 열풍』에서 "서울의 G 교사는 천국의 갔을 때 생명강물줄기에 '1992. 10'이라고 글자가 나타난 것을 보았다. J 목사님께서는 주님이 92년 10월에 오시겠다며 환란시대의 피난처와 천사들이 인치는 무덤과 때를 모르는 주의 종이 가는 지옥도 보여주셨다."[39]

위의 내용들은 이미 거짓으로 검증이 되었다. 예수님을 만나고 예수님이 가르쳐 주신대로 전했는데, 왜 거짓말이 되었는가? 천국에 가서 예수님을 만났다고 했는데, 1992년 10월의 재림과 휴거는 왜 거짓말이 되고 말았는가? 그렇다면 예수님이 거짓말쟁이인가? 속지 말아야 할 것이다. 그때 당시 사람들이 계시받고, 천국 다녀오고, 예수를 만났다는 등은 모두가 거짓말이 되고 말았다. 앞서 강조했지만 마귀는 거짓말쟁이요 거짓의 아비라고 요한복음 8장 44절에 예수님이 가르쳐 주셨다.

우리 한국에서 휴거와 예수님의 재림으로 1992년에 거짓의 홍역을 치뤘다. 그 근본이 바로 스웨덴보르그로부터였다. 그가 예수님을 만나고서부터 사후의 세계인 영계를 출입하기 시작했다고 한다. 스웨덴보르그가 만난 예수님이 진짜 예수님일까?

신약성경 고린도후서 11장 13-15절에 사단도 광명한 천사처럼 가장한다고 했다. 1992년도에 우리나라의 일부 목사, 장로, 권사, 집사, 평신도, 학생, 어린이들까지 미혹 당했다.

예수님을 보았다? 진짜 하나님 보좌 우편에 계신 예수님을 만나고, 보는

자는 그 위엄스런 모습에 죽은 자처럼 그 자리에 쓰러지고 말았다. 요한계
시록 1장 17절에 사도 요한이 그랬고, 사도행전 9장 1-9절에 사울(바울)도
엎드려져 주님의 음성을 듣고 눈을 떴으나 앞이 보이지 않았다. 스데반 집
사는 사도행전 7장 54-60절에 하나님 우편에 서 계신 예수님을 보고 그 영
혼이 떠나갔다. 요한계시록 1장 12-16절에 나타난 주님의 모습을 어느 누
가 감히 눈을 똑바로 뜨고 볼 수 있는가?

이것이 주님 오시기 전 꼭 있어야 할 사건이다. 예언대로 배도의 행위이
다. 다시 말해서 신약 데살로니가후서 2장 7절 "불법의 비밀이 이미 활동하
였으나 지금 막는 자가 있어 그 중에서 옮길 때까지 하리라"는 말씀처럼 스
웨덴보르그가 영계에 출입함으로 천국과 지옥을 다녀오면서 마귀의 미혹
은 시작되었다. 불법의 비밀 공개가 영계의 공개이다. 이 사명을 받고 영계
에서의 모든 듣고 본 바를 그대로 기록하여 세상 사람들에게 전하라는 특명
까지 받았다고 한다. 그래서 1745년 이후 27년 동안이나 사후의 세계인 영
계를 자유자재로 출입하는 특권과 그 사건을 책으로 써서 이 세상에 알리기
시작했다. 이때가 예언했던 "그 중에서 옮길 때까지 하리라"는 말씀이 이
루어진 것이다. "옮길"은 '기노마이'로 '발생하게 되는' '원인이 되다' '되기
시작하다'라는 뜻을 가지고 있으며, "때까지"는 '헤오스'로 '여기서부터'라
는 뜻이다. 그래서 어떤 일이 발생하기 시작하면서 배도(背道)하는 일이 생
기고 불법한 일이 생기는데 그것이 바로 사후의 세계(영계)를 출입하는 일이
다. 이 사건 이후로 천국과 지옥을 드나드는 사람들이 많아졌다.

여기서 분명히 말씀 드리는 것은 스베덴보르그가 갔다 온 천국과 지옥은
요한계시록에서 말한 예수님이 가 계시는 하나님보좌가 있는 천국이 아니
라 예수님이 말씀한 신약성경 누가복음 16장에 나오는 아브라함의 품, 강도
에게 허락한 낙원으로 봐야 옳다. 그리고 음부(지옥)라고 하는데 여기는 영
계의 세계이고, 요한계시록에 나오는 하나님의 보좌와 불못은 전혀 다른 세

계임을 알아야 한다. 여기에 지금까지 미혹을 당해 왔다.

필자가 책을 쓰는 이유도 여기에 대한 철저한 구분을 위해서다. 그래서 앞으로 마귀(사단)의 미혹의 궤계를 낱낱이 밝힐 것이다.

먼저 배도(背道)하는 일이란 예수 그리스도를 믿지 않아도 구원 받고 천국에 갈 수 있다고 주장하기 때문이다. 스베덴보리의 『위대한 선물』이란 책에 다음과 같이 기록되어 있다. "그렇다고 백 퍼센트 하나님을 믿고 구세주를 받아들여야만 천국 간다는 이야기는 아니다. 물론 하나님을 믿고 주님을 받아들이는 것이 최상이지만, 세계의 모든 종교가 하늘의 질서를 가르치고 있으며 간접적으로 창조주 하나님을 증거하고 있으니 거기에도 천국 가는 길이 있다. 천국은 기독교만의 전유물이 아니다."[40]

앞서도 말했지만 여기에서 말하는 창조주 하나님은 기독교에서 믿고 있는 여호와 하나님이 아님을 분명히 밝히면서 뒤에 이 부분을 언급하겠다. 그리고 하나님은 인간을 창조하면서 각자 양심을 주셨는데 누구나 이 양심을 지키고 착하게 살면 천계에 갈 수 있는 길이 열린다고 한다. 이것이 스베덴보리가 이 세상에 전하는 '희망의 메시지'라고 강조하고 있다. 이것은 분명히 성경의 교훈이 아니다. 하나님을 믿는 자가, 목사님의 아들이 이러한 주장을 한다면 분명히 배도이다. 예수 그리스도의 십자가를 부정하는 것은 하나님을 배신하는 불법이다.

그래서 말씀의 때가 왔고, 능력과 표적과 거짓기적과 불의의 모든 속임으로 멸망하는 자들에게 임한다고 했는데 이것이 사단의 역사라고 했다.

2. 마귀(사단)의 간계, 비밀무기

신약성경 에베소서 6장 10-11절에 종말을 사는 성도에게 하나님의 전신갑주를 입으라고 신신 당부(當付)했다. 그것은 마귀의 궤계 때문이다.

그렇다면 마귀의 궤계 즉, 비밀 무기는 무엇일까?

그것은 지금으로부터 85년 전 (1930년경) 영국의 심령 연구가이며 고급영매였던 '스테톤 모-제스'의 질문에 대하여 영계에 가서 2500년이나 지났으며 영계에서 최대 최고의 유혼단의 통솔자가 된 인베레타의 영계통신을 '스테톤 모-제스'의 자동서기를 통해 회답해온 내용 중에서 찾아 볼 수 있다.

그것은 인간(人間)은 신(神)에 대하여, 동포에 대하여, 자기 자신에 대하여 전신전령(全身全靈)을 받쳐서 다 하여할 책임과 의무가 있다는 것이다. 여기에 대하여 마귀의 비밀무기가 무엇인지 점검하겠다.

첫째 – 신(神)에 대한 책무(責務)이다.

신에 대한 인식과 숭배, 공경하라는 것이다. 여기서 신은 기독교가 경외하며 믿는 여호와 신이 아니다. 영계에서 사망의 세력을 잡고 있는 신을 말한다. 그 신이 마귀요, 귀신들이다. 쉽게 말해서 무속인들이 섬기고 있는 다양한 신들을 말한다.

신약성경 고린도전서 8장 5절에 기록되었으되 "비록 하늘에나 땅에나 신(神)이라 칭하는 자가 있어 많은 신과 주가 있으나"

이 처럼 많은 신들이 있다고 기록하고 있다.

이러한 신들을 인식하고 숭배하고 공경하라고 한다. 이것이 인간이 신에 대한 책무라고 가르친다. 더더욱 자미국에서 말이다. 그러나 기독교에서 믿는 여호와 하나님에 대해서는 배척한다. 하나님이 가장 싫어하신 것이 여호와 하나님 외에 다른 신을 섬기는 것이다. 그런데 마귀의 가장 강력한 무기가 하나님을 배척하고 자기를 섬기라고 하는 것이다. 온 인류가 신에 대한 책임과 의무가 신에 대한 숭배와 공경인데 거짓의 아비로 등장한 마귀를

'태상천존 자미천황 태제님'이라 하여 창조자 신으로 둔갑시켜 섬기라고 한다. 이것이 마귀의 첫 번째 무기이다.

둘째 – 이웃에 대한 책무(責務)이다.

이것은 동포에게의 공헌(貢獻)이다. 즉, 이웃, 동포에게 어떠한 이바지를 할 것인가, 그것은 스베덴보르그가 수많은 인류에게 베풀었던 그 혜택을 이웃과 동포들에게 알리는 것이다. 그것은 '착하게 산 사람은 천국에 간다'는 진리를 통해 이 세상에서의 삶이야 말로 천국으로 가는 유일한 길이라는 것을 많은 사람이 알게 되기를 간절히 바란다는 것이다.

그래서 영계에 대해서 많은 지식과 정보를 제공하는 것이다. 책을 통해서 서로의 교령회에 참가함으로 영계의 현실을 알게 하는 사명이다. 교회에서 전도하듯이 죽어서 사후세계에 가서 영원히 잘 살 수 있다는 행복한 삶과 죄에 대한 보응에 대해서도 이야기한다. 천도재, 빙의 환자에 대한 구병 시식 특히 자미국에서 행하고 있는 입천제, 천인합체, 천제 등이다.

이러한 것들이 우리를 미혹하는 마귀의 비밀 무기임을 알아야 한다.

셋째 – 자기에 대한 책무(責務)이다.
1) 자기의 신체를 건강하게 보전한다.

사람에게 있어서 돈보다, 명예보다, 권력보다 더 중요한 것이 건강이다. 누구나 가장 큰 소원이 무엇이냐고 물어보면 건강이라고 말한다. 돈이 많아도 건강을 잃어버리면 모든 것이 허사이기 때문이다. 그래서 가장 중요한 건강을 지키는 것이 사람에게 있어서 제일 먼저다. 그런데 그 건강을 지키기 위해서는 의학의 기술도 동원되지만 예수님이 이 땅에 오셔서 병든 자를 고치시고 귀신을 쫓아내 듯 마귀(사단)도 기(氣)를 이용하여 질병을 고친다. 심령과학에서도, 무속세계에서도, 기(氣) 훈련을 통해서, 영계와의 접촉을 통해서 가지각색의 표적과 기적이 일어나고 있다.

구약성경 창세기 2장 7절에 기록되었으되 "여호와 하나님이 흙으로 사람을 지으시고 생기(生氣)를 그 코에 불어 넣으시니 사람이 생령(生靈)이 된지라" 이렇게 창조주 하나님께서 사람을 지으실 때 생기를 불어 넣어 생령이 되게 하셨다.

그런데 마지막 때가 되면 신약성경 요한계시록 13장 11-15절에 기록되었으되 "내가 보매 또 다른 짐승이 땅에서 올라오니 새끼 양같이 두 뿔이 있고 용(龍)처럼 말하더라 저가 먼저 나온 짐승의 모든 권세를 그 앞에서 행하고 땅과 땅에 거하는 자들로 처음 짐승에게 경배하게 하니 곧 죽게 되었던 상처가 나은 지라 큰 이적을 행하되 심지어 사람들 앞에서 불이 하늘로부터 땅에 내려오게 하고 짐승 앞에서 받은바 이적을 행함으로 땅에 거하는 자들을 미혹하며 땅에 거하는 자들에게 이르기를 칼에 상하였다가 살아난 짐승을 위하여 우상을 만들라 하더라 저가 권세를 받아 그 짐승의 우상에게 생기(生氣)를 주어 그 짐승의 우상으로 말하게 하고 또 짐승의 우상에게 경배하지 아니하는 자는 몇 이든지 다 죽이게 하더라"와 같이 용(龍)이 짐승에게 권세를 주어 우상에게 기(氣)를 넣어 말을 하도록 한다고 했다. 만들어 놓은 우상에게 말도 하게 하는데 무엇인들 못하겠는가? 그래서 용(龍)의 사주(使嗾)를 받은 마귀가 기(氣)를 이용하여 질병을 고치고 귀신를 제압하는 기적들을 행한다.

그 예는 많으나 몇 가지만 소개한다.

(1) 기 치료와 초능력 – 김○○는 말을 못하고 전신을 움직일 수 없고 밥도 겨우 입에 떠 넣어주어야 넘길 수 있는 정도라고 했다. 그러니까 거의 식물인간이나 다름이 없었다. 그러나 일주일간의 기 치료를 받고 말을 하기 시작했고 기어 다닐 수가 있게 되었다. 20일 만에 제 힘으로 일어나 걷게 되

었고 이제는 말도 제대로 할 수 있게 되었고 눈매도 바로 잡히고 말귀를 알아 듣게 되었다.[41]

(2) 진기(眞氣)의 세계 – 나까가와(中川) 박사가 영적으로 계시를 받아서 기공사가 된 지는 6년이 조금 지났다. 그럼에도 불구하고 현재 나까가와 박사가 주도하는 진기광(眞氣光)의 위력은 일본은 물론 세계 각국의 기공의 분야에서 선풍적인 반응을 일으키고 있다. 지금 일본에서는 한 달에 한 번씩 개최되고 있는 연수 강좌가 50회를 거치면서 무려 3,000명 이상의 기공사가 배출되었고, 현대 의학에서는 포기한 많은 환자들의 난치병이 기적적으로 치유되는 등 상식적으로는 도저히 생각할 수 없는 현상들이 일어나고 있다.[42]

(3) 천도선법 – 제법 단단한 중소기업 사장이 불치병으로 찾아왔다. 그의 병은 별의별 약도, 온갖 한방치료나 침도, 최신 의학도 모두 듣지 않아 죽을 날만 기다리고 있었다. 까닭 없이 살이 썩어 들어 가는 무서운 병이었다. 천존의 집에 대한 소문을 친구로부터 듣고 그 친구를 따라 찾아왔다. 보름 동안 열심히 다닌 결과 기적이 일어났다. 죽었던 살이 뽀얗게 살아나고 아무런 이상이 없었다.[43]

(4) 환자를 치료하고 불치병을 고친다. – 쥬나 다비다시바리 박사는 심령치료사로도 유명하며, 소련 초능력자 중에서 여왕으로 군림하고 있다. 그녀의 초능력은 소련 의학아카데미에서 인정을 받아 정식 의학박사의 칭호를 받았다. 지금까지 수백 명의 환자를 치료했는데, 놀랄만한 사실은 실제 의사들이 그녀에게 심령치료를 배우기 위해 드나든다는 것이다.[44]

(5) '옴' 진동수 – 생수에다 '옴'의 진언파동을 쪼이면 상념파동에 의해 만들어진 기적의 물을 '옴 진동수'라 한다. 이 '옴 진동수'를 매일 일정 분량을 장기간 마시게 되면 우리 몸의 체액이 정화되는 것 같다. 고혈압, 저혈압, 당뇨병이라든가, 재생불능한 빈혈, 백혈병 등이 완치된 예는 많다.[45]

(6) 선화도(善和道) – 세계 최초 유일하게 대우주의 기(氣)가 오는 신비의 선화도(善和道)＝악함을 없애고 선한 마음으로 세상 사람을 편하게 해 주신 분, 인류를 구원하기 위하여 영가를 구원하고, 병을 치유하시고, 마음을 다스리고, 선한 마음으로 세상 사람들을 편하게 해 주시는 분으로 인류 역사상 세계 최초로 우리 인간 세상에 그림의 형상으로 오신 것이며, 선화도를 통하여 우주의 기(氣)를 받아 몸과 마음을 치유할 수 있다.[46]

(7) 우주초염력 – 21세기의 신화라고 할 수 있는 우주초염력은 불가능이 없는 절대적인 천혜의 힘으로 단순한 파워가 아닌 대우주의 성스러운 힘이다.

우리가 전혀 신경 쓰지 않아도 우주초염력은 우리에게 영향을 미친다. 많은 시간이 필요한 것도 아니다. 단 한 번의 치료만으로 완치되는 경우가 대부분이다. 광주에서 열린 초염력 강연회에서 20대 간질환자에게 파워를 보냈더니 완쾌되었다. 앉은뱅이도 일어서게 되었다. 논리적으로 설명할 수 없는 일들이 지금도 무수히 일어나고 있다.[47]

(8) 영험한 신통의 기(氣) 달마도

(9) 자미천궁 – 경남 합천에서 40대 부부가 자미천궁을 방문했다. 부인은 폐암 말기에 뇌종양 3기의 환자로서 정신도 없을뿐더러 걸음도 걸을 수 없

는 상태였다. 신랑의 등에 업혀 들어왔는데 인존천황님과 천상신인은 천황님께 이들의 사정을 고하고 난 뒤 천황님의 윤허를 얻어 입천제 의식 절차에 따라 부부와 우리 신인들은 천황님 전에, 조상님 전에 지극 정성을 발원하였고 제 의식이 끝나고 나서는 업혀 들어왔던 부인이 혼자 걸어서 자미천궁을 나가는 이변이 일어났다.[48]

이러한 것이 왜 마귀로부터 오는 것인 줄 모르기 때문에 마귀의 비밀 무기인 것이다.

2) 자기의 지식을 개발한다.

자기에 대한 지식개발은 영계에 대한 지식을 말한다. 심령과학에서도 영계에 대한 지식이 있어야 죽어서 영계에 가서 적응을 잘할 수 있다고 한다. 그래서 영계에 대해서 알려 주어야 한다고 사명을 말한다. 특히 스웨덴보리는 이에 대해 강조한다.

"나와 같은 과학자는 얼마든지 있을 수 있다. 그러나 내가 소명 받은 사명은 내가 아니면 아무도 할 수 없다."[49]

그리고 스웨덴보리는 영계에 갔다 오면 그 탐방 내용을 저술에 몰두했고 27년간 수만 페이지의 저술을 남겼다고 한다. 그것은 영계의 지식을 세상 사람들에게 알리기 위해서다.

3) 진리(眞理)를 구(求)한다.

이것은 중요한 문제다. 진리를 찾고 만난다는 것은 무엇보다도 인생에 있어서는 가장 중요하기 때문이다. 그런데 지금 진리(眞理)가 난립하고 있다. 모두 다 자기가 진리요, 자기들이 믿는 것이 진리라고 주장한다.

참 진리는 우주 만물을 창조하신 하나님의 말씀이다. 요한복음17장 17절 말씀에 "저희를 진리로 거룩하게 하옵소서 아버지의 말씀은 진리니이다"했다. 그리고 그분이 보내신 예수 그리스도가 진리이다. 요한복음 14장 6절에 "예수께서 가라사대 내가 곧 길이요 진리요 생명이니 나로 말미암지 않고는 아버지께로 올 자가 없느니라"고 말씀하고 있다.

기독교의 교리만이 진리냐고 따질 것이다. 그러나 참과 거짓은 언젠가는 밝혀지게 되어 있다. 때가 되면 말이다. 거짓이 참 진리인양 속이기 때문에 마귀의 비밀 무기이다.

4) 착한 행실(선행)을 힘쓴다.

자기에 대한 책무 중 착한 행실 즉 선행에 힘써야 한다는 것이다. 이것은 인간이 이웃에 대한 도리요, 예수님께서도 선한 사마리인에 대한 말씀을 하시면서 이웃을 내 몸과 같이 사랑하라고 가르치셨다. 그러나 선행으로 구원받고 천국 가는 것은 아니다. 그런데 『스웨덴보리의 위대한 선물』이란 책 안 표지에 '착하게 산 사람은 천국에 간다'를 진리를 통해서 현실의 삶이야말로 천국으로 가는 열쇠임을 많은 사람들이 알게 되기를 소망한다.[50] 라고 책을 편역하게 되는 사명을 밝혔다. 그리고 각 종교마다 선행을 하고, 좋은 일을 많이 해야 사후에 구원과 배상을 받게 된다고 가르친다. 그러므로 선행이 구원의 방법이요, 천국에 가는 길이라면 이것 또한 분명히 마귀의 비밀 무기이다.

예수님은 십자가에서 헛되이 죽으신 것인가? 결코 그것이 아니다. 온 인류의 죄의 값을 담당하셨다. 그리고 사후의 영적 삶이 끝이 아니라 부활하여 영생의 삶이 기다리고 있다. 예수님의 재림이 참과 거짓의 심판이 될 것이다.

5) 영계(靈界)와의 교통을 강구(講究)한다.

이 부분이 가장 중요하다. 영계의 교통이 마귀의 궤계 중 가장 큰 비밀 무기이다. 이것을 모르기 때문에 천국과 지옥을 다녀온 자들이 미혹 당한 줄 모르고 하나님의 은혜로 착각한다. 이것은 영계의 통신을 통해 알려온 마귀의 전략이다. 신약 데살로니가후서 2장 1-12절 말씀처럼 때가 되면 배도하는 불법의 사람 곧 멸망의 아들이 나타난다고 했는데, 스웨덴보리를 통해 이루어졌고, 스웨덴보리로부터 사후의 세계인 영계를 출입하기 시작했다.

그리고 보고 들은 것을 신의 지시에 따라 책을 써서 세상 사람들에게 알리라는 특명을 받고 책을 썼다고 했다. 천국과 지옥을 다녀온 사람들의 공통점을 보라, 보고 들은 것을 빠짐없이 세상 사람들에게 알리라는 특명과 책을 쓰라는 특명을 받고 온다. 요한계시록에서는 예언의 말씀 외에 더 하거나 빼지 말라고 하셨다. 왜 그런지 이유는 말씀을 읽어보면 알 것이다. 이 부분은 중요하기 때문에 뒤에 더 자세히 다루려고 한다. 마지막 때에 마귀는 우는 사자처럼 삼킬 자를 찾기 위해 땅에 두루 돌아 여기 저기 다닌다고 했다.(욥기1:7)

신약성경 베드로전서 5장 8-9절에 기록되었으되 "근신하라 깨어라 너희 대적 마귀가 우는 사자같이 두루 다니며 삼킬 자를 찾나니, 너희는 믿음을 굳게 하여 저를 대적하라 이는 세상에 있는 너희 형제들도 동일한 고난을 당하는 줄을 앎이니라"라고 권고하셨다.

제 3 부

자미국을
알고 계십니까?

• 70억 인류를 유황불못으로 끌고 가려는 마귀(사단)의 음모가 있다.
• 21세기 한국에 등장한 자미국의 정체를 파헤친다.

Hells and Heavens

제1장

자미국이
등장하게 된 배경

1. 영계에서의 성경 박멸에 대한 음모

1930년경 세계에서 가장 크고 가장 높다고 하는 영계의 '인베레타' 즉 유혼단(類魂團)의 통솔자인 인베레-타에게 실재했던 예루살렘의 예언자가 당시 유명했던 영국의 심령 연구가이며 고급 영매였던 스테톤 모-제스를 통해 질문을 했는데 그것에 대한 답변을 영매인 스테톤 모-제스가 자동서기(自動書記)로 기록한 책이 영훈(靈訓)이다. 이 책에서 발췌한 내용이 있는데, 그 내용 중에 기독교에 대한 충격적인 내용이 있다.

> "우리들의 사명(使命)은 지상의 산물인 신학(神學)을 박멸하고 이것의 대신으로 더 올바른 신(神)의 가르침을 지켜야 한다."[51]

여기에서 '지상의 산물인 신학을 박멸해 버리겠다.'고 하는 것은 신학의 근본이 되는 성경을 박멸해 버리겠다는 것이다. 다시 말해서 하나님의 말씀인 성경을 박멸하겠다는 것이 사후세계인 영계에서 마귀집단의 음모이다. 이것이 현실로 이루어져 가고 있고, 이에 앞장서서 일하는 곳이 자미국이다. 또한 성경을 박멸하는 책들이 쏟아져 나오고 있다.

여기에 대한 현실과 일어나고 있는 일들은 인류를 멸망시키려는 사단의 음모이므로 차후에 자세히 밝히겠다.

2. 사후세계(영계)에 대한 연구와 자미국의 태동

필자가 영계에 대한 관심을 가질 때가 1977년 신학교 3학년 때다. 그리고 본격적으로 영계를 연구한 때가 1979년도 "영계에서 신학을 박멸하겠다."고 하는 마귀의 음모를 알게 되면서부터다.

그동안 필요한 책을 사서 모으고 자료도 모으면서 시대적인 흐름을 지켜보고 있었다. 그런데 2000년대에 들어오면서 자미국이 등장한 것이다. 그가 쓴 책이 무려 30여 권이나 된다. 비슷한 내용이 많지만 그가 쓴 책을 읽어보면서 황당하기도 하고, 아주 교만스럽고 모독적인 표현으로 기독교를, 아니 창조주 하나님을 조롱하고 있다. 그리고 필자가 우려했던 대로 성경박멸 운동을 벌리고 있었다. 이제 더 이상 침묵할 수 없어 시대적인 사명으로 알고 필을 들었다.

그러면 황명을 받았다고 하는 인황의 과거사의 기록을 보면 다른 것은 그만두고 인황이란 관명을 받기까지 어떤 일이 있었는가? 1980년 구정부터 27년 동안 화천 미륵 바위를 다니면서 기원을 드렸다고 했다. 1981년도 쯤에 알 수 없는 신기한 꿈을 꾸게 된 것이 본격적인 하늘의 메시지 같았다고 했다. 그때가 28세였다. 그 이상한 꿈의 내용은 "도솔산의 8부 능선에 내가 금색이 많이 나는 하얀 도포를 입고 가부좌를 틀고 앉아 있는데 천상에서 두 분의 부처님이 광채를 뿜으며 내가 앉은 좌우에 한 자 정도 낮게 내려

앉는 생생한 꿈이었다."[52)] 고 한다.

세월이 흘러 94년 봄 나라를 위해 기도한다는 60대 초반의 한 남자를 알게 되었고, 그가 기도하던 충남 아산의 ○○산 ○○사 뒷산의 움막이었다고 했다. 공기 좋고 인적이 드물어 기도하기 좋은 곳이라 매주 그곳에 가서 기도했다고 했다. 마침 그곳에 40대 중반으로 보이는 여자 신명제자가 있었고, 하루는 여자제자가 함께 기도해 보자고 해서 같이 각자가 용궁전에서 무아지경에 이르도록 기도를 하고 있는데 갑자기 하늘에서 내리시는 분부 말씀이라면서 본인에게 잘 들어보라고 했다고 한다. 그런데 그 여 제자는 신명의 말씀이라고 하면서 대뜸 하는 말이 "하늘의 대행자를 하고 싶으세요?"라고 물어오기에 기가 막혔다. 지금부터 12년 전이니 불혹의 나이인 40세였다.[53)]

이 이야기를 듣는 순간 "예? 그게 무슨 청천벽력 같은 말씀입니까? 하늘의 대행자라니요? 가당치도 않고 천부당만부당 한 말씀입니다." 하고 황당하게 생각했으나 여제자는 "아닙니다. 이미 하늘께서 그렇게 정해 놓으신 것 같습니다. (중략) 하늘이 내리시는 명을 거역하면 그 재앙이 본인은 물론 가족에게도 대대로 내려가니 명심하도록 하세요. 지금은 아무것도 모른다고 하지만 차근차근 계단을 밟아 하늘 공부를 열심히 하시랍니다. 점이나 사주보는 그런 제자가 아니라 장차 사해만방에 이름을 떨치며 세계인류를 천황태제님의 황명을 받들어 구원하고, 천군만마를 영도하며 다스릴 대 사명을 갖고 오셨다고 하시며, 제2의 새로운 천지를 창조하실 하늘 천황태제님의 대행자시랍니다."[54)] 이렇게 신의 대행자로 택함을 받았다고 하는 신의 계시를 받은 것이다. 이러한 일이 있은 뒤 직접 자신이 신의 계시를 받은 것으로 되어 있다.

95년 6월 하늘께서 내리시는 음성은 천상국가(자미국)를 세우고 천상궁전

(자미천궁)을 건립하라는 강력한 메시지를 받게 되었고, 하늘께서 내리시는 황명 수행을 다짐하기 위하여 책상 위에 명패를 새겨서 올려놓기도 하였다고 했다.

해는 바뀌어 96년 가을 무렵 60세가 넘어 보이는 보살님을 만나 용문산(경기도 양평군)에 가서 천신기도를 하게 되었다고 한다. 초저녁부터 새벽 3시가 넘도록 기도를 하는데, 보살님이 하늘께서 전해주는 말씀이니 잘 들어보라고 했단다.

"이미 인간사의 일은 인연이 다 끊어져가고 없으니 어서 회사 정리해!
하늘의 길로 들어서라는 지엄한 황명이 내렸으니 팔자로 받아들여!
도저히 피할 수 없는 천지신명님의 황명이 내려와 있으니 거역하면 큰일 일어나!"[55]

결국 44세인 99년 4월 중순경에 인간사의 모든 미련을 뒤로하고 회사 문을 닫았고, 하늘께서 내리신 황명을 수행하기 위하여 강남역 부근에 50평 건물을 전세로 얻어 천상세계에 정식 입문했다고 증언하고 있다.

그 뒤 하늘이란 무엇인가를 알기 위하여 스스로 기도에 들어갔고, 눈을 감고 하늘께서 내리신 천경을 독송하기 시작했다 한다. 신이 눈에 보이지 않으니 있는 것인지 없는 것인지 종잡을 수가 없었고, 믿어야 하나 말아야 하나 갈피가 잡히지 않았다고 했다. 모든 일에 완벽을 추구했던 그였지만 기도에 들어가서도 아무런 반응을 보이는 것이 없으니 앞이 깜깜할 수밖에 없었다고 한다.

그러나 이미 출발한 것 기도정진에 온힘을 쏟았다고 했다. 1시간 동안 꾸준히 매일같이 반복 주문하기를 한 달 가량되었을 무렵, 합장하고 있는 손에 알 수 없는 전율이 흐르며 손이 요동치듯 떨리기 시작했다 한다. 하늘의 천경에 대하여 아무것도 모른 채 21번을 독송하니 알 수 없는 천지조화 기운이 드디어 나의 온 몸으로 내려오기 시작하였다 한다.[56]

기도에 몰입한지 100일이 지난 어느 날, 도반 한 명과 대화를 나누다 함께 기도하자는 제안에 따라 집으로 초대하여 차 한 잔 나눈 후 제물을 차려놓고 자시(자정)에 함께 기도에 들어갔다고 했다. 늘 하던 대로 천경을 외우자 즉시 천지기운이 내려 온 몸이 주체할 수 없을 정도로 손과 온 몸이 요동쳤다는 것이다. 이런 모습을 처음 본 도반은 대단한 신명이 하강하였음을 느낀 모양인지 대뜸하는 말이 "어서 오십시오. 오늘 제자 몸으로 강세하신 분은 어떤 신명인지 말씀 내려주십시오"라고 공손히 응대해 주고 있었다.[57]

그러나 한동안 시간이 흘러도 아무런 대답이 없자 도반이 다시 누가 오셨느냐고 묻자 한동안 침묵이 흐르더니 순간 적막을 깨고 일갈대성이 그의 입에서 저절로 터져 나왔다고 한다.

"대우주 천지 창조주 '태상천존 자미천황 태제님'의 황명을 받고 내려온 용화세존 미륵존불이니라! 참으로 오랜 세월 기다려 왔고 내가 그동안 시간을 많이 주었느니라."[58]

여기에서 주목할 것은 대우주 천지 창조주 '태상천존 자미천황태제님'이라는 말이 처음으로 등장한다. 이것은 자신의 입을 통해 터져 나온 말이다. 자신을 영매로 해서 황명을 받고 내려왔다는 용화세존 미륵존불이라고 하는 영계의 신의 정체는 누구일까? 이 내용에 대해서는 차후에 논하기로 하겠다.

이어서 도반과 용화세존 미륵존불과의 대화가 이루어지더니, 용화세존 미륵존불이 "하늘의 천황태제님께서 강세하시어 바로 서야 너희 나라 경제 문제가 윤택해질 것이니라. 하늘 알기를 우습게 알고 잘 안 받들어서 그래,

신명이든 조상이든 잘 알지도 못하면서 무조건 마귀니 미신이니 하면서 부정하고 있어. 고통을 당해봐야 하늘 무서운 줄 알고, 인력으로 안 되는 것도 있다는 것을 보여주어야 인간들이 정신 차리고 하늘을 찾게 되지."[59]라고 말했다 한다.

이것은 기독교를 겨냥해서 하는 말이다. 아니, 하늘에서 황명받고 내려온 자가 갑자기 조상을 마귀니, 미신이니 하면서 부정한다고 하는 말을 하는 것은 무슨 이유에서 일까? 여기에 대해서도 다음에 자세하게 다루기로 하겠다.

도반과의 대화 중에 도반이 용화세존 미륵존불에게 "그러면 미륵님께서 천황태제님의 황명을 받아 지상에 세우시는 천상국가는 언제쯤 세상에 알려지고 세워지게 되는지요?"[60]라는 질문을 했다.

이 질문에 용화세존 미륵존불은 다음과 같이 답했다.

"약간의 시간이 걸리느니라. 이제 오늘 처음 내가 말을 전하니 이 뜻을 모두 스스로 깨닫고 공부하여 행하는 데까지는 최소한 7년 이상의 세월이 걸리느니라. 그때부터 하늘의 진면목을 알게 되고 새로운 천지조화가 펼쳐지게 되니라. 그동안에는 피나는 수행과정이 필요하고 그것을 극복해내야 하는 인내심도 있어야 하니라."[61]

이러한 황명을 받은 뒤에 1년 만에 강남을 떠나 송파 석촌동으로 자리를 옮겨 본격적으로 7년의 천상공부에 들어갔다고 했다. 영혼세계는 어떠한지, 조상님들은 무엇을 원하는지, 죽으면 어디로 가는 것인지 등을 알고자 기도 정진하면서 수많은 조상 영혼들을 불러서 대화를 나누기 시작했다고 한다.

이렇게 해서 이미 가신 조상님들이 정말 무엇을 원하고 있는지 구구절절

한 사연을 처음으로 조상입천의식을 통하여 영혼을 불러 대화하면서 알게 되었다고 했다. 여기에서 이미 돌아가신 조상님들이 영계에서 무엇을 원하는지 영혼을 불러 대화하면서 알게 되었다고 했다.

그렇다면 성경에서는 어떻게 기록하고 있을까? 예수님이 가르쳐 주신 말씀이다. 물론 기독교인 외에는 인정하지 않겠지만 언젠가는 진실이 밝혀질 것으로 본다.

신약성경 누가복음 16장 19-31절에 기록된 성경의 교훈은 죽은 사후의 세계에 대하여 예수님이 말씀해 주신 것은 두 가지다. 하나는 아브라함 품에 들어가 위로함과 안식을 얻게 되는 것이다. 누가복음 23장 43절에는 낙원이라고 했다. 또 한편으로는 음부에 들어가 고통을 받는다. 음부에 들어가 고통 받는 영혼은 나사로의 손가락 끝에 물 한 방울이라도 찍어 혀를 서늘하게 해달라고 부탁한다. 그러나 그 곳에서는 그것도 거절당한다. 그렇다면 한 가지 소원이라도 들어 달라고 애걸한다. 그것은 나사로를 세상에 보내어 자신은 다섯 형제가 있는데 그들에게 자기가 음부에 와서 고통 받고 있다는 것을 증언하여 세상에 있는 형제들이라도 고통 받는 이곳에 오지 않도록 해 달라는 것이다. 이것이 사후의 세상에 가 있는 조상의 진심이다. 그러나 그것마저 거절당하고 세상에는 모세와 선지자가 있으니 그들의 말을 듣고 믿으면 구원 받게 된다고 했다.

여기에서 조상님들이 원하는 것은 제사음식을 원하는 것이 아니라 사후에 고통 받는 음부에 오지 않기를 간절히 바라고 있음을 분명히 알아야 한다.

앞에서도 언급했지만 자미국에서는 육신의 몸을 버리고 춥고 배고픈 구천세계에서 고생하며 천상궁전에 오르고자 애쓰고 있는 불쌍하고도 가련한 영가들에게 더 이상 상처주지 말고, 진실에 귀를 기울여 하늘, 신, 조상의 뜻대로 행하여 인간파멸, 조상파멸이 아닌 인간구원, 조상구원의 길에 앞장서자고 주장한다. 이러한 일은 심령과학에서도 무당세계에서도 있었던 일이다. 자신은 처음 당하는 일이기에 신기한 것처럼 여기지만 무당세계에서는 평상시 일어나는 일이라는 것을 알아야 한다. 좀 특별한 것은 다른 곳보다 기(氣)가 세다는 것이다.

이렇게 해서 수많은 손님들의 조상님을 구원하여 천상궁전으로 올려 보내고 있었는데 그 기간이 7년 정도 된 것 같다고 했다. 조상영계 공부 7년을 접고, 천상세계 공부로 들어가게 되어 석촌동 도솔천궁을 폐쇄하고 저서 집필에 몰두하게 되었다. 글을 쓰면서 하늘의 수많은 조화를 체험하는 계기가 되었고 그것을 책으로 집필한 것이다.[62]

그는 이렇게 증언한다.

"내가 수행과정에서 깨우쳤던 일이나 신비한 조화를 부렸던 것은 내가 행한 것이 아니라 하늘의 천황태제님과 천상인황님께서 나의 육신으로 강세하시어 친히 천상공부를 집행하셨음을 밝혀둔다. 나는 그저 육신만 잠시 하늘에게 빌려 드리는 것에 불과하다. 하늘께서 나의 육신을 빌려 부리신 천지조화는 가히 공상과학영화 수준이라 생각하면 무리가 없을 것이다."[63]

이에 대해 언급하지 않을 수가 없다. 필자가 책을 쓰는 이유도 이 사실을 밝히기 위해서다. 지금 저자가 속고 있는 것이다. 성경을 박멸하려는 이유도 이것 때문이다. 앞에서도 성경의 예언을 언급했지만 다시 한번 인용한다.

신약성경 요한복음 8장 44절에 기록되었으되 "너희는 너희 아비 마귀에게서 났으니 너희 아비의 욕심을 너희도 행하고자 하느니라 저는 처음부터 살인한 자요 진리가 그 속에 없으므로 진리에 서지 못하고 거짓을 말할 때마다 제 것으로 말하나니 이는 저가 거짓말쟁이요 거짓의 아비가 되었음이니라"

마귀는 거짓말쟁이요 거짓의 아비로써 에덴에서부터 인류를 죽음으로 몰고 가는 장본인이다. 이 마귀, 사단이 마지막까지 인류를 미혹한다.

신약성경 데살로니가후서 2장 5-12절에 기록되었으되 "내가 너희와 함께 있을 때에 이 일을 너희에게 말한 것을 기억하지 못하느냐 저로 하여금 저의 때에 나타나게 하려 하여 막는 것을 지금도 너희가 아나니 불법의 비밀이 이미 활동하였으나 지금 막는 자가 있어 그 중에서 옮길 때까지 하리라 그 때에 불법한 자가 나타나리니 주 예수께서 그 입의 기운으로 저를 죽이시고 강림하여 나타나심으로 폐하시리라 악한 자의 임함은 사단의 역사를 따라 모든 능력과 표적과 거짓 기적과 불의의 모든 속임으로 멸망하는 자들에게 임하리니 이는 저희가 진리의 사랑을 받지 아니하여 구원함을 얻지 못함이니라 이러므로 하나님이 유혹을 저희 가운데 역사하게 하사 거짓 것을 믿게 하심은 진리를 믿지 않고 불의를 좋아하는 모든 자로 심판을 받게 하려 하심이니라."

이미 A.D. 53년경 성경은 예언했다. 때가 되면 불법한 자가 나타나고 불법의 비밀이 밝혀지고 그때가 되면 사단의 역사로 능력과 표적과 거짓기적이 나타난다는 것이다. 이 예언이 이루어지고 있는데, 모르고 저자는 속아 사단에게 이용당하고 있는 것이다. 이것을 명심해야 한다. 예수님의 재림이 가까이 오면 이루어진다고 하셨다. 그래서 사후세계에서는 예수님의 재림을 두려워한다. 왜 예언된 성경을 박멸하려고 하는지 아는가? 예수님 재림 때 마귀 사단의 운명이 달려 있기 때문이다.

7년 동안 영계의 훈련과 천상공무가 끝나고, 2007년 2월 4일 입춘 15:00 많은 신하와 백성들이 참석한 가운데 천상세계정부 천상궁전 자미국 정부가 출범하였음을 신명세계, 영혼세계, 인간세계에 동시 선포하였다.[64]고 한다. 이렇게 해서 인류 모두가 기다리던 희망찬 새로운 나라 자미국이 한반도 땅에 탄생되었다는 것이다. 또한 2007년 5월 6일 15:00에 천황테제님께서 공식 하강하시어 즉위식을 거행하시었다고 자랑하고 있다.

지금까지 수천 년 동안 세계를 지배해온 종교의 뿌리를 송두리째 멸하고, 천황님의 나라를 세워 지구촌 모든 국가를 하나의 국가 자미국(紫薇國)으로 흡수 통일하는 천상국가 세계정부를 세우고자 하늘의 대역사는 시작되었다고 강조한다. 이것이 자미국의 태동 과정이다. 자미국이 태동하기 전 종(필자)이 먼저 1979년부터 이에 대한 예측을 하고 사후세계(영계)에 대한 연구를 본격적으로 시작했고, 저자(인황)는 1981년도쯤 신기한 꿈을 꾸게 된 것이 본격적인 신의 메시지로 알아 천상공부에 돌입했다고 했다. 그러니까 필자가 영계에 대한 연구를 시작한지 2년 뒤에 저자(인황)는 신(神)의 부름을 받아 영계훈련 즉, 천상공부를 시작한 것이다.

그것은 인류를 유황불못으로 끌고 가려는 사단(마귀=용)의 음모임을 종(필자)은 밝혀냈다. 이것은 사후세계와 통하는 심령주의를 꿈꾸는 악한 영들과의 공작이기 때문에 단연코 거부한다. 앞으로 하늘과 대우주의 천지 창조주라고 하는 '태상천존 자미천황태제님'에 대해서 정체를 밝힐 것이다.

제2장

자미국에서 말한
하늘이란 무엇인가?

1. 하늘이 인류에게 내린 명(命)이란 무엇을 의미하는가?

『하늘이 인류에게 내린 명(命)』이란 책에 보면 저자의 인고를 토해내는 대목이 있다. 책에서 자신을 천상신인(女)이라고 소개하고 있다.

"인간사의 돈과 명예, 가족, 친구, 모두가 귀찮고 다 필요 없었다. 외로운 마음과 방황의 마음을 주체할 수가 없었다. 금방이라도 미쳐버릴 것만 같았고 이러한 내 마음의 실체를 못 찾으면 죽어 버릴 것 같았다. 아니 하루도 더 살기 싫어 죽고 싶은 마음밖에는 아무 생각도 들지 않았다."[65]

이렇게 방황하며 겪었던 괴로움의 세월 속에 그렇게도 그리워하고 사랑하고 싶었던 인생의 삶의 전부를 찾은 것 같다고 했다. 그것은 "하늘"이었다고 했다. 그런데 여태껏 살아온 것도 힘들게 살아 왔는데 더 좋은 것을 주기는커녕 하늘의 제자를 하라고 하니, 내 팔자야 하고 팔자타령이 저절로 나왔다고 한다. 그리고 뭐가 뭔지 모르면서 무조건 안 한다고 다짐 또 다짐을 했다고 했다. 여기에서 "하늘"이 무엇인지 하늘의 존재를 알리고자 했으나 미련한 백성이 못 알아들어 얼마나 답답하고 힘들었을지 생각하니 죄송한 마음이 들었다고 했다.

또한 '황명'에 나오는 인황(男)도 역시 처음에 계시를 받고 하늘이란 무엇인가를 알기 위하여 스스로 기도에 들어 갔었고, 신이 눈에 보이지 않으니 있는 것인지 없는 것인지 종잡을 수가 없었고, 믿어야 하나 말아야 하나 갈피가 잡히지 않았다고 했다.[66]

그런데 한 달가량 반복 주문을 하고 있을 때 합장하고 기도하는 손에 알 수 없는 전율이 흐르면서 손이 요동치고 떨리기 시작했다고 증언한다. 또한 천상신인(女)도 온몸으로 주체할 수 없는 어떠한 기운이 계속 내려오고 있었다.[67]고 증언했다.

여기에서 두 분이 똑 같이 '황명'(男)에서는 "알 수 없는 전율이 흐르며 손이 요동치듯 떨기 시작했으며… 알 수 없는 천지조화기운이 드디어 나의 온 몸으로 내려오기 시작했다."[68]고 했고, '하늘이 인류에게 내린 명'(女)에서는 "온몸으로 주체 할 수 없는 어떠한 기운이 계속 내려오고 있었다."고 했다.

그렇다면 그 기운이 무엇이며 어디로부터 내려오는 것인지 알고 있는가?

이것은 '기(氣) 에너지'라고 한다. 이 기운이 내려오면서부터 두 분에게 하늘이 역사했다고 했다. 그 하늘의 정체는 누구이며 기운은 무엇인가?

이 사실을 알리는 것이 필자의 사명이다. 왜냐하면 인황(男)과 사감(女)이 모르고 속고 있기 때문이다. 그리고 그 파장은 전 인류에게 까지 영향을 미치기 때문이다.

필자는 기(氣) 에너지에 대하여 관심 있게 연구하면서 성경에서 그 근거를 찾았다.

창세기 2장 7절에서 최초로 창조주 하나님이 사람을 만드실 때 흙으로 모양을 만드시고 코에 생기(生氣)를 불어 넣으실 때 사람이 기(氣)를 받아 살아 움직이기 시작했고, 영원히 사는 존재(생령)가 되었다는 사실을 증언하고 있다.

그러나 심령과학에서나 무속세계, 그 외 사상가들은 기독교의 창조주 하나님에 대해서는 인정하지 않고 믿으려 하지 않는다. 그렇다면 그 기(氣) 에너지를 사용하는 자는 누구일까?

신약성경 요한계시록 13장 1-2절에 기록되었으되 "내가 보니 바다에서 한 짐승이 나오는데 뿔이 열이요 머리가 일곱이라 그 뿔에는 열 면류관이 있고 그 머리들에는 참람된 이름들이 있더라 내가 본 짐승은 표범과 비슷하고 그 발은 곰의 발 같고 그 입은 사자의 입 같은데 용(龍)이 자기의 능력과 보좌와 큰 권세를 그에게 주었더라"

요한계시록 13장 4-6절에 기록되었으되 "용(龍)이 짐승에게 권세를 주므로 용(龍)에게 경배하며 짐승에게 경배하여 가로되 누가 이 짐승과 같으뇨 누가 능히 이로 더불어 싸우리요 하더라 또 짐승이 큰 말과 참람된 말하는 입을 받고 또 마흔두 달 일할 권세를 받으니라 짐승이 입을 벌려 하나님을 향하여 훼방하되 그의 이름과 그의 장막 곧 하늘에 거하는 자들을 훼방하더라"

요한계시록 13장 11-15절에 기록되었으되 "내가 보매 또 다른 짐승이 땅에서 올라오니 새끼 양같이 두 뿔이 있고 용(龍)처럼 말하더라 저가 먼저 나온 짐승의 모든 권세를 그 앞에서 행하고 땅과 땅에 거하는 자들로 처음 짐승에게 경배하게 하니 곧 죽게 되었던 상처가 나은지라 큰 이적을 행하되 심지어 사람들 앞에서 불이 하늘로부터 땅에 내려오게 하고 짐승 앞에서 받은 바 이적을 행함으로 땅에 거하는 자들을 미혹하며 땅에 거하는 자들에게 이르기를 칼에 상하였다가 살아난 짐승을 위하여 우상을 만들라 하더라 저가 권세를 받아 그 짐승의 우상에게 생기(生氣)를 주어 그 짐승의 우상으로 말하게 하고 또 짐승의 우상에게 경배하지 아니하는 자는 몇이든지 다 죽이게 하더라"

여기에서 보면 용(龍)이 짐승을 이용한다. 그래서 우상을 만들게 하고 그 우상에게 기(氣)를 넣어 주어 말을 하게 하는 천지조화를 일으킨다고 했다.

이것은 예수님의 재림이 가까이 오면 즉, 마지막 시대에 마귀, 사단이 생기(生氣)를 사용한다고 되어 있다.

그렇다면 지금 인황(男)과 사감(女)에게 내려오고 있는 기(氣) 에너지는 어디로부터 내려오는 것일까? 필자는 기(氣)를 연구하다 보니, 고대 이집트의 피라미드까지 거슬러 올라간다. 피라미드 사각 꼭지점으로 우주의 에너지가 들어오고 있다는 사실을 알고 있는가?

고대 피라미드는 누가 만들었을까? 여기에 대해서도 여러 가지 의견이 있고 수수께끼로 되어 있다. 필자는 뒤에 성경 말씀의 입장에서 한번 생각해 보고자 한다. 어찌하든 피라미드는 지구촌의 7대 불가사의 중의 하나로 지금까지 현존해 있는 것이 사실이다. 이집트의 거대한 대피라미드는 250만 개 이상의 평균 2.5톤의 돌을 사용해서 만들었고, 높이 약 146.6m로 아파트 40층의 높이라고 한다. 정사각형의 밑변의 길이가 230.34m로 위쪽의 문은 북쪽을 향하고 있다고 한다.

그런데 "피라미드에 의해 발생하는 미지의 에너지의 정체는 아직까지도 여전히 신비의 베일 속에 가려져 있지만 이러한 미지의 에너지가 존재하는 것만은 틀림없는 사실이라고 주장하는 과학자들이 날로 늘어나고 있다."[69]

피라미드를 연구하는 과학자들이나 이를 관심 있게 연구하는 자들은 모두가 이 미지의 에너지가 과연 무엇인지, 그리고 왜 이러한 미지의 에너지가 발생하는지에 대해서는 막연한 추측과 가설들만을 구구할 뿐 아직도 명쾌한 과학적 설명은 주어지지 않고 있다.[70]

우선 하늘에 대해서 알아보자!

하늘은 피조계다. 구약성경 창세기 1장 1절에 기록되었으되 "태초에 하나님이 천지를 창조하시니라" 한 처음에 하나님께서 하늘과 땅을 지어 내셨다고 했다. 그리고 시편 33편 6절에 기록되었으되 "여호와의 말씀으로 하늘이 지음이 되었으며 그 만상이 그 입 기운으로 이루었도다"라고 하늘이 하나님의 말씀으로 창조되었음을 밝히고 있다.

그리고 구약성경 느헤미야 9장 6절에 기록되었으되 "오직 주는 여호와시라 하늘과 하늘들의 하늘과 일월성신과 땅과 땅위의 만물과 바다와 그 가운데 모든 것을 지으시고 다 보존하시오니 모든 천군이 주께 경배하나이다."라고 증언하고 있다. 이 말씀에 보면 '여호와 하나님'이 하늘과 하늘들의 하늘도 지으셨다고 했다. 이것은 한 하늘만이 아니다. 셋째 하늘과 둘째 하늘들과 첫째 하늘을 지으셨다는 뜻이다. 이 사실에 대하여 뒤에 설명 할 것이다. 셋째 하늘은 창조자이신 여호와 하나님의 보좌가 있다. 예수님은 이곳에서 지구촌에 오셨다가 인류를 구원하기 위해 십자가에 죽으시고 3일 만에 다시 살아나 부활 승천하시어 하나님 우편으로 가셨다. 그래서 예수님은 이 땅에 오셔서 하늘에 계신 우리 아버지라고 가르쳐 주신 것이다.

그리고 둘째 하늘들이다. 신명기 10장 14절에 "하늘과 모든 하늘의 하늘과 땅과 그 위의 만물은 본래 네 하나님 여호와께 속한 것이로되"라고 기록되어 있다. 둘째 하늘은 '하늘들' 또는 '모든 하늘'로 되어 있다. 여기에 악한 영들의 세계도 있음을 암시한다.

신약성경 에베소서 6장 10-13절 기록에는 종말을 사는 우리에게 경고의 말씀으로 우리의 싸움은 혈과 육이 아니라 하늘에 있는 악한 영들에 대함이라고 했다. 지금 자미국에서 말하고 있는 하늘은 악한 영들이 역사하고 있는 하늘을 말한다. 그 악한 영들은 기독교의 경전이요 하나님의 말씀인 성경을 박멸하겠다고 작심하고 있다.

왜 성경을 박멸하려고 할까? 그것은 요한계시록 20장 1-3절에 기록되었으되 "또 내가 보매 천사가 무저갱 열쇠와 큰 쇠사슬을 그 손에 가지고 하늘로서 내려와서 용(龍)을 잡으니 곧 옛 뱀이요 마귀요 사단이라 잡아 일천 년 동안 결박하여 무저갱에 던져 잠그고 그 위에 인봉하여 천 년이 차도록 다시는 만국을 미혹하지 못하게 하였다가 그 후에는 반드시 잠깐 놓이리라"는 말씀 때문이다.

그리고 요한계시록 20장 10절 기록처럼 거짓말쟁이요, 거짓의 아비인 마귀가 인류를 멸망시키려다 오히려 자신이 유황불못으로 들어가는 최후의 심판이 가까워 오기 때문이다.

그렇다면 이 마귀(사단)의 존재 처소가 어디인가?

구약성경 에스겔 28장 13-16절에 기록되었으되 "네가 옛적에 하나님의 동산 에덴에 있어서 각종 보석 곧 홍보석과 황보석과 금강석과 황옥과 홍마노와 창옥과 청보석과 남보석과 홍옥과 황금으로 단장하였었음이여 네가 지음을 받던 날에 너를 위하여 소고와 비파가 예비되었도다 너는 기름 부음을 받은 덮는 그룹임이여 내가 너를 세우매 네가 하나님의 성산에 있어서 화광석 사이에 왕래하였었도다 네가 지음을 받던 날로부터 네 모든 길에 완전 하더니 마침내 불의가 드러났도다 네 무역이 풍성하므로 네 가운데 강포가 가득하여 네가 범죄하였도다 너 덮는 그룹아 그러므로 내가 너를 더럽게 여겨 하나님의 산에서 쫓아내었고 화광석 사이에서 멸하였도다"

신약성경 유다서 1장 6절에 기록되었으되 "또 자기 지위를 지키지 아니하고 자기 처소를 떠난 천사들을 큰 날의 심판까지 영원한 결박으로 흑암에 가두셨으며" 이렇게 하나님을 대적하고 교만하여 자기 처소를 떠난 천사를 더럽게 여겨 하나님의 성산에서 쫓아내었다. 하나님께 범죄하고 쫓겨난 더러운 천사는 대적자 마귀, 사단이 되어 하나님의 형상대로 지음을 받은 인류를 미혹하고 있다. 그리고 그의 처소가 어디인가?

구약성경 이사야 14장 12-15절에 기록되었으되 "너 아침의 아들 계명성이여 (킹 제임스 성경에는 '오, 아침의 아들 루시퍼야'로 되어 있음) 어찌 그리 하늘에서 떨어졌으며 너 열국을 엎은 자여 어찌 그리 땅에 찍혔는고 네가 네 마음에 이르기를 내가 하늘에 올라 하나님의 뭇별 위에 나의 보좌를 높이리라 내가 북극 집회의 산 위에 좌정하리라 가장 높은 구름에 올라 지극히 높은 자와 비기리라 하도다 그러나 이제 네가 음부 곧 구덩이의 맨 밑에 빠치우리로다" 교만하여 하나님을 대적했던 루시퍼 천사장이 저주받아 마귀요 사단이 되어 북쪽 하늘에 보좌를 높이고 좌정하고 음부의 권세로 심판 때까지 인류를 미혹하고 있다는 것이다.

그래서 자미천인이 쓴 『천지령』 책을 엮으면서 시작한 내용에 보면 "자미(紫薇)는 천황님께서 내려주신 저자의 아호(雅號)임과 동시에 무한한 대우주의 구심점이다. 자미는 북극성 부근을 말하고 자미국, 자미궁, 자미천궁이라 불리며 다른 말로는 태을천, 태을궁이라고도 한다. 자미를 중심 기점으로 우주천체의 모든 별들이 운행하고 있으며 만생만물이 창조된 근원인 곳이다. 이곳에 대우주를 창조하신 천계의 주인께서 머물고 계시니 그분이 바로 '태상천존 자미천황태제님'이시다."[71) 라고 기록되어 있다. 그러니까 자미궁, 자미천궁이 자리 잡고 있는 곳이 바로 북극성 부근 즉 북쪽에 '태상천존 자미천황태제님'이 자리 잡고 있다고 증언하고 있다. 구약성경 이사야서를 통해 이미 B.C. 700년경에 기록된 말씀 그대로다. 이 사실을 인황이 확인해 주고 있다.

그런데 『하늘이 인류에게 내린 명(命)』이란 책 '하늘의 말씀1'에 보면, "천지주인이신 하늘의 뜻을 제대로 아는 사람 얼마나 될까? 독자 여러분들은 하늘의 진정한 뜻이 무어라고 생각하고 있는지 공개질문을 던지고 싶다. 종교인이든 비종교인이든 물론 구별하지 않는다."[72) 라고 하늘의 진정한 뜻이 무엇인지 공개질문을 던지고 싶다고 했는데, 종교인이든 비종교인이든 구별하지 않겠다고 했다.

여기에 대해 필자가 답변하겠다. 하늘의 진정한 뜻은 때가 되면 72억 인류뿐만이 아니라 이미 세상을 떠난 사후에 세계에 가 있는 영혼까지도 유황불못으로 끌고 가는 것이 하늘(마귀)의 뜻이요 목적이다. 그것이 둘째 사망이라 했다.

인황과 사감은 둘째 사망을 아는가?

사후의 세계가 끝이 아니다. 사후의 세계에서 영원토록 살겠다고 하는데, 왜 사람이 죽는지 아는가? 죽는 것도 억울한데 죽어서 꽃피고 새우는, 근심 걱정 없는 신선이 사는 이상향의 나라 천상궁전 자미천궁에서 살 것이라 한다. 속지마라! 둘째사망이 기다리고 있다.

기독교인들은 예수님의 재림과 성도의 부활을 기다리고 있으며 살아서 하나님의 나라에 간다. 그래서 예수님이 인류를 위해 죽으시고 3일 만에 부활하사 승천하셔서 하나님 우편에 계신다. 때가 되면 재림하시고 성도들은 부활하여 하나님 나라에서 영원토록 삶을 누린다. 이것이 기독교인들의 신앙이다.

신약성경 데살로니가전서 4장 13-17절에 기록되었으되 "형제들아 자는 자들의 관하여는 너희가 알지 못함을 우리가 원치 아니하노니 이는 소망 없는 다른 이와 같이 슬퍼하지 않게 하려 함이라 우리가 예수의 죽었다가 다시 사심을 믿을진대 이와 같이 예수 안에서 자는 자들도 하나님이 저와 함께 데리고 오시리라 우리가 주의 말씀으로 너희에게 이것을 말하노니 주 강림하실 때까지 우리 살아남아 있는 자도 자는 자보다 결단코 앞서지 못하리라 주께서 호령과 천사장의 소리와 하나님의 나팔로 친히 하늘로 좇아 강림하시리니 그리스도 안에서 죽은 자들이 먼저 일어나고 그 후에 우리 살아남은 자도 저희와 함께 구름 속으로 끌어 올려 공중에서 주를 영접하게 하시리니 그리하여 우리가 항상 주와 함께 있으리라"

성경에는 죽은 성도들을 잠잔다고 표현한다. 다시 사는 부활이 있기 때문이다. 죽는 것은 죄의 값이요 저주다. 원래 영원히 살도록 하나님께서 하나님 형상대로 창조하셨다. 그런데 하나님을 반역한 사탄, 마귀가 용(龍)의 탈을 쓰고 최초의 인류를 거짓말로 미혹해서 죽음으로 몰아넣어 하나님과 원수가 되게 만들었다. 그래서 마귀는 사망의 세력을 잡고 있다고 신약성경 히브리서 2장 14절에 기록되어 있고, 그 마귀를 없이 하시려 예수님이 이 세상에 오셨다고 증언하고 있다. 그러면 어떻게 마귀의 세력을 멸하시는 가? 그것은 죽은 자 가운데 다시 살아나신 부활이다. 그래서 마귀는 부활의 사건을 제일 두려워한다.

이제 때가 되면 죽은 성도들이 반드시 다시 사는 부활의 시간이 이 지구촌에 다가오고 있다. 그래서 마귀는 당황하고 두려워한다.

신약성경 요한계시록 20장 11-15절에 사망과 음부도 불못에 던져 버리겠다고 하셨다. 죽은 자도 심판하시겠다는 것이 성경의 교훈이다. 이것이 성경에서 말하는 둘째 사망이다. 그래서 성경을 박멸해 버리겠다는 것이 영계에서의 사명이라고 했다. 『명』(命)이라는 책에서는 말한다. "하늘이 인류에게 내린 명을 우리 모두가 받드는 것은 하늘에 대한 의무이자 도리이다." 라고 한다. 그러나 마귀의 자녀만이 그렇게 할 것이다.

2. 대우주 천지 창조자
'태상천존 자미천황태제님'이라는 주장에 대하여

왜, 대우주의 천지 창조주 "태상천존 자미천황태제님"이라고 주장하는 것일까? 다른 종교에서나 과학계에서는 진화론을 주장하고 우주 대폭발 즉 빅뱅에 의하여 우주와 지구의 탄생을 주장하는데 왜, 자미국에 나타난 신(神)은 대우주 천지 창조주라고 내세울까?

이것은 단적으로 마귀, 사단의 역사다. 마귀는 우주 만물을 하나님이 창조하셨다는 사실을 알고 있고, 하나님처럼 되고자 하는 교만이 있다.

구약성경 예레미야 10장 10-12절에 기록되었으되 "오직 여호와는 참 하나님이시오 사시는 하나님이시오 영원한 왕이시라 그 진노하심에 땅이 진동하며 그 분노하심을 열방이 능히 당치 못하느니라 너희는 이같이 그들에게 이르기를 천지를 짓지 아니한 신(神)들은 땅 위에서 이 하늘 아래서 망하리라 하라 여호와께서 그 권능으로 땅을 지으셨고 그 지혜로 세계를 세우셨고 그 명철로 하늘들을 펴셨으며"

천지를 짓지 아니한 신(神)들은 땅 위에서 이 하늘 아래서 망하리라고 하셨다. 이 말씀은 대우주 천지를 창조하신 여호와 하나님이 B.C. 600년에 예레미야 선지자를 통해서 주신 예언된 말씀이다.

이 예언의 말씀을 주신지 2,600년 후에 자미국이 나타났다. 마귀, 사탄은 누구보다 이 말씀을 잘 알고 있다. 그래서 자신이 대우주 창조주라고 주장한다. 하나님처럼 되기 위해서… 지금 인황(男)과 사감(女)에게 내려오는 메시지가 어디에서 누구에게서 내려오는 것인지 앞에서 언급을 했다.

에덴동산에서 인류의 조상을 미혹하던 마귀, 사단이 지금 인황과 사감에게 인류를 멸망시키기 위해 철저한 전략으로 침투하고 있음을 명심해야 한다. 모르고 속고 있기 때문에 몇 번이고 강조하는 바이다. 대우주 천지 창조주라고 주장하는 것에 대해 한번 확인해 보겠다.

먼저 성경에 기록되어 있는 대우주 천지 창조에 대해서 알아본다.

1) 성경에서 태초에 하나님이 먼저 계셨다. 그 하나님이 곧 말씀이셨다.

신약성경 요한복음 1장 1-3절에 기록되었으되 "태초에 말씀이 계시니라 이 말씀이 하나님과 함께 계셨으니 이 말씀은 곧 하나님이시니라 그가 태초에 하나님과 함께 계셨고 만물이 그로 말미암아 지은 바 되었으니 지은 것이 하나도 그가 없이는 된 것이 없느니라"

이렇게 우주 만물을 창조하신 말씀이신 하나님은 어떤 분일까?

인류 창조로부터 지금까지 일률적으로 내려온 역사를 가진 나라가 이스라엘이다. 그런데 혹자들은 왜 외국 종교와 신을 수입해 왔느냐고 따진다. 진화론을 믿는 사람들은 그렇게 따질 수 있다. 그러나 하나님이 우주 만물을 창조했다고 신앙하는 사람들은 성경에서 인류의 역사를 확신하고 믿는다. 필자도 창조론을 믿기 때문에 이 책을 쓰고 있다. 성경에는 이스라엘 민족이 애굽에서 종살이 하고 있을 때 지도자였던 모세를 보내실 때 모세의 질문에 하나님이 친히 자신에 대해 밝혀주셨다.

구약성경 출애굽기 3장 13-15절에 대우주 천지를 창조하신 여호와 하나님은 '나는 스스로 있는 자'라고 알려 주셨다. '나는 스스로 있는 자' 원어로 '예흐웨 아쉐르 예흐웨'로 여기서 '아쉐르'는 관계 대명사로서 '나는 존재한다'(I am)는 뜻인 '예흐웨' 성호를 결합시켜 자존성(自存性)을 강조한다. 즉, 시작과 끝이 없으신, 언제나 존재하는 자존자(自存者)란 뜻으로 피조된 존재들과는 달리 능동적으로 영원 전부터 영원까지 스스로 계시는 분이심을 강조하는 표현이다.[73)]

2) 태초에 계신 하나님이 말씀으로 우주 만물을 창조하셨다.

(1) 킹 제임스 성경에는 "처음에 하나님께서 하늘과 땅을 창조하시니라"로 기록되어 있다. 먼저 하늘을 창조하시고 땅도 창조하셨다는 것이다.

구약성경 창세기 1장 1절에 기록되었으되 "태초에 하나님이 천지를 창조하시니라 "

(2) 창조주 하나님께서 말씀으로 하늘과 하늘들도 창조하셨다고 증언하시고 모든 만물을 보존하고 계심을 선포하시니 천군천사가 경배했다고 했다.

구약성경 느헤미야 9장 6절에 기록되었으되 "오직 주는 여호와시라 하늘과 하늘들의 하늘과 일월성신과 땅과 땅위의 만물과 바다와 그 가운데 모든 것을 지으시고 다 보존하시오니 모든 천군이 주께 경배하나이다"

3) 하나님께서 창조하실 때 구체적으로 창조의 모습이 들어난다. 그리고 '하늘'이란 이름도 창조주 하나님이 붙여준 이름이다.

창세기 1장 2-8절에 기록되었으되 "땅이 혼돈하고 공허하며 흑암이 깊음 위에 있고 하나님의 신(神)은 수면에 운행하시니라 하나님이 가라사대 빛이 있으라 하시매 빛이 있었고 그 빛이 하나님 보시기에 좋았더라 하나님이 빛과 어둠을 나누사 빛을 낮이라 칭하시고 어두움을 밤이라 칭하시니라 저녁이 되며 아침이 되니 이는 첫째 날이니라 하나님이 가라사대 물 가운데 궁창이 있어 물과 물로 나뉘게 하리라 하시고 하나님이 궁창을 만드사 궁창 아래의 물과 궁창 위의 물로 나뉘게 하시매 그대로 되니라 하나님이 궁창을 하늘이라 칭하시니라 저녁이 되며 아침이 되니 이는 둘째 날이니라"

셋째 날은 천하에 물이 한곳으로 모이게 하고 바다와 육지 그리고 각종 식물과 과목을 종류별로 창조하신다. 넷째 날은 해와 달과 각 종 별을 창조하시고, 다섯째 날은 물속의 고기와 공중의 새를 종류별로 창조하신다. 그리고 여섯째 날은 땅의 생물들을 종류별로 육축과 짐승들도 종류별로 창조하시고 마지막으로 사람을 창조하신다.

창세기 1장 26-31절에 기록되었으되 "하나님이 가라사대 우리의 형상을 따라 우리의 모양대로 우리가 사람을 만들고 그로 바다의 고기와 공중의 새와 육축과 온 땅과 땅에 기는 모든 것을 다스리게 하자 하시고 하나님이 자기 형상 곧 하나님의 형상대로 사람을 창조하시되 남자와 여자를 창조하시고 하나님이 그들에게 복을 주시며 그들에게 이르시되 생육하고 번성하여 땅에 충만하라 땅을 정복하라 바다의 고기와 공중의 새와 땅에 움직이는 모든 생물을 다스리라 하시니라 하나님이 가라사대 내가 온 지면의 씨 맺는 모든 채소와 씨가진 열매 맺는 모든 나무를 너희에게 주노니 너희 식물이 되리라 또 땅의 모든 짐승과 공중의 모든 새와 생명이 있어 땅에 기는 모든 것에게는 내가 모든 푸른 풀을 식물로 주노라 하시니 그대로 되니라 하나님이 그 지으신 모든 것을 보시니 보시기에 심히 좋았더라 저녁이 되며 아침이 되니 이는 여섯째 날이니라"

이렇게 첫째 하늘의 세계를 6일 동안 창조하시고 제 7일에는 모든 창조를 마치시고 쉬셨다고 했다. 태양계를 중심한 창조를 6일 동안 마치시고 제 7일에 쉬시므로 안식하셔서 이날을 거룩하게 구별하여 안식하도록 하신 것이 하나님의 창조의 마침이시다. 그래서 달력에 일주일의 규정과 한 날을 쉬는 것으로 되어 있다. 이 일주일의 근거와 한 날의 쉬는 것은 성경에서만 그 근거를 찾아 볼 수 있다.

4) 구약성경 예레미야 51장 15-16절에 기록되었으되 "여호와께서 그 권능으로 땅을 지으시고 그 지혜로 세계를 세우셨고 그 명철로 하늘들을 펴셨으며 그가 목소리를 발한즉 하늘에 많은 물이 생기나니 그는 땅 끝에서 구름이 오르게 하시며 비를 위하여 번개하게 하시며 그 곳간에서 바람을 내시거늘"

5) 구약성경 시편 148편 4-5절에 기록되었으되 "하늘의 하늘도 찬양하며 하늘 위에 있는 물들도 찬양할찌어다 그것들이 여호와의 이름을 찬양할 것은 저가 명하시매 지음을 받았음이로다."

위 말씀들을 보면 하나님이 명하시매 물이 창조 되었다고 증언하고 있다.

6) 구약성경 이사야 57장 15-16절에 기록되었으되 "지존 무상하며 영원히 거하며 거룩하다 이름하는 자가 이같이 말씀하시되 내가 높고 거룩한 곳에 거하며 또한 통회하고 마음이 겸손한 자와 함께 거하나니 이는 겸손한 자의 영을 소성케 하며 통회하는 자의 마음을 소성케 하려 함이라 내가 영원히는 다투지 아니하며 내가 장구히는 노하지 아니할 것은 나의 지은 영(靈)과 혼(魂)이 내 앞에서 곤비할까 함이니라"

이 말씀에서는 하나님께서 영과 혼도 지으셨다고 증언한다.

7) 구약성경 시편 103편 19-22절에 기록되었으되 "여호와께서 그 보좌를 하늘에 세우시고 그 정권으로 만유를 통치하시도다 능력이 있어 여호와의 말씀을 이루며 그 말씀의 소리를 듣는 너희 천사여 여호와를 송축하라 여호와를 봉사하여 그 뜻을 행하는 모든 천군이여 여호와를 송축하라 여호와의 지으심을 받고 그 다스리시는 모든 곳에 있는 너희여 여호와를 송축하라 내 영혼아 여호와를 송축하라"

신약성경 요한계시록 5장 11절에 기록되었으되 "내가 또 보고 들으매 보좌와 생물들과 장로들을 둘러선 많은 천사의 음성이 있으니 그 수가 만만이요 천천이라"

이 말씀에서는 여호와 하나님이 하늘의 보좌와 생물들과 장로들과 천군 천사를 창조했다고 증언한다. 이렇게 어떻게 해서 말씀으로 창조하셨다는 구체적인 내용이 성령님을 통해서 알려주신 것이다.

그런데 자미국에서 주장하는 대우주 천지 창조주 "태상천존 자미천황태제님'은 어떻게 우주와 천지를 창조했다는 구체적인 내용이 별로 없다. 그 저 창조주 여호와 하나님을 흉내 내어 창조했다고 주장한다.

'천지령'에 보면 "태상천존 자미천황 태제님께서는 하늘, 땅, 해, 달, 별, 불, 물, 바람, 삼라만상을 창조하셨고, 또한 인간을 창조하여 이 땅에 살게 해 주신 우리 모두의 영혼의 창조주이시며, 또한 사후세계에 계시는 각자 조상들의 영혼도 창조하셨으며, 예수님, 부처님, 상제님, 하나님도 창조하 신 만생만물의 창조주시며, 만생만물의 어버이시다." [74]

그저 들려오는 메시지만 듣고 창조했다고 주장한다. 하물며 예수님, 하 나님도 창조했다고 거짓말을 한다.

거짓말쟁이요 거짓의 아비인 마귀의 음성을 듣고 인류를 속이지 마시라!

필자는 37년 전부터 영계에서 마귀의 음모를 알고 이에 대해 연구하기 시작했다. 그런데 2000년대에 들어오면서 자미국이 출현한 것이다. 천기까 지 만들고 말이다. 2001년을 천기 원년으로 누가 만들라 했는가? 그 장본 인이 누구인가?

3. "인류의 원죄와 사탄 마귀"에 대하여

『대제사』라는 책에 보면 "인류의 원죄와 사탄 마귀"라는 주제가 나온다.

그 내용을 보면 정말 황당하다. 다시 말하면 사탄 마귀의 본성이 들어난 다. 앞에서도 언급했지만 예수님을 시험했던 마귀가 성경을 인용했다고 했 다. 필요에 따라 마귀는 적재적소에 성경을 인용한다.

그동안 "하늘의 천황태제님께서 이 땅에 2007년 5월 6일 공식 강림하시 어 즉위식을 거행하시었다. 그러니 어찌 종교가 존재할 수 있겠는가? 기독 교의 하나님과 불교에서 기다리던 미륵님께서 하늘의 명을 받아 강림하시어 모든 종교를 멸하신다고 하셨다."[75] 한다.

여기에서 보면 2007년 5월 6일 하늘의 천황태제님이 한국 땅에 강세하셔서 모든 종교를 멸했다고 했다. 특히 기독교를 말이다. 그리고 "하늘 천황태제님이 하강하신 지금 이 시간 이후부터는 반대로 불교용품, 도교용품, 무속용품, 기독용품을 지니고 있으면 각자의 인생에 크고 작은 재앙들이 따를지도 모른다."고 했다.[76]

그러나 기독교인들은 지금까지 기독교 용품, 특히 성경을 가지고 아무일 없이 신앙생활을 잘하고 있다. 그리고 "자미국은 종교가 아니기에 기존의 종교적 기운이 담겨 있는 불경, 성경, 도교경전, 무속경전, 불화, 성화, 십자가, 달마도, 염주, 목탁 가사, 불상, 탱화, 신령형상, 종교형상 액세서리, 기타 종교와 관련된 일체의 책들을 집에 비치하는 것을 불허한다."고 했다.[77]

이 내용에 보면 분명히 종교를 용납하지 않기 때문에 종교에 대한 책을 집에 비치하는 것을 특히 성경을 불허한다고 했다.

그런데 아이러니 하게도 2014년에 출판한 『대제사』 책 내용 중 "인류의 원죄와 사탄 마귀"의 내용을 보면 "아담과 최초의 여자 이브 탄생. 창세기에 따르면 하나님은 아담에게 이 동산을 일구고 지킬 것을 명했다. 들짐승중에 가장 간교한 것은 뱀이었다. 어느 날 뱀은 이브에게 다가가서 이렇게 물었다."[78]

여기에서 "창세기에 따르면…" 하면서 성경에 나오는 인류의 타락 내용을 쓰고 있다. 성경을 비치하는 것을 불허한다고 하면서 성경 창세기에 나오는 내용을 인용하는 것은 성경을 가지고 있다는 것인데, 이것은 성경을 없애라는 천황태제님의 지엄하신 명령을 어긴 불경죄다.

그리고, 2014년 3월 11일 사감이 인류 최초로 하나님께서 가르쳐주신 말씀을 받아서 전해 주었다는 내용이 있는데 "인류의 원죄를 지은 자가 아담과 이브다. 아담과 이브는 사탄의 말을 듣고 하나님(신)처럼 능력자가 되기 위해서 따먹지 말라는 선악과를 따먹었다. 하나님의 명령을 어기고 선악과를 따먹은 아담과 이브가 바로 원죄자이며, 이들이 사탄과 마귀였다는 진실을 밝히셨다."[79] 한다.

진실을 말한다고 하지만 내용이 앞뒤가 안 맞는다. 앞에서는 아담과 이브가 사탄의 말을 듣고 따먹지 말라한 선악과를 따먹었다고 하고서, 뒤에서는 선악과를 따먹은 아담과 이브가 원죄자이며 아담과 이브가 사탄과 마귀가 되었다고 한다. 이것이 사탄마귀의 술법이다. 먹지 말라 한 선악과를 따먹고 원죄자가 된 것은 맞다. 그러나 선악과를 따먹은 아담과 이브가 사탄, 마귀가 되었다는 것은 거짓말이다. 사탄이 미혹해서 따 먹은 것도 맞다. 그러나 아담과 이브가 사탄과 마귀가 되었다는 것은 거짓말쟁이인 마귀의 가르침이다. 하나님이 말씀하신 것이 아니고 마귀의 거짓 속임이다. 성경에 보면 아담과 이브는 동산에서 쫓겨나 가인과 아벨을 낳았다고 기록하고 있다. 2014년 3월 11일 마귀는 거짓말쟁이라는 것이 확인되었다.

그리고, "하나님(신)을 능가하는 능력자가 되기 위해서 선악과를 따먹은 아담과 이브(하와)가 하나님의 가슴을 후벼 판 원죄자라고 처음으로 밝혀 주셨다. 예수와 성모는 작은 죄인이고 인류의 큰 죄인은 아담과 이브라고 하시니 처음 들어보는 말씀이다."[80] 했다. 아담과 이브(하와)가 원죄자라는 것은 처음 들어보는 말씀이라 했는데 성경을 모르는 자들은 처음 듣는 소리겠지만 기독교인들은 다 아는 내용이다.

신약성경 로마서 5장 12절에 인류의 조상의 죄로 말미암아 온 인류에게 사망이 왔다고 증언하고 있다.

로마서 5장 17절에 기록되었으되 "한 사람의 범죄를 인하여 사망이 그 한 사람으로 말미암아 왕노릇 하였은즉 더욱 은혜와 의의 선물을 넘치게 받는 자들이 한 분 예수 그리스도로 말미암아 생명 안에서 왕노릇하리로다"

예수 그리스도는 인류를 위해 죄와 사망의 권세에서 구속하시기 위하여 십자가에 죽으시고 3일 만에 부활하심으로 영생의 소망을 인류에게 주셨다. 그래서 예수가 작은 죄인이라고 한 것은 거짓말 중에 거짓말이다. 그런고로 사감이 받았다고 하는 하나님의 말씀은 사탄, 마귀의 음성임을 알아야 한다.

4. "조상님들을 마귀라 박대하지 마라"에 대하여

『천지령(天地靈)』에 보면 저자(자미천인)는 독자 여러분에게 하늘, 신명, 조상님들께서 우리 인류에게 내리시는 또 하나의 진실을 만 세상에 전하고자 한다고 했다. 그것은 "도리천의 천주요 성주이신 하나님(천상천감). 이 분의 아들 재림 예수도 본의 아니게 하늘에 죄인이 되어 있다는 사실을 그대들은 알고 있는가? 예수님께서는 살아생전에 "영혼의 부모님(하나님)만 열심히 찬양하고 육신의 부모들은 마귀니 제사지내지 말고 절도 하지 말라" 가르쳤기에 현재의 개신교에서는 이 뜻을 받들고 있다."[81]

여기에서 진실을 만 세상에 전하겠다고 하고서 하나님의 아들 재림 예수도 본의 아니게 죄인이 되어 있다는 사실을 그대들은 알고 있는가?라고 질문을 던진다. 여기에서 재림 예수라고 했다. 분명히 말하지만 예수님은 아직까지 재림하지 않으셨다. 마지막 때가 되어 재림 예수라고 하는 자들이 세상에 많이 나타났다. 거짓말쟁이들이다. 예수님은 지금 하나님 우편에 계시다.

신약성경 마가복음 16장 19절에 기록되었으되 "주 예수께서 말씀을 마치신 후 하늘로 올리우사 하나님 우편에 앉으시니라"

신약성경 히브리서 1장 2-3절에 기록되었으되 "이 모든 날 마지막에 아들로 우리에게 말씀하셨으니 이 아들을 만유의 후사로 세우시고 또 저로 말미암아 모든 세계를 지으셨느니라 이는 하나님의 영광의 광채시오 그 본체의 형상이시라 그의 능력의 말씀으로 만물을 붙드시며 죄를 정결케 하는 일을 하시고 높은 곳에 계신 위엄의 우편에 앉으셨느니라"

신약성경 마가복음 13장 5-8절에 기록되었으되 "예수께서 이르시되 너희가 사람의 미혹을 받지 않도록 주의하라 많은 사람이 내 이름으로 와서 이르되 내가 그로라 하여 많은 사람을 미혹케 하리라 난리와 난리 소문을 들을 때에 두려워 말라 이런 일이 있어야 하되 끝은 아직 아니니라 민족이 민족을, 나라가 나라를 대적하여 일어나겠고 처처에 지진이 있으며 기근이 있으리니 이는 재난의 시작이니라"

두 번째로 진실을 말한다고 하는 것은 "예수님 살아생전에 영혼의 부모님(하나님)만 열심히 찬양하고 육신의 부모들은 마귀니 제사 지내지 말고 절도 하지 말라" 하고 가르쳤다고 한다. 이것은 거짓말이다. 예수님은 그렇게 가르치신 적이 없다. 예수님이 활동하셨던 복음서 어디에 그런 내용이 있는지 밝혀주시기 바란다. 다만 바울 사도가 고린도교회에 목회적 차원에서 서신을 보내며 권면한 내용이 있다.

신약성경 고린도전서 10장 19-20절에 기록되었으되 "그런즉 내가 무엇을 말하느뇨 우상의 제물은 무엇이며 우상은 무엇이라 하느뇨 대저 이방인의 제사하는 것은 귀신에게 하는 것이요 하나님께 제사하는 것이 아니니 나는 너희가 귀신과 교제하는 자 되기를 원치 아니하노라" 이렇게 권면의 말씀은 있어도, 예수님의 가르침은 아니다. 억지를 부리는 것은 다음에 나오는 거짓말을 합리화시키기 위한 마귀의 궤계다.

"예수님께서는 죽은 후에 자신의 뜻이 잘못되었음을 아버지 하나님과 할
아버지 하나님이신 천황태제님으로부터 전해 듣고 용서를 빌었고, 이에 그
의 아버지이신 하나님께서도 자식(예수)을 잘못 가르친 죄로 예수와 함께
죄인이 되어 천황태제님께 용서를 빌고 있다. 또한 본인들로 인하여 자손
들에게 박대를 받아 온 수많은 영가들에게도 죄인이 되어 영가들의 아우성
에 예수님과 하나님은 정신이 없는 상태라 한다."[82]

마귀는 거짓말쟁이요 거짓의 아비라 했다. 정말 거짓말도 가관이다. 하
나님의 아버지요, 예수님의 할아버지가 생겼다. 마지막 무저갱에 들어 갈
때가 가까워오니 별짓을 다한다. 필자는 저자에게 이런 말을 하는 것이 아
니다. 저자를 거짓말로 속이고 있는 마귀, 사탄에게 한 말이다. 저자는 이러
한 내용을 썼다.

"우리는 천황태제님의 뜻에 동참하여 천황태제님께서 가르쳐 주시는 대로
만 행하면 된다. 이 저자 역시도 천황태제님께서 가르쳐 주시기에 이 글을
쓰는 것이다. 인간의 머리만으로는 하늘의 글을 쓸 수 없다."[83]

저자도 가르쳐 준대로 글을 썼다고 했다. 그렇다면 마귀의 운명을 보자.
신약성경 요한계시록 20장 1-3절에 기록되었으되 "또 내가 보매 천사가
무저갱 열쇠와 큰 쇠사슬을 그 손에 가지고 하늘로서 내려와서 용(龍)을 잡으
니 곧 옛 뱀이요 마귀요 사단이라 잡아 일천 년 동안 결박하여 무저갱에 던져
잠그고 그 위에 인봉하여 천년이 차도록 다시는 만국을 미혹하지 못하게 하였
다가 그 후에는 반드시 잠깐 놓이리라"

요한계시록 20장 10절에 기록이 마귀의 운명이요 하나님의 심판의 결과이다. 그래서 성경을 박멸하겠다고 나섰다. 여기에 모르고 쓰임 받고 있는 저자를 보면 안타깝다. 여기서 필자는 저자와 사감에게 부탁드린다. 제발 거짓말쟁이 마귀에게 속지마시라!

또한 "조상을 마귀라고 하는 기독교인들의 주장에 대하여 천지이치에 맞추어 반박하고자 한다."고 주장한다.

그리고 다음과 같이 반박한다.

"마귀는 한마디로 요사스런 귀신을 말하고, 악령은 못된 재앙을 내리는 사령(死靈) 즉 원한귀신을 말한다. 나실 때 괴로움 잊으시고, 내가 이 세상에 태어날 수 있도록 육신을 빌려 주신 아버지와 어머니가 교인들 말처럼 그분들이 죽음으로서 그분들이 "요사스런 귀신"이고 "못된 재앙을 내리는 원한귀신"이 된단 말인가? 이 논리는 도대체 누구의 논리란 말인가?"[84]

성경 말씀이나 교인들이 죽은 사람이 귀신이 된다는 주장을 해 본적이 없다.

기독교인 외에 사람들이 주장하는 것이고, 오히려 저자의 책에 그렇게 쓰여 있다. 『천지령』 93페이지에 "귀신들 중 자신의 직계는 조상님이라 부르고 남의 조상들은 귀신이라 부른다. 모든 질병은 대부분 조상으로 인해서 발생하고 있다. 이런 과정을 깨닫는 데까지는 수많은 고난의 세월이 있었다."고 했다.

이 내용에서 죽은 조상이 귀신이면 귀신이지 자신의 직계는 조상이라고 하고 남의 조상은 귀신이라고 한다고 하는 것은 어폐가 있는 말이다. 성경에도 교인들도 죽은 조상을 요사스런 귀신이라든가, 귀신이라고 해 본 적이 없다. 마귀의 사자들을 귀신이라 한다. 우리의 죽은 조상을 영혼이라고 하지 귀신이라고는 하지 않는다.

그리고 『황명』이란 책에도 사람이 죽어 귀신 된다고 주장하고 있다. '황명' 113페이지에 확인해 보시라 "우리 모두는 살아있는 예비 귀신들이고 세월이 흐르면 싫든 좋든 죽어서 귀신이 되어 자신의 조상님들이 계신 사후세계로 들어가야 하고, 생전의 모든 부귀영화와 재물은 한 푼도 갖고 가지 못하고 인간 세상에 전부 남겨 두고 떠나가야 함에도 불구하고 사후영혼세계에 대해서는 너무나 무지하다."[85] 여기에서 주장하는 것은 우리 모두가 세월이 흐르면 싫든 좋든 죽어서 귀신이 되어 조상님들이 계신 사후세계로 들어가야 한다고 하면서 사후영혼세계에 대해서 너무나 무지하다고 한다.

앞에서는 교인들이 주장하는 조상이 죽어 마귀, 귀신이라고 하는 것은 도대체 누구의 논리란 말인가? 하고 질문을 했는데, 저자가 쓴 책에는 분명이 우리 모두가 싫든 좋든 죽어서 귀신이 되어 조상님이 계신 사후세계로 들어가야 한다고 하는 논리는 도대체 누구의 논리란 말인가? 하고 되묻고 싶다.

성경, 구약이나 신약 어디에도 사람이 죽어 귀신 된다는 가르침은 아무데도 없다. 귀신은 마귀의 사자들을 말한다.

요한계시록 12장 7-9절에 기록되었으되 "하늘에 전쟁이 있으니 미가엘과 그의 사자들이 용(龍)으로 더불어 싸울 새 용과 그의 사자들도 싸우나 이기지 못하여 다시 하늘에서 저희의 있을 곳을 얻지 못한지라 큰 용(龍)이 내어 쫓기니 옛 뱀 곧 마귀라고도 하고 사단이라고도 하는 온 천하를 꾀는 자라 땅으로 내어 쫓기니 그의 사자들도 저와 함께 내어 쫓기니라"

이제 마지막 때에 '하늘'에서 인류를 미혹하고 있는 마귀의 마지막 종말이 가까워 오고 있다. 자미국에서 말하고 있는 '진짜 하늘'에서 공중권세를 잡고 있는 큰 용, 옛 뱀이요 곧 마귀요 사단의 정체가 드러난 것이다. 하기야, 저자도 『황명』 4페이지에 보면 "우리 대한민국의 미래를 밝히고 나아가 인류에게 대 희망을 안겨 줄 하늘이 인류에게 내린 신서 황명! 세계국가를 모두 통일하여 단일 국가를 세우시고자 하는 하늘의 지엄하신 황명을 받아 집필된 하늘의 책"이라고 했다.

그리고 『황명』 179페이지에 보면 "천황태제님의 조화는 상상을 초월한 다. 한 권의 책속 글자 하나하나에 천황태제님의 기운이 내리니 어느 누가 천황태제님의 존재 앞에 고개를 숙이지 않겠는가?"라고 책속의 글자 하나 하나에 천황태제님의 기운이 내릴 정도로 저자에게 책을 쓰도록 했기 때문 에 저자의 책임이 아니라고 본다.

사람은 하나님의 형상대로 지음을 받은 인격체이다. 그래서 죽으면 육체를 떠나가기 때문에 영혼이라고 한다. 그 영혼은 사후의 세계인 낙원이나 음부에 서 하나님의 심판을 기다린다. 귀신은 따로 있다. 귀신은 귀신이고 사람의 영 혼은 영혼이다. 누가 인격적인 사람의 영혼을 귀신이라 하는가? 기독교인들 이 주장하는 것이 아니다. 마귀를 마귀라 하고, 귀신을 귀신이라 한다. 성경에 는 이렇게 기록하고 있다.

신약성경 마태복음 8장 16-17절에 기록되었으되 "저물매 사람들이 귀신 들린 자를 많이 데리고 예수께 오거늘 예수께서 말씀으로 귀신을 쫓아내시 고 병든 자를 다 고치시니 이는 선지자 이사야로 하신 말씀에 우리 연약한 것을 친히 담당하시고 병을 짊어지셨도다 함을 이루려 하심이더라"

신약성경 마가복음 9장 25-27절에 기록되었으되 "예수께서 무리의 달려 모이는 것을 보시고 그 더러운 귀신을 꾸짖어 가라사대 벙어리 되고 귀먹은 귀신아 내가 네게 명하노니 그 아이에게서 나오고 다시 들어가지 말라 하시 매 귀신이 소리 지르며 아이로 심히 경련을 일으키게 하고 나가니 그 아이가 죽은 것같이 되어 많은 사람이 말하기를 죽었다 하나 예수께서 그 손을 잡아 일으키시니 이에 일어서니라"

신약성경 사도행전 8장 7-8절에 기록되었으되 "많은 사람에게 붙었던 더러운 귀신들이 크게 소리를 지르며 나가고 또 많은 중풍병자와 앉은뱅이가 나으니 그 성에 큰 기쁨이 있더라"

이렇게 더러운 귀신들이 사람에게 붙어서 괴로움을 주고, 병을 일으키고 사람의 마음을 혼란시킨다. 죽은 조상이 귀신이 되어 가족이나 친척을 못살게 하는 것이 아니다. 기독교에서는 죽은 조상이 마귀나 귀신 된다는 것이 거짓이기 때문에 반대한다. 조상이 배고프다, 배고프다 하면서 제삿밥 찾는다고 하는데 기독교에서는 죽은 영혼은 육의 음식이 필요 없어 제사음식을 차려놓지 않는다. 우리 조상이 배고프다고 하는 것이 아니라 귀신이 섬김을 받으려고 배고프다고 하면서 음식을 요구하고 있다. 다시 말하면 우리 조상이 음식을 먹고 싶어 하는 것이 아니라 귀신이 좋아하는 것이다. 예수님을 시험하던 마귀가 첫 번째로 유혹한 것이 바로 음식이었다. 죽은 우리의 조상은 하나님의 형상을 닮은 영혼이다. 귀신이 될 수 없다. 죽은 사람의 영이 귀신이 아니라 우리 인류를 멸망시키려는 마귀의 사자들이 귀신이다.

귀신들은 사람에게 붙어 있기 때문에 모든 가정사나 개인의 모든 사정을 다 알고 있다. 그래서 무속인을 통해 굿을 하면서 귀신을 불러들이기 때문에 그 사람에 대한 모든 것을 다 알고 있음을 명심해야 한다. 우리는 귀신처럼 알아맞힌다고 한다. 맞다. 귀신이 알려준다.

그런데 왜, 우리 조상을 귀신으로 만드는가?

죽는 것도 억울한데, 둘째 사망 불못으로 끌고 가려는 마귀, 귀신에게 제발 속지 마라. 독자들과 자미국에서 발간되는 책을 보고 입천의식, 천인합체의식, 벼슬입천의식 등으로 속고 있는 분들께 호소한다.

제3장

영계에서의 사명인
지상의 산물 신학 박멸운동

1. 지상의 산물인 신학(神學)을 박멸하려는 자미국

영국의 심령연구가이며 고급영매였던 '스테톤 모-제스'의 자동서기(自動書記)로 기록한 영계의 통신에 의하면

"우리들의 사명은 지상의 산물인 신학(神學)을 박멸하고 이것의 대신으로 보다 더 올바른 신(神)의 가르침을 지켜야 한다."는[86] 사후의 세계인 영계의 사명은 신약성경 히브리서 2장 14-15절에 기록된 "자녀들은 혈육에 함께 속하였으매 그도 또한 한 모양으로 혈육에 함께 속하심은 사망으로 말미암아 사망(死亡)의 세력을 잡은 자 곧 마귀를 없이 하시며 또 죽기를 무서워하므로 일생에 매여 종노릇하는 모든 자들을 놓아 주려 하심이니" 말씀처럼 사망의 세력을 잡으려 한다. 이 마귀의 음모를 예수님의 부활을 통해서 승리했고, 또 재림을 통해서 멸하겠다는 것이다. 그래서 지상의 산물인 신학의 기초가 된 하나님의 말씀인 성경을 박멸하겠다고 나선 것이다.

여기에 앞장서서 일하는 곳이 자미국이다. 그동안 필자가 파악하기로는 2000년대에 들어오면서 성경을 멸하려는 책들과 예수님을 대적하는 책들

이 쏟아져 나오기 시작했다. 그것은 신학을 박멸하려는 사명의 때가 되어 영계에서 사망의 세력을 잡은 마귀의 궤계가 시작된 것이다.

우선 자미국에서의 음모를 밝히겠다.

『황명』이란 책에 보면 자미국 인황을 통해 종교종파를 소멸하라는 황명과 『천지령』이란 책에는 기독교를 멸하라는 황명이 내려졌다.

1) 세계 모든 종교를 멸하고, 종교가 아닌
천상국가 자미국을 세워 인간들을 깨우치게 하라

『황명』에 보면, 저자의 몸과 합체되신 용화세존 미륵존불이 "천상인황 님"이란 새로운 천상관직을 받아서 천령강세 의식이 성공적으로 이루어졌 고, 천상인황을 통해 내려진 명(命)이 있다.

"내가 너를 기다린 세월은 수천 년이 아니라 사실은 수억 년에 이른다. 하늘께서 나를 인간 세상으로 내려 보내어 참다운 하늘 세상을 열게 하셨느 니라 중차대한 하늘의 대 사명을 받들고 너의 육신으로 내려와 천상에서 원 하는 천황태제님의 국가 자미국을 세우고자 내(인황)가 선택 받았느니라"[87] 이렇게 지상에 신령주의인 사후세계와 통하는 자미국을 세우고자 인황(註 = 인류의 황제)으로 선택받았다는 것이다. 그 하늘 천황태제님께서 인황에게 지 엄하게 하명하신 주요 내용은 다음과 같다.

"동방의 해 뜨는 나라에 내려가서 하늘 국가를 세워서 하늘 '태상천존 자미 천황 태제님'께서 존재하심을 만 천하에 우선 알리고, 지상의 모든 국가를 3,333개 민족별로 독립시키어, 단일국가 '자미국'으로 통합하여 천상국가 를 세우라는 명이셨다."[88] 했다.

이렇게 한반도에 자미국을 세워 세계 각 나라의 제왕(초강대국 정상)들까지도 모두 굴복시켜 천황태제님의 윤허 아래 천인 임명장을 받아야 민족의 대통령으로 인정받아 국정을 이끌어 갈 수 있다고 황당한 이야기를 털어 놓는다.

그리고 "수천 년 이어져온 세계 모든 종교를 통합하여 하나로 만들고, 기독교와 불교의 잘못된 부분을 완전히 교정보완 하되 (중략) 선천의 잘못된 종교관을 새로 뜯어 고치기 어렵거든 모든 종교를 멸하고 종교가 아닌 천상국가 자미국을 세워 인간들을 깨우치게 하라… 내가 원하는 대로 인류가 따라 준다면 너희들이 오랜 세월을 부르짖어 오던 지상천국, 지상낙원, 유토피아, 이상향, 용화세계, 지상선경세계가 실제로 이루어질 것이니라"[89] 했다.

여기에서 모든 종교를 멸하라는 것은 종교의 경전을 없애라는 것과 같다. 이것은 기독교의 경전인 성경을 없애기 위한 포석이다. 지상의 산물인 신학을 박멸한다는 계획을 자미국을 통해 실현하고 있다. 박멸은 모조리 없애 버리겠다는 것인데 성경을 없애기 위해 모든 종교의 경전뿐만 아니라 종교 용품까지도 모조리 없애라는 명령이 떨어진 것이다.

2) 자미국에 들어가는 첫 번째 조건- 종교서적과 종교용품을 모조리 없애라

마귀는 성경의 예언대로 무저갱에 들어 갈 때가 점점 가까워 올수록 두려워한다. 그러기 때문에 신학을 박멸하려는 것이다. 그 신학의 기초가 되는 성경 말씀을 없애려고 하는 것이 영계에서의 마귀의 음모이다.

신약성경 마태복음 8장 28-29절에 기록되었으되 "또 예수께서 건너편 가다라 지방에 가시매 귀신 들린 자 둘이 무덤 사이에서 나와 예수를 만나니 저희는 심히 사나워 아무도 그 길로 지나갈 수 없을 만하더라 이에 저희가 소리 질러 가로되 하나님의 아들이여 우리와 당신과 무슨 상관이 있나이까 때가 이르기 전에 우리를 괴롭게 하려고 여기 오셨나이까 하더니"

이 말씀에 보면 귀신들린 자들이 예수님이 하나님의 아들이심을 알아보고 때가 되면 무저갱으로 들어가기 때문에 '때가 이르기 전에' 우리를 괴롭게 하려고 오셨느냐고 두려워 따지고 들었다.

또 누가복음 8장 26-33절 말씀에서는 귀신들이 "무저갱에 들어가라 하지 마시기를 간구했다."라고 기록 되어 있다. 이렇게 귀신들은 무저갱에 들어가는 것을 가장 두려워하고 있다. 왜냐하면 귀신들이 활동을 할 수 없기 때문이다. 이에 대한 말씀이 요한계시록에 기록되어 있다.

신약성경 요한계시록 20장 1-3절에 기록되었으되 "또 내가 보매 천사가 무저갱 열쇠와 큰 쇠사슬을 그 손에 가지고 하늘로서 내려와서 용(龍)을 잡으니 곧 옛 뱀이요 마귀요 사단이라 잡아 일천 년 동안 결박하여 무저갱에 던져 잡고 그 위에 인봉하여 천년이 차도록 다시는 만국을 미혹하지 못하게 하였다가 그 후에는 반드시 잠깐 놓이리라"

이와 같이 인류를 미혹하여 죽음으로 몰고 갔고, 만국을 미혹하여 영원한 멸망의 길로 끌고 갈려는 마귀 사탄의 결국은 하나님의 심판으로 요한계시록 20장 10절에 기록되었으되 "또 저희를 미혹하는 마귀가 불과 유황 못에 던지우니 거기는 그 짐승과 거짓 선지자도 있어 세세토록 밤낮 괴로움을 받으리라" 했다. 이것이 용(龍) 마귀 사탄 귀신들의 최후의 심판이다. 그래서 이 말씀을 없애기 위하여 신학 박멸운동을 벌리고 있다.

그래서 자미국에서 발간하는 책마다 신학 박멸에 대해서 언급을 하고 있다. 그 예를 들어 본다.

• 하늘의 주인께서 이제 하느님이나 하나님이나 종교적인 호칭은 더 이상 쓰지 말라는 계시를 내려주셨다. 하늘에선 종교적 명칭이 아닌 신명세계에서 쓰는 명칭 그대로 불리고 싶다는 뜻을 저자에게 몇 번이나 내려주셨다.

천상무릉도원 자미천궁에서 신명님들이 쓰시는 칭호는 '태상천존 자미 천황태제님'이시며 줄인 말로는 '천황님'이라 불러주기를 간절히 바라고 계신다. (하늘이 인류에게 내린 명 P201)

• 예수, 석가, 공자, 노자, 이 모두가 인간 세상에 왔다 갔지만 정녕 하늘에서 뜻하는 바를 다 이루지 못하고 각자 종교의 뿌리만 남기고 돌아갔다.(하늘이 인류에게 내린 명 P196)

• 수천 년 이어져온 세계 모든 종교 또한 통합하여 하나로 만들고, 기독교와 불교의 잘못된 부분을 완전히 교정 보완하되 종교 간에 모든 전쟁을 종식 시키고 종파 자체를 소멸하라. 하늘을 세우라고 인간 세상에 내려 보냈건만 석가, 예수, 공자, 노자, 마호메트, 성모마리아, 증산상제 등이 자기네들 스스로 인간들의 교주가 되었도다. (황명 P217)

• 이제 앞으로는 용화세존 미륵존불께서 "천상인황"의 관직을 받아 출세 하시었으니 영가천도는 더 안 되고 어려워질 것이다. 이는 비단 불교에만 국한 되는 것이 아니라 무속이나 여타 종교에도 큰 파장을 몰고 올 것이다. (황명 P136)

• 경남 ○○시에서 방문한 50남자의 이야기이다. 수십 년 동안 사찰에 있으면서 그가 사들인 불교서적과 불교용품들, 도교서적들은 1톤 트럭으로 한 차가 된다고 했다. 자미국에서 출간 된 책을 읽은 후, 그 동안의 모든 불교 용품들과 도교서적들을 태웠다고 했다. (천지령 P119)

• 자미국은 종교가 아니기에 기존의 종교적 기운이 담겨 있는 불경, 성경, 도교경전, 무속경전, 불화, 성화, 십자가, 달마도, 염주, 목탁, 가사, 불상, 탱화, 신령현상, 종교현상, 액세서리, 기타 종교와 관련된 일체의 책들을 집에 비치하는 것을 불허한다. (천지령 P153)

• 미륵님이신 도감님께서는 천황태제님의 명을 받아 불교와 도교, 유교, 무속 모두를 멸하시고, 도리천주 하나님께서도 천황님의 명을 받아 기독교

와 천주교, 이슬람교, 힌두교를 멸하시기 위해 강림하시었다. (천지령 P276)

• 각자가 뿌리고 행한 대로 살아가고 있다. 절하며 귀신들에게 굴복하는 것이 이처럼 무서운 것인 줄 아무도 몰랐을 것이다. 이 진실을 인정하고 귀신들의 굴레에서 벗어나고자 한다면 각자의 지갑 속에 부적이나 종교적 그림, 그리고 가정에 걸려 있는 모든 형상물과 사진, 경전, 악세사리, 종교의 책들을 과감히 버리는 것이 1순위다. (하늘 땅 인간 천지개벽 P103)

• 지원자 20명 넘게 연락왔다고 문자 올리고, 전화하기 시작하는데 지황님께서 재차 전화하셔서서 내 방 책장에 명상집이랑 도(道)나 기(氣)에 관련된 책이 있는지 찾아보고 갖다 버리라고 하시는 거예요. 자미국 자미천궁 들어온지가 5년째이고 이미 종교 관련 책들 다 버렸다고 생각하고 있었는데 하시는 말씀이 당장 찾아서 버리라고 하시니 알겠다고 말씀 올리고 끊었지요. (중략) 서재를 뒤져보니 달라이라마 대화록, 최고 경영자 예수, 탁 닛한의 용서, 명상집, 토정비결, 기독교 관련 추리소설 등등이 있었어요. (하늘 땅 인간, 천지개벽 P135-136)

• 자미국 자미천궁에 들어와 하늘의 기운을 받고 싶은 사람들은 각자의 믿던 성경, 불경, 도경, 숭배형상, 탱화 그림, 족자, 악세사리, 달력, 달마도, 부적, 십자가 목걸이, 염주, 묵주, 종교서적, 종교병풍, 글씨 등 종교기운을 상징하는 모든 물건을 소각하거나 버리는 것이 아주 좋다. (하늘 땅 인간 천지개벽 P60)

2. 지상의 산물인 신학을 박멸하려는 책들

1) 〈예수는 없다〉 (현암사, 2001)

과연, 교회 안에 구원이 있을까?

불과 몇십 년 전까지만 해도 대부분의 그리스도인은 "교회 밖에는 구원이 없다."고 믿었습니다. 그러던 것이 1960년대 제2 바티칸 공회의에서 교회 밖에도 구원이 있다고 선언한 다음부터 정말 교회 밖에도 구원이 있는가 하는 문제가 중요한 논쟁의 대상이 되었습니다.[90]

기독교도 이제 혼자서 활개 치며 스스로 만족하던 시대가 지났습니다. 이른바 자기 것만 진리라고 주장하던 '종교적 제국주의' 시대가 지났음을 의미하는 것입니다.

그러나 최근 신학자들 스스로 "이웃 종교와의 관계에서 고려되지 않은 신학은 믿을 만한 것이 못된다."는 자각을 하기 시작하고 있습니다.[91]

2) 〈우주에는 신이 없다〉 (돌을새김, 2010)

신은 정말 있을까?

그저 우리의 머릿속에만 존재하는 것은 아닐까?

신의 존재를 '증명 한다'는 사이비 과학에 대한 이성적인 반박

신의 부재를 증명할 수 없다고 하지만

신이 있다는 것 역시 증명 할 수 없다.[92]

3) 〈예수는 없었다〉 (후아이엠, 2010)

예수는 없다. 아니, 처음부터 아예 존재하지도 않았다.

당신은 예수가 아니라 이집트 태양신에게 기도하고 있었다.

이 책은 당신을 지옥의 공포로부터 벗어나게 할 것이다.[93]

예수는 없었다. 적어도 기독교 신약성서에 나오는 완벽한 하나님의 아들 예수가 실제로 존재했을 가능성은 10%도 되지 않는다. 여호와 하나님은 한 마디로 이집트와 메소포타미아, 인도 등 세계의 각종 신화를 표절하여 만든 종합복제품이다.[94]

4) 〈성서의 뿌리〉

현대 과학이 각 민족의 유전자 지도를 완성함으로서 세계 각 인종이 독자적인 유전자 특성을 지닌 다양한 민족으로 구성되었다는 것을 밝혀냄으로서 아담으로부터 인류가 기원했다는 아담 기원설은 완전히 휴지조각이 되어버렸다. 〈민희식 저 : '성서의 뿌리' 인용〉[95)]

5) 〈예수는 과연 하나님의 독생자인가〉 (좋은 땅, 2013)

예수가 하나님의 독생자로 출현하게 된 것은 하나님 스스로 예수가 독생자임을 사람들에게 선포해서 그렇게 된 것이 아니라 예수가 죽고 나서 300년 후에 인간(교부)들이 다수결 투표에 의해 결정되었다는 사실에 크게 고무된 적이 있었다.[96)]

6) 〈예수는 신화다〉 (티모시 프리크, 피터갠다 저 / 승○○ 역)

7) 〈예수는 괴물이다〉 (프레데리로누아르, 마리드 뤼케르 저 / 양○○ 역)

8) 〈다빈치 코드〉 (댄 브라운)

9) 〈하늘이 인류에게 내린 명〉 (인존천황/천상신인 저)

10) 〈황명〉 (자미천궁 저)

11) 〈천지령〉 (자미천인 저)

12) 〈생령〉 (자미국 저)

성경 말씀에 현대는 징조로 보아 마지막 시대를 예고하고 있다. 마지막 시대라 함은 예수님의 재림의 시기가 가까이 오고 있다는 뜻이다. 하나님의 말씀은 살아 있다. 다시 말해서 하나님은 살아계셔서 역사하고 계시다는 말이다.

그러므로 신약성경 히브리서 4장 12-13절에 기록되었으되 "하나님의 말씀은 살았고 운동력이 있어 좌우에 날선 어떤 검보다도 예리하여 혼과 영과 및 관절과 골수를 찔러 쪼개기까지 하며 또 마음의 생각과 뜻을 감찰하시나니 지으신 것이 하나라도 그 앞에 나타나지 않음이 없고 오직 만물이 우리를 상관하시는 자의 눈앞에 벌거벗은 것같이 드러나느니라"

우주 만물을 창조하신 하나님께서는 이미 신·구약 성경을 통해서 이 세상의 모든 일이 이루어 질 것에 대한 상황과 순서를 선지자들과 주의 종들을 통해 알려주셨고 기록된 말씀을 이루어가시고, 또한 현재도 진행하고 계시다.

신약성경 베드로전서 5장 8-9절 말씀에 우리의 대적 마귀는 우는 사자처럼 삼킬 자를 찾고 다닌다고 했다. 이것이 마귀의 일이기 때문이다. 마귀는 자기의 정체와 마지막 심판에 대해 성경에 기록이 되어 있기 때문에 성경 박멸운동을 벌리고 있다. 시대를 두고 생각해 보시라!! 언제부터 이렇게 성경을 멸하겠다고 나섰으며, 시간 드려 연구하고 책을 써냈던가? 역사의 주인공이신 예수님을 아예 없었다고 주장하는가하면 성경책은 신화의 짜깁기라고 역설을 하고 있는 책들을 보시라. 언제부터인가?

1930년경 사후의 세계인 영계에서 통신문이 왔다. 영국의 고급영매인 스테톤 모-제스의 자동서기를 통해 알려온 충격적인 내용이 있다. 그 내용은 영계에서의 한집단의 사명은 지상의 산물인 신학(성경)을 박멸하는 계획이었다. 얼마나 다급한 음모였던가! 그것은 마귀가 요한계시록 20장에 예언된 말씀처럼 무저갱에 들어 갈 때가 가까이 오고 있음을 알고 있기 때문이다.

우리는 학교에서 인류의 역사를 배울 때 B.C.(주전), A.D.(주후)라고 배우고 있고 지금도 그렇게 쓰고 있다. 그 역사의 분수령을 이루신 분이 예수님이시다. 그런데 그 역사적인 사건을 억지를 써 가며 부정하려고 한다. 이유는 예수님의 재림이 가까이 오고 있기 때문이다. 예수님의 재림에 대해서는 그 날과 그 시는 아무도 모른다고 말씀했다. 예수님 자신도 모르고 오직 하늘에 계신 아버지만 아신다고 했다.

그런데 예수님의 재림에 대해서 이렇게 저렇게 계산하며 주장하던 자들은 다 틀리고 말았다. 특히 1992년 10월 28일 재림, 휴거가 있다고 한 우리나라의 종말론 자들의 사건이다. 그때 필자는 성도들에게 제발 속지 말라고 부탁했다. 그때의 결과가 어떠했는지 우리들은 다 알고 있다. 그러므로 미혹 받지 말아야 한다. 예수님의 재림의 날은 아무도 모른다는 것이 정답이다. 성경에 그렇게 기록되어 있다. 그러나 징조는 알려 주셨다. 예수님의 제자들이 '주의 임하심과 세상 끝에는 무슨 징조가 있습니까?' 하고 물었을 때 마태복음 24장 4-8절 말씀에 예수님을 가장한 구원자가 나타난다고 알려 주셨고, 인류의 구원자이신 예수님을 추방시키는 것이 영계의 목적이기 때문에 그에 대한 책이 나오게 된 것은 시대의 징조라고 할 수 있다. 우리나라 서울에서 이루어지고 있는 마귀의 궤계를 보라! 자미국 '인황'이 인류의 구원자로 등장한다.

제4장

청와대 터에 사탄의 왕국을
짓겠다고 하는 자미국의 음모

『천지령』이란 책에 보면 '자미(紫薇)'는 천황님이 내려주신 저자의 아호
(雅號)임과 동시에 무한한 대우주의 구심점이라고 한다. 그리고 '자미'는 북
극성 부근을 말하고 자미국, 자미궁, 자미천궁이라 불리며 다른 말로는 태
을천(太乙天), 태을궁이라고도 한다. 이곳에 대우주를 창조하신 천계의 주
인께서 머물고 계시니 그분이 바로 "태상천존 자미천황 태제님"이시다.[97)]
라고 주장한다. 그리고 천계의 천주를 거느리고 다스리는 절대자이기에 기
존의 모든 종교를 멸하거나 흡수하여 하나의 천상제국을 지상에 건설하시
려고 한단다. 족보상으로는 영혼들의 어버이시며, 하나님께는 아버지가 되
시는 존재이시고, 석가모니 부처님과 용화세존 미륵존불님, 구천상제님, 옥
황상제님, 제위 모든 천존님들을 다스리시며 지휘통솔 하시는 유일한 우주
의 절대자이시다.[98)] 이렇게 위대하신 대우주의 창조주께서 동방의 작은 나
라 한반도에 2007년 5월 6일 공식 강세하셨다고 주장한다. 강세하게 된 그
이유는 첫째가 하늘과 조상을 팔아 착취하고 있는 잘못된 종교를 멸하시고,
종교의 노예가 되어버린 인류를 구원하시어 종교로부터 모두를 해방시키시
고, 또한 더 이상 무당, 도사, 법사, 스님, 신부, 목사 등 종교인으로 탄생하
는 것을 예방하기 위해서 강세하시었다 한다.[99)]

1. 미혹케 하는 영과 귀신의 가르침을 좇으리라

신약성경 디모데전서 4장 1-2절에 기록되었으되 "그러나 성령이 밝히 말씀하시기를 후일에 어떤 사람들이 믿음에서 떠나 미혹케 하는 영과 귀신의 가르침을 좇으리라 하셨으니 자기 양심이 화인 맞아서 외식함으로 거짓 말하는 자들이니라"

이 말씀을 기록한 것은 A.D. 53년경으로 이와 같은 말씀으로 때가 되면, 이러한 때가 올 것을 예언하신 것이다. 이 말씀에서 '밝히'라는 것은 '흐레로스'로 '분명하게, 똑똑하게, 명백하게' 말씀하신다는 것이다. '후일'은 '후'는 '훼스테로스'로 '후에, 뒤에'라는 뜻이요 '일'은 '카이로스'로 '기회, 정해진, 적당한 시기' 때를 가리킨다.

그러므로 '후일'은 후에 적당한 시기, 정해진 때가 오면 '미혹하는 영과 귀신의 가르침'을 좇을 때가 분명히 올 것이라는 것이다.

그래서 2,000년대가 되어 자미국이 등장한 것이다. 바로 정해진 때가 온 것이다.

『황명』이란 책에 "나는 누구인가? 또한 하늘은 어디에 있는가? 나는 왜 태어났는가? 이런 화두를 가슴에 지닌 채 나의 원신과 하늘의 천황태제님 존재를 찾기 위해 천지만물을 벗 삼아 수행 정진한지 25년 만에 민족의 영산인 태백산 정상에서 내가 누구이며 하늘께서 나에게 무엇을 원하고 바라시는 지를 찾았다."라고 했다.[100]

그리고 찾고 찾았던 분이 '하늘'이라고 했다. 그 하늘이 내리신 황명(皇命)은 천지의 만생만물과 인류의 구심점인 천황태제님의 세계, 자미국과 천상궁전 자미천궁을 세워 공식출범 시키라는 명이었다고 강조한다.

그래서 청와대 자리는 인간 제왕의 자리가 아니고, 본래의 터 주인인 저자 자신(인황)의 터인데 그동안 국가의 원수가 자리 잡고 있어서 나라에 불상사가 많이 일어나고 재직 중이나 퇴임 후에 온갖 구설과 검찰에 가는 일들이 벌어지고 있었다고 그럴듯하게 주장한다. 그래서 하루빨리 자신이 청와대로 들어가야 하고 청와대는 다른 곳으로 옮겨져야 국가의 경제가 발전한다고 역설한다. 이 일 때문에 "1999년에 청와대가 이전되어야 된다고 하는 하늘의 명을 이미 받아놓고 있었다."고 주장했다.[101]

이렇게 청와대 터를 옮겨야 되고 그 자리에 자신이 들어가야 한다고 주장하는 이유는 사후의 세계를 장악하고 있는 마귀의 계시를 받았기 때문이다. 『생령』이란 책에서는 이렇게 주장한다.

"청와대 터의 원주인이 누구인지 국민들은 모른다. 청와대 터의 원주인은 하늘과 땅의 뜻을 전하는 자미국 인황이며 지구가 탄생하면서부터 정해놓은 자리였는데 이런 높은 하늘과 땅의 진실을 인간들의 영적 수준으로 알수가 없었다.[102]고 황당한 궤변을 늘어놓는다. 지구가 생기기 전부터 자기를 위해 이미 정해 놓은 자리였다고 한다. 이것은 영계에서의 미혹의 영과 귀신의 가르침이라고 할 수 있다. 그러면서 앞에서는 "대통령들과 나라에 불행을 불러들이는 저주받은 터 청와대"라고 했다.

저주 받은 청와대 터에 원주인이 들어가면 상황은 어떻게 될까? 불행을 몰아내고 국익이 융성하리라는 그의 주장은 처음에는 어떠할지 모르지만 결국은 영원한 저주 속으로 들어 갈 수밖에 없는 것이 결론이다. 성경을 박멸하고자 하는 이유, 그것은 예수님이 하신 말씀 중 가장 껄끄러운 말씀이 있다.

신약성경 마태복음 25장 41절에 기록 되었으되 "또 왼편에 있는 자들에게 이르시되 저주를 받은 자들아 나를 떠나 마귀와 그 사자들을 위하여 예비된 영영한 불에 들어가라"

마귀의 마지막 심판과 운명에 대해서 예언된 말씀이다. 다시 말하지만 인황이라고 하는 저자는 지금 미혹의 영인 마귀에게 속고 있음을 명심해야 한다.

2. 미혹의 영과 귀신의 가르침의 실예

이미 A.D. 65년경 성경에 예언된 말씀(디모데전서 4장 1-2절)이 때가 되면 분명히 이루어지리라고 했으니 그때가 되었음을 증명해 주고 있는 사건이 자미국이다.

1) 기독교의 하나님을 영의 대표자 천상천감님으로 둔갑시키다

『하늘 땅 인간 천지개벽』이란 책 337페이지에 '태초의 영이신 천상천감님(하나님)'이란 주제 하에 기독교에서 경외하는 우주만물을 창조하신 하나님을 영의 대표자 '천상천감님'으로 둔갑시켰다.

그 내용을 보면 "모든 영들 중에 영이신 최고 높은 왕이시며 높고 낮은 천지의 영들을 지휘 통치하시며 하늘을 찬양하는 분이시이다."라고 거짓말을 하고 있다. 하나님은 영적인 피조물인 천사를 창조하시고, 사람을 창조하시되 흙으로 하나님의 형상대로 지으시고 코에 하나님의 생기를 불어넣으셔서 생령이 되게 하셨다. 그가 사람이다. 그래서 사람으로 하여금 하나님을 찬양케 했다.

구약성경 이사야 43장 21절에 기록되었으되 "이 백성은 내가 나를 위하여 지었나니 나의 찬송을 부르게 하려 함이니라"고 하셨고 신약성경 누가복음 2장 13-14절에 기록되었으되 "홀연히 허다한 천군이 그 천사와 함께 있어 하나님을 찬송하여 가로되 지극히 높은 곳에서는 하나님께 영광이요 땅에서는 기뻐하심을 입은 사람들 중에 평화로다 하니라" 하셨다.

이렇게 사람도, 천사도 창조주이신 여호와 하나님을 찬송하도록 창조되었다. 그런데 타락한 마귀가 하나님처럼 되기 위해서 그 찬양을 자기가 받으려 한다. 하물며 하나님도 자기가 창조했다고 거짓말을 한다. 거짓은 들어나기 마련이다. 곧 그때가 올 것이다.

그런데 영들을 지휘 통치케 했다는 것은, 죽어서 가는 곳이 영혼의 세계인 사후의 세계가 영계다. 하나님은 살아계시고 셋째 하늘 보좌에 계신다. 그런데 죽음의 세계인 영계에서 영들을 통치하고 하늘을 찬양하는 분이라고 한 것은 거짓 미혹의 영에게 속고 있음을 인황은 알아야 한다.

그리고 이어서 "수많은 종교인들이 천지를 창조하신 절대자로 부르고 있으나 정작 당사자께서는 아니라고 하신다. 당신보다 더 위에 계신 영의 어버이가 계신다고 말씀하신다."라고[103] 거짓말쟁이요, 거짓의 아비인 마귀의 본색을 드러내고 있다.

구약성경 이사야 45장 18절에 기록되었으되 "여호와는 하늘을 창조하신 하나님이시며 땅도 조성하시고 견고케 하시되 헛되이 창조치 아니하시고 사람으로 거하게 지으신 자시니라 그 말씀에 나는 여호와라 나 외에 다른 이가 없느니라" 하는 말씀을 보면 여호와 하나님은 하늘을 창조하신 분이시다. 하늘이라고 주장하며 자미국이 만난 하늘은 하나님이 창조하신 피조계다. 그런데 기독교에서 경외하는 하나님 위에 누가 있단 말인가? 그리고 나 외에 다른 이가 없다고 2,600년 전에, 단호하게 말씀하셨다.

그런데 2,600년 후에 나타난 하늘이라고 하는 신은 과연 어떤 신인가?

이미 1950년 전에 신약성경 에베소서 6장 10-13절에 기록되었으되 "종말로 너희가 주 안에서와 그 힘의 능력으로 강건하여지고 마귀의 궤계를 능히 대적하기 위하여 하나님의 전신갑주를 입으라 우리의 씨름은 혈과 육에 대한 것이 아니요 정사와 권세와 이 어두움의 세상 주관자들과 하늘에 있는 악의 영들에게 대함이라 그러므로 하나님의 전신갑주를 취하라 이는 악한 날에 너희가 능히 대적하고 모든 일을 행한 후에 서기 위함이라" 하셨다.

여기에서 하늘에 있는 악의 영들이라고 했다. 하늘, 하늘 하는데 하늘에 있는 종말에 나타난 악의 영들 곧 거짓의 아비인 마귀를 말한다. 왜냐하면 분명한 거짓으로 속이고 있기 때문이다. 그리고 이어서 339페이지에서는 "하늘께서는 이 세상의 모든 종교를 허락하신 적이 없다고 수없이 말씀해 주시었다. 하나님께서 조차도 목사, 신부, 교인들이 악마들에게 너무나 세뇌되어서 당신의 말씀도 알아듣지 못한다고 통한의 눈물을 흘리시며 울부짖으셨다."라고 한다.

거짓말을 해도 어느 정도 일리가 있게 해야 미혹을 받지 않겠는가? 이런 거짓말은 어린아이들에게도 통할는지 모르겠다. 하늘께서 모든 종교를 허락하신 적이 없다고 수없이 말씀하셨다는데 얼마나 하늘의 말에 신용이 없으면 유대교는 5,000여 년, 불교도 3,000여 년, 기독교 2,000여 년, 기타 각종 종교들도 몇 천여 년 동안 신앙을 지켜오고 있는데, 위대하시다던 하늘의 존재를 무시하고 수천 년 동안 신앙을 지켜오고 있었을까?

하나님께서 목사, 신부, 교인들이 악마들에게 너무나 세뇌되어서 당신의 말도 알아듣지 못한다고 통한의 눈물을 흘리셨다고 터무니없는 거짓말을 하고 있는데, 예수님께서 마귀를 가리켜 왜 거짓말쟁이요, 거짓의 아비라고 하셨는지 인황이 쓴 책을 보면서 정말 실감이 난다.

2) 우리를 낳아주신 부모님이 죽으면 사탄 마귀라고 했다고 기독교인들에게 뒤집어씌운 이유는 무엇일까?

인황이 쓴 책들을 보면 "특히 기독교인들이 조상님들을 사탄 마귀라고 박

대하는데 정말 큰 일 난다. 뿌린 대로 거둔다 하였다. 자신들이 자기 조상들을 사탄 마귀라고 하였으니 역시 자신들도 죽어서 사탄 마귀가 될 것이다."[104]

기독교인들이 돌아가신 우리의 조상을 사탄, 마귀니 귀신이라고 해 본적이 없다. 육을 떠나신 분은 영혼이라고 하는 것이 기독교인들의 성경의 교훈이요, 그렇게 믿고 있다. 그런데 유독 자미국에서는 책을 써내는 내용마다 기독교인들이 돌아가신 조상을 사탄 마귀라고 했다고 억지를 부리며 욕하는 이유는 무엇일까? 다음 내용을 보자.

"각자의 육신들은 조상님의 핏줄을 이어 받은 부모님이 합궁해서 이 세상에 태어났는데 자신들의 뿌리인 부모조상님이 돌아가시었다고 사탄 마귀라 한다면 그게 어디 사람의 탈을 쓰고 할 수 있는 말인가? 사탄 마귀나 할 수 있는 말이다."[105]

옳은 말이다. 바로 사탄 마귀가 하는 말이다. 사탄 마귀가 돌아가신 부모를 가장해서 배고프다, 배고프다 하면서 제삿밥 먹기를 원한다. 그것은 섬김을 받고자 그렇게 하는 것이다. 기독교인들은 제삿밥을 준비하지 않는다. 왜냐하면 육신을 떠난 조상들은 육신의 양식이 필요 없기 때문이다. 그래서 기독교인들은 음식을 차려놓지 않는다. 부모님이 오셔서 잡수신다면 기독교인들은 더 열심히 잘 차려드릴 것이다.

신약성경 에베소서 6장 2-3절에 기록되었으되 "네 아버지와 어머니를 공경하라 이것이 약속 있는 첫 계명이니 이는 네가 잘 되고 땅에서 장수하리라"라고 가르치시며, 구약성경 출애굽기 20장 12절 십계명에도 "네 부모를 공경하라 그리하면 너의 하나님 나 여호와가 네게 준 땅에서 네 생명이 길리라"라고 부모에 대한 효를 가르치고 있다. 살아 계실 때 잘 해드리고 살아생전에 잘 대접해 드리는 것이 기독교에서 가르치는 효도인 것이다. 돌아가시면 육의 음식은 필요 없다. 영은 육신의 양식을 먹지 않는다. 만약 영혼이 육신의 양식을 먹는다면 세상에 있는 자손들은 하루 세 때씩 찾아 먹으면서 세상을 떠난 조상님들은 일 년에 몇 차례만 음식을 대접한다면 그런 불효가 어디 있겠는가? 육체와 영이 다르다면 하루 세 때는 못 드려도 하루에 한 차례라도 대접하면서 효도한다고 해야지 일 년에 고작 몇 차례 대접하면서 효도라고 하면 되겠는가? 그런데 자미국에서는 일생에 단 한번으로 끝내라고 한다. 21m나 되는 제사상에 최대한 잘 차려드려야 한다는 것이다.

미국이나 영국, 유럽지역에서는 죽은 조상에게 제사음식을 대접하는 일이 거의 없다. 그러면 그분들의 조상들은 다 굶어 죽었을까? 유독 동양에서 그것도 한국에서 더 정성을 드린다. 귀신한테 속지 마라. 제사음식 원하는 것은 우리 조상이 아니라 조상을 가장한 마귀의 사자들인 귀신이 하는 짓이다.

왜 인격적인 조상님의 영혼을 귀신으로 만드는가? 조상이 죽어 귀신이 된 것이 아니고 사탄 마귀의 사자들이 귀신들이다. 그 귀신들이 죽은 조상을 가장해서 섬김을 받고자 영으로 나타나 속이고 있는 것이다.

살아 있는 자손에게 병을 주고, 각종 재난을 주고, 사업을 망치게 하고 심지어 죽게 만드는 것이 부모님의 진심일까? 죽어서 자식들 못살게 하겠다고 한 부모님이 있겠는가? 인황에게도 물어 보겠다. 죽어서 자식들 못 살게 하고, 정신병 일으키고, 사업망치고, 각종 질병으로 고통주겠다. 이놈들아! 이렇게 앙심을 품겠는가? 아무리 잘못했어도 자식들 잘되기를 바라는 것이 부모의 마음이다. 이것이 부모님의 마음이 아니라면 분명히 못 살게 하는 것은 사람과 원수인 사탄의 마음이요 귀신의 마음이다.

신약성경 마태복음 12장 22절에 기록되었으되 "그 때에 귀신들려 눈 멀고 말 못하는 사람을 데리고 왔거늘 예수께서 고쳐 주시매 그 말 못하는 사람이 말하며 보게 된지라"

마태복음 17장 15절, 18절에 기록되었으되 "주여 내 아들을 불쌍히 여기소서 그가 간질로 심히 고생하여 자주 불에도 넘어지며 물에도 넘어지는지라. 이에 예수께서 꾸짖으시니 귀신이 나가고 아이가 그때부터 나으니라"

사도행전 5장 16절에 기록되었으되 "예루살렘 근읍(近邑)이 허다한 사람들도 모여 병든 사람과 더러운 귀신에게 괴로움 받는 사람을 데리고 와서 다 나음을 얻으니라"

사도행전 8장 7-8절에 기록되었으되 "많은 사람에게 붙었던 더러운 귀신들이 크게 소리를 지르며 나가고 또 많은 중풍병자와 앉은뱅이가 나으니, 그 성에 큰 기쁨이 있더라"

예수님을 시험하던 마귀의 방법이 똑같다. 첫 번째, 먹는 음식으로 미혹했다. 두 번째, 절 받기를 좋아한다.

『황명』이란 책 216페이지에 보면 하늘께서 육신으로 내려와 천상에서 원하는 천황태제님의 국가 자미국을 세우고자 저자 본인이 '인황'으로 선택받았다고 주장하면서, 세계 각 나라의 제왕과 제황(諸皇=초강대국 정상)들까지도 모두 굴복시키고 천황태제님의 윤허 아래 천인 임명장을 받아야만 각 민족의 대통령으로 인정받아 국정을 이끌어갈 수 있게 하리라는 황당한 주장을 마귀에게 속아 그것을 믿고 있다. 그러니까 세계의 정상들로부터 모든 국민에게 이르기까지 자미국에 들어가 천황태제님에게 굴복해야 한다는 것이다.

2001년 천기 원년을 선포하고 송파구 석촌동에 도솔천궁[106] 간판을 달고 천황태제님께 기도하고 있을 때 자미천감의 생령을 승천시켜 미륵존불님의 뜻을 알고 하늘의 뜻을 아는 그동안 한 번도 시도해 본적이 없는 매우 특이 하고 신비한 천상공부를 했다고 했다. 그것은 미륵존불님이 가르쳐 준 대로 했더니 자미천감님의 생령은 순식간에 도솔천 내원궁에 도착하게 되었고 선녀들로부터 환영인사를 받고, 들어가 이 세상에서 전혀 보지 못한 이름 모를 꽃들이 활짝 피어 있고 오색무지갯빛 새들이 평화로이 날고 있었으며, 용화세존 미륵존불이 계신 집무실에 당도했다고 했다. 거대하고 웅장한 도솔천궁은 금빛으로 눈이 부시게 찬란히 빛나 자세히 보니 순금으로 단장되어 있었고, 계단도 기둥도 장식등도 촛대, 화분도 온통 황금으로 치장되어 있었다고 했다.

그리고 이제는 미륵존불님께 5배의 예를 올리라 시키고 무릎 꿇고 앉으라고 했다.[107] 이때부터 자미국에서는 5배의 예를 올리기 시작했고, 240페이지에 보면 "늘 하늘의 자미천황님 폐하와 땅의 자미인황님 폐하의 은혜에 감사하며 아침이면 모두들 일어나자마자 폐하께서 거처하시는 이곳 지상 자미천궁을 향하여 5배의 예를 올려야만 하루 일과를 시작하고 잠자리에 들기 전에도 마찬가지입니다. 폐하!"라고 했다.

이렇게 자미국을 향해 5배의 절을 하라고 요구하는 것은 인류를 자기 손아귀에 넣고자 하는 사탄 마귀의 음모가 들어 있다. 여기에 대해 우리는 당연히 거부한다. 그리고 배척한다. 우리의 인류가 마귀에게 속아서 죽는 것도 억울한데, 마귀와 그의 사자들이 들어갈 영영한 유황불못으로 끌고 들어가려는 음모를 성경 말씀을 통해 예언했다. 그때가 가까이 오고 있는 것이다. 그래서 다음과 같이 권고하고 있다.

신약 베드로전서 5장 8-9절에 기록되었으되 "근신하라 깨어라 너희 대적 마귀가 우는 사자같이 두루 다니며 삼킬 자를 찾나니 너희는 믿음을 굳게 하여 저를 대적하라 이는 세상에 있는 너희 형제들도 동일한 고난을 당하는 줄 앎이니라"

우리는 목숨 걸고 마귀를 대적해야 한다. 왜냐하면 영원한 둘째 사망, 유황불못으로 들어가기 때문이다. 마귀는 무저갱에 들어갈 때가 가까이 왔음을 알고 있기 때문에 우는 사자처럼 삼킬 자를 찾고 있다. 그러므로 근신하여 정신을 차리고 깨어 있으라고 성경 말씀은 권고하고 있다.

3) 자미국에 내려오는 메시지는 어디로부터 오는가?

지금 시대를 말세의 지말이라고 말하기도 하고, 혼란과 미혹의 시대라고도 말한다. 하늘로부터, 영계로부터 내려오는 메시지가 우리의 신앙을 혼란케 하고 하나님의 음성인지, 마귀의 음성인지 구분하기 어려운 혼란을 일으키고 있다. 자미국에서는 시시때때로 메시지가 내려오고 있다. 구약시대에 하나님이 모세와 이야기 하듯이 매일매일 자미천황님으로부터 메시지가 내려온단다. 『천지령』 4페이지 '책을 엮으면서'에 보면 "자미(紫薇)는 북극성 부근을 말하고 자미국, 자미궁, 자미천궁이라 불리며 다른 말로는 태을천, 태을궁이라고도 한다. 자미를 중심 기점으로 우주천체의 모든 별들이 운행하고 있으며 만생만물이 창조된 곳이다. 이곳에 대우주를 창조하신 천계의 주인께서 머물고 계시니 그분이 바로 '태상천존 자미천황 태제님'이시다." [108] 라고, 자미에 대한 위치가 '북극성' 부근이라고 밝혔다. 그곳에 하늘이라고 하는 태상천존 자미천황 태제님이라고 하는 신으로부터 메시지가 내려오고 있다는 것이다.

B.C. 700년경에 기록된 구약성경 이사야 14장 12-15절 "너 아침의 아들 계명성이여 어찌 그리 하늘에서 떨어졌으며 너 열국을 엎은 자여 어찌 그리 땅에 찍혔는고 네가 네 마음에 이르기를 내가 하늘에 올라 하나님의 뭇별 위에 나의 보좌를 높이리라 내가 북극 집회의 산 위에 좌정하리라 가장 높은 구름에 올라 지극히 높은 자와 비기리라 하도다 그러나 이제 네가 음부곧 구덩이의 맨 밑에 빠치우리로다."는 킹 제임스 성경에는 이렇게 번역되어 있다.

"오, 아침의 아들 루시퍼야, 네가 어찌 하늘에서 떨어졌는가 민족들을 약하게 만든 자야 네가 어찌 끊어져 땅으로 떨어졌는가! 네가 네 마음속으로 이르기를 내가 하늘로 올라가 내가 하나님의 별들 위로 내 왕좌를 높이리라 또 내가 북쪽의 옆면들에 있는 회중의 산 위에 앉으리라 내가 구름들이 있는 높은 곳 위로 올라가 내가 지극히 높으신 이와 같이 되리라 하였도다 그러나 너는 끌려가 지옥으로 곧 그 구덩이의 옆면들로 내려가리로다."

이 말씀에 보면 루시퍼 천사가 우주 만물을 창조하신 하나님, 창조주를 대적하여 하나님 자리를 넘보다 저주받고 셋째 하늘 보좌 앞에서 쫓겨나 북쪽 하늘에 좌정하여 사망의 세력을 잡고 음부(지옥)에서 인류를 멸망시키려는 음모를 가지고 활동하고 있다는 게 성경 말씀의 근거이다.

신약성경 유다서 1장 6절에 기록되었으되 "또 자기 지위를 지키지 아니하고 자기 처소를 떠난 천사들을 큰 날의 심판까지 영원한 결박으로 흑암에 가두셨으며"

신약성경 베드로후서 2장 4절에 기록되었으되 "하나님이 범죄한 천사들을 용서치 아니하시고 지옥에 던져 어두운 구덩이에 두어 심판 때까지 지키게 하셨으며"

신약성경 히브리서 2장 14-15절에 기록되었으되 "자녀들은 혈육에 함께 속하였으매 그도 또한 한 모양으로 혈육에 함께 속하심은 사망으로 말미암아 사망의 세력을 잡은 자 곧 마귀를 없이하시며 또 죽기를 무서워하므로 일생에 매여 종노릇하는 모든 자들을 놓아주려 하심이니"

신약성경 요한복음 8장 44절에 기록되었으되 "너희는 너희 아비 마귀에게서 났으니 너희 아비의 욕심을 너희도 행하고자 하느니라 저는 처음부터 살인한 자요 진리가 그 속에 없으므로 진리에 서지 못하고 거짓을 말할 때마다 제 것으로 말하나니 이는 저가 거짓말쟁이요 거짓의 아비가 되었음이니라"

신약성경 요한계시록 12장 9절에 기록되었으되 "큰 용(龍)이 내어 쫓기니 옛 뱀 곧 마귀라고도 하고 사단이라고도 하는 온 천하를 꾀는 자라 땅으로 내어 쫓기니 그의 사자(귀신)들도 저와 함께 내어 쫓기니라"

하나님 앞에서 쫓겨난 용, 마귀 사단이 온 인류를 꾀이는 자라고 했다. 이 마귀 사단이 에덴동산에서부터 인류를 거짓말로 미혹하여 범죄케 하여 죽음으로 몰아넣었다. 그것도 부족하여 둘째 사망 유황불못으로 끌고 갈려는 음모가 마귀의 할 일이다. 그래서 마귀를 대적하라고 말씀하셨다.

신약성경 디모데전서 2장 14절에 기록되었으되 "아담이 꾀임을 보지 아니하고 여자가 꾀임을 보아 죄에 빠졌음이니라"

신약성경 로마서 5장 17절에 기록되었으되 "한 사람의 범죄로 인하여 사망이 그 한 사람으로 말미암아 왕노릇 하였은즉 더욱 은혜와 의의 선물을 넘치게 받는 자들이 한 분 예수 그리스도로 말미암아 생명 안에서 왕노릇 하리로다."

그러므로 죄로 인하여 사망이 왔고, 사망 안에 왕노릇하고 있는 마귀를 예수 그리스도께서 인류를 위해 대신 십자가에 죽으심으로 속죄의 은총을 주셨고 죽음에서 부활하사 사망권세 이기시고 승리하심으로써 예수님만이 인류를 구원하실 수 있는 분이신 것이다.

그런데 거짓말쟁이 마귀는 자미국의 본산지인 북극성과 사망의 세계인 영계를 통해 인황과 사감에게 허황된 거짓말을 내려 보내고 있다.

(1) 책 '하늘 땅 인간 천지개벽' 내용 중 거짓말

"이미 이 세상에 왔다간 인간이든 현재 살아있는 인간이든 세계 70억 인류 모두가 자미인황님의 자손이자 후손이라는 경천동지할 진실을 말씀하시었다.[109)]

종교적 숭배 대상자들 몸에 들어가시어 하늘을 세우시고자 하였으나 그들이 나 잘났소, 하는 바람에 뜻을 이루지 못하고 그들의 몸에서 빠져 나왔다고 하신다. 자미인황님께서 그들의 몸에서 빠져 나옴과 동시에 예수는 십자가에 못박혀 34살에 죽었고, 증산상제 강일순 역시 하늘을 훔치다가 39살에 일찍 세상을 떠났다. 자미인황님께서 그들의 몸에서 빠져나오면서 제자들이나 후세 사람들이 그들을 종교적 숭배대상자들로 세웠으나 그것은 형상만 성자들일뿐 내면적으로는 귀신들인 악귀 잡귀, 사탄 마귀들이 들어가 온갖 대우를 받고 있다는 진실을 밝혀주시었다."[110] 라고 황당한 거짓말을 하고 있다. 그리고 다음과 같이 말한다.

"경천동지할 진실을 밝힌다. 부활이 아니다. 예수는 죽었고 성모마리아도 죽었다. 예수의 이적과 기적? 지 놈이 무슨 재주로 그런 이적과 기적을 보여 줘? 내가 예수 몸 안에 들어가서 다 해주었지. 그것도 모르고 지가 하늘로 착각하며 기고만장 하는 모습을 보자니 참으로 가관이었고 너무나 한심했어. 인간들은 어떤 신비한 기운만 주면 지가 하늘이라고 지랄 염병들이야! 나, 원 참. 도대체 무슨 기운을 줄 수가 있어야지. 알리라는 하늘은 알리지 않고 지가 천지조화 모두 부린 것처럼 지가 하늘이래."[111]

'하늘 땅 인간 천지개벽' 375페이지에 나온 내용이다. "인간들은 어떤 신비한 기운만 주면 지가 하늘이라고 지랄 염병들이야" 이 내용이 창조주의 말씀인지? 거짓말쟁이 마귀 사탄의 말인지? 판단은 독자 여러분께 맡긴다.

(2) 책 '천상입궁' 내용 중 거짓말

"돈의 주인, 권력의 주인, 명예의 주인, 목숨의 주인, 건강의 주인, 행복의 주인, 성공의 주인, 출세의 주인, 인류의 주인이 하늘 태상천존 자미천황님이시다. 성공과 출세, 재물과 권력의 진짜 주인이 자미천황님이시라는 진실을 인정하지 않고 자미국의 천지대업에 참여하지 않으면 자신들의 귀중한 모든 것을 어느 날 일순간에 반납할 수 있다."[112] 모든 주인이 하늘이라 하는 태상천존 자미천황님이시니 자미국의 천지대업에 참여하지 않으면 모든 것을 일순간에 뺏어 갈 수 있다고 협박을 하고 있다. 그리고 인간으로 태어나 진짜 성공과 출세는 인류의 수도 자미천궁이기 때문에 자신들의 경제능력 범위 내에서 천공을 최대한 많이 올려놓고 세상을 떠나야 한다고 미혹하고 있다.

"천공으로 올리는 공덕금전이 죽어서 끝없이 펼쳐지는 사후세계의 양식이자 기운이기 때문에, 육신이 살아 있을 때 자미국 계좌를 통해서 올려야 죽어서 천상 자미천궁에 올라가 올린만큼의 양식(기운)을 받는다. 하늘과 땅이 함께하는 자미국 자미천궁이기에 천공을 계좌로 보내면 입금내역이 천상장부에 실시간으로 기록된다."[113] 이렇게 미혹하고 있다. 그리고 "자미국 계좌로 천공을 올린 금액만큼 전생의 빚과 전생의 죄가 탕감되고 천상 자미천궁에 올라간 신과 영들에게는 신분과 서열이 높아지는 특혜를 누린다."[114]고 거짓말을 하고 있다.

(3) 책 '대제사' 내용 중 거짓말

자미국에서는 평생 한 번만 지내는 제사를 '대제사'라고 한다. 육신이 살아 있을 때는 이 땅에 머물지만 죽으면 영들의 고향인 천상 자미천궁으로 하루라도 빨리 올라가야 조상님들이 고생하지 않는다고 미혹을 하고 있다.

"수천 년 동안 종교세계에서 거두어들인 헌금, 시주, 성금, 불사, 건축헌금, 각종 명목의 금전은 종교를 세운 종교 귀신들과 사탄 마귀, 악귀 잡귀들이 받아간 것이지 결코 하늘이 받지 않으셨다고 2014년 3월 1일 말씀하시었다."[115] 여기에서 종교 귀신이니, 사탄 마귀니, 악귀 잡귀라고 하는 것은 거짓말쟁이요 거짓의 아비인 사탄 마귀의 고도의 전술전략이요 위장술이다.

자신을 아무리 감추려고 해도 자신이 거짓말쟁이임을 스스로 폭로 하고 있다. 저자가 쓰고 있는 책마다 사탄 마귀 짓이라고 역설하고 있지만 알고 보면 마귀 자신을 감추려는 발악이라고 볼 수 있다. 인황과 사감은 사탄 마귀에게 속고 있음을 모른다. 필자는 사탄 마귀의 정체를 알고 있다. 정해진 때가 되면 나타나리라는 성경 말씀이 이루어진 것이기 때문이다.

신약성경 디모데전서 4장 1-2절에 기록되었으되 "그러나 성령이 밝히 말씀하시기를 후일에 어떤 사람들이 믿음에서 떠나 미혹케 하는 영과 귀신의 가르침을 좇으리라 하셨으니 자기 양심이 화인 맞아서 외식함으로 거짓 말하는 자들이라"

이와 같이 이미 A.D. 63년경에 성경에 기록된 말씀은 틀림없이 정확하게 이루어진다. 인황이 즐겨 쓰는 말처럼 한 치 오차도 없이 성경의 예언이 이루어지고 있다.

필자는 영계에서 온 통신문을 보고 예측을 했고, 이러한 때가 분명히 올 것을 알았기에 여기에 대한 연구를 37년 전에 시작했다. 그래서 1979년부터 시대의 흐름을 지켜보고 있을 때, 2000년대에 들어오면서 '하늘이 인류에게 내린 명(命)' 『황명』 『신사령』 『천지령』 등 내용이 비슷한 책들이 나오기 시작했다. 그래서 필자는 이러한 책들을 놓치지 않고 구입해서 읽어 보았다. 그런데 저자의 본명을 쓰지 않고 인존천황이니, 천상신인, 자미천궁, 자미, 자미천인 등 이상한 이름으로 책을 쓰는 것을 보고 이것은 분명히 사람이 아닌 거짓신의 역사라는 것을 알고 있기에 때가 왔구나 생각하고, 여기에 대해 더욱 연구하기 시작했다. 반드시 책을 사서 읽으면 천지기운이 내린다고 했는데 나는 10권 이상을 읽어도 아무런 반응이 없다. 나는 예수님을 구주로 믿는 하나님의 자녀이기에 아무런 반응이 없음을 확인했다.

그렇다면 다음 내용을 읽어보자. '대제사' 112페이지에 나오는 내용이다.

"하늘이 내려주신 말씀이니까 100% 맞는 말씀이지만 독자 여러분이 믿거나 말거나 전한다. 대한민국 땅에 자미국을 세워 하늘의 대단한 진실을 전할 필자(1955년 을미생) 인황(男)과 (1972년 임자생) 사감(女)이 태어났기 때문에 경제가 고속 성장할 수 있었다고 하시었다."

거짓말을 해도 별 거짓말을 다 한다. 인황이 1955년도에 태어났고, 사감이 1972년도에 태어났기 때문에 대한민국 경제가 고속성장 할 수 있었다고 태상천존 자미천황 태제님이 말씀했단다. 그 어려운 시절 태어난 사람도 한둘이 아니다. 특별히 자기들 둘을 자미천황님이 선택해서 경제발전이 고속 성장했다면 대한민국 경제발전에 두 사람은 무엇을 했는지 묻고 싶다. 경제발전에 땀 흘려 수고했던 정치 지도자들이나 근로자들이 들으면 웃을 일이다. 그래서 성경 말씀에 때가 되면 "미혹케 하는 영과 귀신의 가르침을 쫓으리라"고 예언을 하셨다. 그때가 온 것이다. 한 치 오차도 없이!

또 무슨 거짓말을 하는가? "하늘과 땅, 천지신명님, 나라조상님, 각자의 조상님들이 국운을 열어주시어 전 세계에서 가장 잘사는 천하제일의 경제 대국으로 발전시켜 주실 것이기 때문에 하루라도 빨리 청와대 터를 비워주어야 한다."[116] 라고 역설하고 있다. 오래전부터 하늘과 땅, 천지신명님, 나라조상님, 각자의 조상님의 한을 풀어드릴 수 있는 유일한 장소가 청와대 터라고 한다.

그리고 이분들은 나라의 국운을 좌지우지하시는 "천지 대능력자들이시다."라고 하면서 "이분들의 뜻에 따르지 않고는 나라의 국운을 절대로 열수 없으니 시간낭비 그만하고 이분들의 뜻을 속히 받아들여야 나라가 편안하고 크게 번창할 수 있다고 한다. 이분들의 뜻을 전할 자미국이 청와대에 들어가야 할 시기는 2015년이므로 2014년 안에 청와대 이전이 이루어져야 이분들의 원성을 피할 수 있고 나라가 편안해질 것이다."[117] 〈참고:2014년

3월책펴냄)라고 말하고 있다. 얼마나 확신에 찼으면 년도까지 말할까? 그런데 2014년도에 청와대가 이전되어야 한다고 했는데 아직까지도 이전이 안 되었으니 어찌한담!

『대제사』138페이지에서는 "필자가 쓴 순수한 글은 10% 정도라고 보면 되고 모두 가르쳐주신 말씀을 토대로 책이 집필된 것이니 고정관념을 모두 버리고 순수하게 받아들이는 것이 이제라도 종교의 지옥에서 벗어나서 남은 여생을 편히 살 수 있는 유일한 길이다."라고 말했다.

여기서 강조한 것은 '태상천존 자미천황 태제님'이 알려 주어서 책을 집필했기 때문에 틀림없이 이루어지리라는 확신이다. 어찌되었던 2015년 말까지 두고 두고 보아도 청와대에 자미국이 들어가지 못했다는 것은 그것을 가르쳐 준 '태상천존 자미천황 태제님'의 하늘 신(神)은 거짓말쟁이요, 거짓의 아비인 사탄 마귀가 확실하다.

그리고 충격적인 진실을 쓴다고 하고 있다. 그것은『대제사』193페이지에 "그리고 이들이 받들고 있는 (註=천주교와 기독교) 하나님보다도 더 높은 하나님이 존재하시니 그분이 태상천존 자미천황님이시다. 하나님께서 아버지라 부르신다고 하신다."고 하며 "하나님께서 조차도 천주교와 기독교로 함께 하신 적이 없고, 예수도 아는 바가 없다고 밝히시며 예수는 나의 아들이 아니라고 말씀하시었다."고 거짓말은 하고 있다.

그러면 성경을 어떻게 기록하고 있는가!

신약성경 마태복음 3장 16-17절에 하나님께서 예수님이 요단강에서 세례를 받고 물에서 올라오실 때 분명한 소리로 "내 사랑하는 아들이요 내 기뻐하는 자"라고 세상에 공포하셨다.

마태복음 17장 1-5절 말씀에서도 세 제자와 함께 높은 산에 올라 가셨을 때에 변형된 예수님의 모습을 보고 베드로 제자가 황홀경에 빠져, 여기 있는 것이 좋사오니 초막 셋을 지어 하나를 주께 드리겠다고 할 때에 홀연히 빛난 구름이 저희를 덮으며 구름 속에서 "이는 내 사랑하는 아들이요 내 기뻐하는 자"라고 선언하시고 저희 말을 들으라고 하셨다.

그러나 『대제사』 194페이지에 보면 "하늘의 진실을 전해 주려고 저 멀리 북극성 부근 천상 자미천궁에서 이 땅의 자미국으로 와주신 분들은 신의 대표이신 천상선감님, 영의 대표이자 하나님이신 천상천감님, 도의 대표이시자 미륵님이신 천상도감님 그리고 태초의 인간이시자 인류의 대표이신 자미인황님이시다. 하늘의 진실은 밝히는 이 글들은 필자가 꾸며낸 것이 아니라 천상 자미천궁에서 대단하신 분들이 하강 강림하시어 인류 최초로 직접 말씀하시며 밝혀주신 내용들이다."[118]

자미국이 2015년까지 청와대로 들어가지 못했으니 누가 거짓말을 한 것인가?

자미국에서는 하늘의 대단하신 천지원력은 인간들의 상상으로는 감히 생각지도 못하는 천지조화를 보여주신다는 것이다. 그래서 일반인들이 적응할 아주 약간의 세월이 필요한 것인데 이제 그 시간이 눈앞으로 조용히 다가오고 있다고 했다. 그것은 2015년이 다가오고 있다는 것이다.

"필자의 육신을 통해서 무소불위한 천지원력이 세상에 공식적으로 조만간 알려질 것이다. 이미 2014년 1월 중순경에 유명 인사들에게 문서로 전달해 놓은 상태이니 현실로 천지조화가 이루어질 그날만 남았다. 국가의 미래에 대한 내용이다. 필자가 하는 말이나 글은 천지원력의 무소불위한 기운에 의해서 현실로 수 없이 이루어지고 있지만 너무나 상상을 초월하는 일이기에 반신반의하거나 황당하게 받아들이고 있다. 그러나 이제 얼마 지나지 않으면 이 나라 국민들 모두가 싫든 좋든 자미국을 인정할 수밖에 없는 그날이 온다."[119]

여기에서 주장하는 것은 2015년 안에 자미국이 청와대로 들어가 자리 잡아야 하는데, 그동안 자리를 비워주지 않으면 재앙이 한국 땅에 불어 닥친다는 것이다. 그래서 속히 비워달라는 것에 협조해 달라는 문서를 2014년 1월 중순경에 국가의 유명 인사들에게 문서로 전달했다는 것이다. 그리고 개헌을 하되 입헌군주제와 의원내각제로 개헌을 요구했다.

"국민 여러분의 마음 안에서 개헌의 메시지가 뜨니 대통령의 권력을 분산시켜 보자는 취지에서 분권형 대통령제, 이원집정부제, 의원내각제, 대통령 중심제를 골자로 개헌하려고 국회에서 추진위원회를 발족시켰다. 기존의 4개 개헌 안건에 영국이나 일본처럼 군림하되 통치하지 않는 군주제 즉 의원내각제적 입헌군주제를 개헌 논의 대상에 포함해 줄 것을 국민 여러분에게 제안한다." [120] 라고 입헌군주제와 의원내각제로 개헌을 하고 "그래서 자미국이 청와대 터에 속히 들어갈 수 있도록 대통령과 정부 각 부처 관계자와 국민들이 적극적으로 자미국의 뜻에 찬성하고 협조해 주어야 한다. 청와대 터에 자미국이 들어가는 일은 나라의 안정과 경제를 살리는 지름길이고 대한민국 국가의 명운이 걸려 있는 긴급하고도 절박한 사안이다." [121] 라고 하면서 만약 청와대를 내놓지 않으면 "제발 자미국 인황이 청와대 터에 들어가서 나라의 국난과 재난을 막아달라고 애걸할 날이 올 것이다." [122] 라고 주장하고 있다.

그리고 『대제사』 283페이지 기록에 보면 "이번에 국회에서 입헌군주제로 개헌하여 영적으로는 하늘이신 자미천황님과 육적으로는 자미국 저자를 입헌군주로 추대하여 옹립해야 한다. 이 나라의 입헌군주가 된다는 것은 하늘과 함께하는 것이기에 세계 군주가 되는 것과 똑같다. 그리되면 대한민국은 수천 년 간의 오랜 약소국가의 서러움에서 완전히 벗어나 천하를 호령하는 위대한 천손민족으로 다시 태어나게 된다. 어마어마한 이런 뜻은 이미 천상설계도에 그려져 있기에 반드시 현실화 될 내용이다."[123] 라고 하면서 저자인 자기(인황)를 입헌군주로 옹립해 주기를 바란다는 황당한 요구를 하고 있다. 천손민족의 거대한 꿈을 현실로 이루고자 하늘과 땅의 천상지상 천지신명공사를 집행할 수 있도록 현재의 대통령 집무처인 청와대 터를 비워달라고 2005년 7월부터 자미국의 책을 통해서 꾸준히 전해 왔는데 이제는 때가 되었다는 것이다.

장차 대한민국은 세계의 중심국가가 될 것이라는 예언서들이 있는데 "그 예언이 실행되는 시초가 2015(을미년)년도로 다가왔다 하신다. 예언자 인간 육신들은 이분들에게 손과 발, 입만 빌려드린 것이다. 이런 내용을 글로 써서 국민 여러분에게 전달하는 저자 역시도 이분들에게 손과 발, 입을 빌려드리고 있을 뿐이다."[124]

그래서 2015년을 자미국이 청와대 입성의 해라고 '태상천존 자미천황님'이 알려 주셨다는 것이다. "자미국에서 말하는 하늘은 하늘 중에 최고 하늘이시고, 지극지존의 태초 하늘이신 '태상천존 자미천황님'이시다"라고 극찬을 아끼지 않는다. 그렇다면 두고 볼 일이다. 2015년(을미년)이 대한민국 청와대에 '자미국'을 개국하고 장차 세계를 통치할 수 있는 '자미국 연방국가'로 귀속하게 되어 있다고 했다. 그리고 청와대 터에 금궐을 짓겠다고 청사진까지 만들어 났다.

종(필자)은 눈을 부릅뜨고 지켜보아도 이루어지지 않았으니 지극지존의 태초 하늘이라고 하는 '태상천존 자미천황 태제님'은 거짓말쟁이요, 거짓의 아비인 사탄 마귀가 틀림이 없다. 이래도 계속 속일 것인가?

3. 하나님의 자녀와 마귀의 자녀가 나타나나니

신약성경 요한일서 3장 7-10절 말씀에서 중요한 것은 마지막 때에 "하나님의 자녀들과 마귀의 자녀들이 나타난다"고 말씀하고 있다. 여기에서 "나타나나니"에서 "나타"는 '하네로스'로 '분명히, 공개적으로, 외부적으로 드러난'이란 뜻을 가지고 있다. 그리고 "나나니"는 '에이미'로 '나는 있다, 나는 – 이다'라는 뜻으로써 '분명히, 공개적으로' 드러난다고 했다.

그러므로 '하나님의 자녀들'과 '마귀의 자녀들'이 분명하게, 공개적으로 드러나리라는 것이다. 그런데 이 사실이 자미국이 등장하면서 더욱 확실해졌다. 성경을 경전으로 삼고 하나님을 창조주로 믿는 기독교에 대해서 그렇게 핍박을 하고, 인류의 구원자이신 예수 그리스도에 대해서 적개심을 품고 이름마저 없애려는 것은 사람의 마음이 아니라 그런 마음을 충동하는 마귀의 역사라고 생각한다. 그러므로 때가 되면 하나님의 자녀와 마귀의 자녀로 나누어진다고 성경 말씀을 통하여 미리 말씀했다. 그것은 하나님의 심판이 가까이 오고 있다는 증거이다.

1) 하나님의 자녀

원래 우리 사람은 하나님으로부터 지음을 받은 피조물이다.

구약성경 창세기 1장 27-28절에 기록되었으되 "하나님이 자기 형상 곧 하나님의 형상대로 사람을 창조하시되 남자와 여자를 창조하시고 하나님이 그들에게 복을 주시며 그들에게 이르시되 생육하고 번성하여 땅에 충만하라, 땅을 정복하라, 바다의 고기와 공중의 새와 땅에 움직이는 모든 생물을 다스리라 하시니라"

이것이 지구촌에 인류의 시작이다. 그런데 혹자는 진화론을 믿는다. 진화론은 모든 생물은 원시적인 종류의 생물로부터 진화해 왔다는 다윈의 학설이다. 이 세상에는 진화론을 믿고 인정하는 분들이 더 많다고 본다. 그러나 창조론이 옳은 것인지, 진화론이 옳은 것인지는 언젠가는 판가름이 날 것이다. 여기에 대해서는 뒤에 다루기로 하겠다.

우선 필자는 기독교인이므로 성경 말씀에 의해서 본 내용을 풀어 가겠다.

창세기 2장 7절에 기록되었으되 "여호와 하나님이 흙으로 사람을 지으시고 생기를 그 코에 불어 넣으시니 사람이 생령(生靈)이 된지라"라고 말씀하셨다. 흙으로 모양을 만드시고 코에 생기를 불어 넣으실 때에 세포로 변화되어 각종 장기와 뼈, 피부로 형성되고 호흡을 하게 되고, 영혼의 존재인 생령이 된 것이다.

사람은 원래 생명이 아니라 생령이므로 죽음이 없이 하나님과 함께 영원히 사는 영생의 존재였다. 그런데 에덴동산에서 하나님이 금하신 '선악과'를 미혹의 영인 마귀가 동산의 뱀을 이용하여 간교하게 거짓말로 죽음의 과일인 선악과를 따 먹게 함으로 인류에게 불행하게도 저주의 죽음이 찾아 온 것이다. 인류는 죽음으로 끝나는 것이 아니고 인류를 멸망하게 한 미혹의 영 곧 용(龍)이요 마귀사탄을 따라 영원한 유황불못의 둘째 사망이 기다리고 있다.

신약성경 요한계시록 20장 10절에 기록되었으되 "또 저희를 미혹하는 마귀가 불과 유황못에 던지우니 거기는 그 짐승과 거짓 선지자도 있어 세세토록 밤낮 괴로움을 받으리라"

요한계시록 20장 12-15절에 기록되었으되 "또 내가 보니 죽은 자들이 무론 대소하고 그 보좌 앞에 섰는데 책들이 펴 있고 또 다른 책이 펴졌으니 곧 생명책이라 죽은 자들이 자기 행위를 따라 책들의 기록된 대로 심판을 받으니 바다가 그 가운데서 죽은 자들을 내어 주고 또 사망과 음부도 그 가운데서 죽은 자들을 내어 주매 각 사람이 자기의 행위대로 심판을 받고 사망과 음부도 불못에 던지우니 이것은 둘째 사망 곧 불못이라 누구든지 생명책에 기록되지 못한 자는 불못에 던지우더라"

이것이 마귀에 대한 최후의 심판이요, 마귀 따라 사는 사람들의 들어갈 처소이다. 혹자는 어찌 사람을 창조하신 하나님이 잘못했다고 벌주기 위해 유황불못을 만들었느냐고 질타하지만 사람을 벌주기 위해 유황불못이 예비된 것이 아니고 인류를 멸망하게 한 마귀가 들어갈 곳인데, 사람이 미혹당해 같이 따라서 들어가는 곳이다.

신약성경 마태복음 25장 41절에 기록되었으되 "또 왼편에 있는 자들에게 이르시되 저주를 받은 자들아 나를 떠나 마귀와 그 사자들을 위하여 예비된 영영한 불에 들어가라"고 하셨다.

그 미혹하는 마귀의 정체에 대해서 요한계시록 12장 7-9절에 기록되었으되 "하늘에 전쟁이 있으니 미가엘과 그의 사자들이 용(龍)으로 더불어 싸울 새 용(龍)과 그의 사자들도 싸우나 이기지 못하여 다시 하늘에서 저희의 있을 곳을 얻지 못한지라 큰 용(龍)이 내어 쫓기니 옛 뱀 곧 마귀라고도 하고 사탄이라고도 하는 온 천하를 꾀는 자라 땅으로 내어 쫓기니 그의 사자들도 저와 함께 내어 쫓기니라"

여기에서 들어난 미가엘과 그의 사자들은 하나님이 쓰시는 천사들을 말하고, 용 마귀 사탄의 사자들이 귀신들인 것이다. 그래서 인류를 못 살게 하고 망하게 하는 더러운 귀신들'고 예수님께서 책망하며 쫓으셨다.

신약성경 누가복음 4장 40-41절에 기록되었으되 "해질 적에 각색 병으로 앓는 자 있는 사람들이 다 병인을 데리고 나아오매 예수께서 일일이 그 위에 손을 얹으사 고치시니 여러 사람에게서 귀신들이 나가며 소리 질러 가로되 당신은 하나님의 아들이니이다 예수께서 꾸짖으사 저희의 말함을 허락지 아니하시니 이는 자기를 그리스도인 줄 앎이러라"

신약성경 마가복음 9장 21-27절에 기록되었으되 "예수께서 그 아비에게 물으시되 언제부터 이렇게 되었느냐 하시니 가로되 어릴 때부터니이다 귀신이 저를 죽이려고 불과 물에 자주 던졌나이다 그러나 무엇을 하실 수 있거든 우리를 불쌍히 여기사 도와 주옵소서 예수께서 이르시되 할 수 있거든 이 무슨 말이냐 믿는 자에게는 능치 못할 일이 없느니라 하시니 곧 그 아이의 아비가 소리를 질러 가로되 내가 믿나이다 나의 믿음 없는 것을 도와 주소서 하더라 예수께서 무리의 달려 모이는 것을 보시고 그 더러운 귀신을 꾸짖어 가라사대 벙어리 되고 귀먹은 귀신아 내가 네게 명하노니 그 아이에게서 나오고 다시 들어가지 말라 하시매 귀신이 소리 지르며 아이로 심히 경련을 일으키게 하고 나가니 그 아이가 죽은 것같이 되어 많은 사람이 말하기를 죽었다 하나 예수께서 그 손을 잡아 일으키시니 이에 일어서니라"

이와 같이 마귀의 사자들인 귀신들이 사람에게 붙어서 질병을 일으키기도 하고 사람을 못 살게도 한다. 죽는 것도 억울한데 마귀 따라 영영한 불못으로 들어가면 얼마나 원통하겠는가. 그래서 사망의 권세를 잡고 있는 마귀를 없이 하기 위해서 하나님이 독생자 예수님을 이 땅에 구원자로 보내셨다.

신약성경 요한복음 1장 12-14절에 예수 그리스도의 이름을 믿는 자들에게는 '하나님의 자녀'가 되는 권세를 주신다고 약속하셨다.

"죄의 삯은 사망이요 하나님의 은사는 그리스도 예수 우리 주 안에 있는 영생(永生)이니라"(로마서 6장 23절) 그래서 예수님께서 하나님의 아들로 이 땅에 오셔서 온 인류의 죄를 담당하시고 십자가에 죽으셨다가 3일 만에 다시 살아 나시사 마귀의 권세인 사망을 이기시고 승리의 부활을 하심으로 인류를 구원하셨다. 이 사실을 믿고 입으로 시인할 때 구원에 이른다고 말씀하셨다.

신약성경 로마서 10장 9-10절에 기록되었으되 "네가 만일 네 입으로 예수를 주로 시인하며 또 하나님께서 그를 죽은 자 가운데서 살리신 것을 네 마음에 믿으면 구원을 얻으리니 사람이 마음으로 믿어 의에 이르고 입으로 시인하여 구원에 이르느니라" 하셨다.

인류에게 가장 큰 소망의 말씀을 주셨다. 이 말씀이 신, 구약 성경을 요약한 말씀이다.

신약성경 요한복음 3장 16-18절에 기록되었으되 "하나님이 세상을 이처럼 사랑하사 독생자를 주셨으니 이는 저를 믿는 자마다 멸망치 않고 영생(永生)을 얻게 하려 하심이니라 하나님이 그 아들을 세상에 보내신 것은 세상을 심판하려 하심이 아니요 저로 말미암아 세상이 구원을 받게 하려 하심이라 저를 믿는 자는 심판을 받지 아니 하는 것이요 믿지 아니하는 자는 하나님의 독생자의 이름을 믿지 아니하므로 벌써 심판을 받은 것이니라" 그러므로 인류의 구원자이신 메시아는 예수 그리스도라고 선언하신다.

신약성경 사도행전 4장 12절에 기록되었으되 "다른 이로서는 구원을 얻을 수 없나니 천하 인간의 구원을 얻을 만한 다른 이름을 우리에게 주신 일이 없음이니라 하였더라" 그리고 온 인류에게 질문을 하신다.

신약성경 요한복음 11장 25-26절에 기록되었으되 "예수께서 가라사대 나는 부활이요 생명이니 나를 믿는 자는 죽어도 살겠고 무릇 살아서 나를 믿는 자는 영원히 죽지 아니하리니 이것을 네가 믿느냐" 이것이 인생에 대한 최상의 메시지요, 잃어버린 영생을 다시 찾는 길이다. 부활의 신앙으로 마귀에게 빼앗긴 영생을 다시 찾는 것이 인류의 소망이요 예수님이 이 땅에 오신 목적이시다.

그런데 마귀는 이 생명의 메시지가 있는 성경책을 박멸하려 한다. 우주만물을 창조하신 하나님의 독생자이신 예수 그리스도께서는 담대히 말씀하신다.

신약성경 요한복음 5장 24-29절에 기록되었으되 "내가 진실로 진실로 너희에게 이르노니 내 말을 듣고 또 나 보내신 이를 믿는 자는 영생을 얻었고 심판에 이르지 아니하나니 사망에서 생명으로 옮겼느니라 진실로 진실로 너희에게 이르노니 죽은 자들이 하나님의 아들의 음성을 들을 때가 오나니 곧 이때라 듣는 자는 살아나리라 아버지께서 자기 속에 생명이 있음같이 아들에게도 생명을 주어 그 속에 있게 하셨고 또 인자됨을 인하여 심판하는 권세를 주셨느니라 이를 기이히 여기지 말라 무덤 속에 있는 자가 다 그의 음성을 들을 때가 오나니 선한 일을 행한 자는 생명의 부활로 악한 일을 행한 자는 심판의 부활로 나오리라" 여기에서 생명의 부활로 나오는 자는 '하나님의 자녀'요, 심판의 부활로 나오는 자는 '마귀의 자녀'로 구분되어 진다.

2) 마귀의 자녀

하나님의 심판의 때가 가까이 오면 '하나님의 자녀'와 '마귀의 자녀'가 분명하게, 공개적으로 드러난다고 성경은 예언하고 있다. 그래서 하나님의 자녀는 예수 그리스도를 믿음으로 하나님의 백성이 되고 마귀의 자녀는 당연히 마귀에게 소속된 백성을 말한다.

『황명』51페이지에 보면 "하늘께서는 이제 진정한 하늘의 천황태제님 존재를 지구촌에 세워줄 아주 참신한 사람을 찾고 계셨느니라. 천지기운을 크게 내려주어도 자랑하고 뽐내지 않으며 모든 천지조화가 자신의 능력이 아니라 하늘 천황태제님께서 내리시는 능력이라고 자신 있게 말할 수 있는 대행자 즉 전혀 자신을 큰 교주로 내세우려고 하지 않는 참신한 대행자를 찾고 계시니라" 그런데 이에 선택 받은 사람이 저자로서 후에 인황이라는 관명을 받았다고 주장한다. 지난 날 천황태제님께서 대행자들을 인간 세상에 내려 보냈으나 하늘의 뜻은 전하지 않고 배은망덕하여 천황태제님의 자리를 빼앗고 자신들이 종교의 구심점을 만들어 큰 교주(석가, 예수, 공자)가 되었고 사람들로부터 추앙받고 진즉 천황태제님은 설자리가 없었다고 한다.

그래서 선택받은 저자는 피나는 수행과정을 거쳐 많은 하늘의 천지조화

신명공부를 했고, "천황태제님은 전지전능하시다 하여도 육신의 몸을 빌리지 않고는 하늘의 뜻을 단 한마디도 세상에 전할 수 없음을 잘 알고 계시니라. 그래서 내가 천황태제님 황명을 받드는 선택된 몸으로 하생할 것이니라"[125] 하는 용화세존 미륵존불의 하명에 따라 "25년간 수행정진 끝에 마침내 득도의 경지에 올라 인류 역사상 최초로 대우주를 창조하신 천황태제님과 한 몸이 되어 무소불위의 천권(天權)과 천력(天力)을 자유자재로 행사하는 초능력자의 몸이 되었다. 하늘의 화신이 되자 모든 천지신명, 조상영가, 산 사람 생령에게 명을 자유자재로 내릴 수 있는 하늘의 절대적 권한이 어느 날 저자(인황)에게 주어졌다."[126] 그래서 풍운조화 능력도 부려보고, 병자치료도 해 보고, 생령도 불러 대화도 나누어 보는 등 수많은 체험도 해 보았다고 했다.

천황태제님이 내리신 말씀이 있는데 "이제 지금 이 시간 이후부터는 천상의 모든 신들은 나의 명에 의해서만 자유로워 질 것이고 오로지 나의 명에 의해서만 신명세계, 영혼세계, 인간세계가 다스려 질 것이니라. 나의 명과 나의 윤허에 의해 조상을 입천하고 천인합체를 행하는 자에게만 나의 존재, 나의 기적, 이적을 행할 것이니라"[127]

이것이 마귀의 자녀가 되는 길이다. 천인이 되면 어떤 보호를 받는가?

"하늘의 윤허를 받아 천상의 고급신명과 하나 되는 천인으로 재탄생하면 수명 하나를 더 얻어 장수할 수 있고, 신비스러운 하늘의 정기가 온몸으로 내리며 육신과 영혼을 24시간 실시간으로 보호받고 살게 해주신다."[128]

천인합체의식! 하늘 자미천황님이 인류에게 내리신 가장 보배로운 선물이라 할 수 있는 의식이라고 한다. 자미천황님의 윤허가 없이는 할 수 없는 천인세상을 열어갈 이 의식을 통해서 천상의 신과 하나가 되면 천인으로 탄생하게 되며, 인간의 삶을 사는 동안 인생의 재난과 재앙에서 벗어나 행복을 누리게 된다고 주장한다.

이제 자미국에서 천인합체의식을 하고 천인으로 재탄생이 되면 신비스러운 하늘의 정기가 내려온다고 했다. 그 뿐만이 아니라 자미국에서 쓴 책을 읽으면 천지기운을 스스로 느끼게 될 인류 역사상 전무후무한 천서(天書)로 남게 될 황명! 대신명님들이 천황태제님의 뜻을 함께 집필하셨기에 책을 정독하여 읽는 동안 각자의 몸으로 신비한 조화가 직접 나타나게 될 것이라고 주장하고 있다.

나는 10권 이상 책을 사서 읽어 봐도 천지기운은 커녕 아무런 반응도 없다. 오히려 책을 읽을 때 천지기운이나 어떠한 반응을 보이면 '마귀의 자녀'요, 아무런 반응이 없으면 '하나님의 자녀'다. 왜냐하면 "책을 읽는 도중 천지기운을 스스로 느낄 수 있는 태초의 처음이자 마지막이 될 하늘의 천서. 세상의 모든 경전을 초월할 하늘께서 내리신 신비의 책이다."[129] 라고 소개하고 있기 때문이다.

나는 예수 그리스도를 나의 구주로 믿는다. 그리고 우주 만물을 창조하신 여호와 하나님을 나의 아버지로 믿는다. 그래서인지 10권 이상 책을 읽어도 천지기운이 내리지 않는다. 내 안에는 성령님이 역사하기 때문이다.

사탄, 마귀의 간계(奸計)를 경계(警戒) 합시다

Hells and Heavens

제1장

———

주의! '스베덴보르그의
위대한 선물'이란
책에 미혹 받지 맙시다

몇 년 전 어느 독서모임에 참석하고 있었다. 회원 중에 책을 소개하며 다음 회에 이 책을 읽고 토론해도 되겠느냐며 『스베덴보리의 위대한 선물』이란 책을 보여주었다. 나는 그 책을 받아 내용을 넘겨보며 30여 년 전에 심령과학을 연구하며 구입해 보았던 『나는 영계를 보고 왔다』는 책의 내용임을 알고 이런 책도 읽어야 확실히 알고, 신앙적으로 대처할 수 있다고 해서 이번 독서모임에 교재로 채택했다. 그리고 책 내용을 이미 알고 있기에 독후감 발표를 나에게 맡겨 주었다. 그 책을 구입해서 읽어보면서 깜짝 놀랐다. 가장 중요한 대목이 조작되어 있었기 때문이다. 얼른 서재에 꽂혀 있는 『나는 영계를 보고 왔다』라는 책의 자료를 펼쳐 보았다.

1. '스베덴보르그의 위대한 선물' 내용의
원문과 조작된 부분

제1장 '사자(死者)가 영계에 가기까지' 내용 중 '2. 죽음의 기술'에 다음과 같은 내용이 있다. 사정상 내용 그대로 옮길 수 없어 내용을 나름대로 정

리해서 쓰면서 중요한 내용만 각주를 달려 한다.

"나는 여기에서, 내가 어떻게 해서 영계에 들어갈 수 있게 되었는가를 말하려고 하는데, 이 말을 하기 전에 내가 영의 세계로 인도를 받게 된 최초의 인연이 된 이상스러운 경험에 대해서 조금 기록해 두기로 하겠다."[130]

당시 책에는 잊을 수 없는 20년 전이라고 했는데, 1745년을 말한다. 때는 여름 어느 날, 저녁 무렵이었다고 했다. 스베덴보르그는 무슨 일이 있어서 고국인 스웨덴을 떠나 영국의 어느 여관에 머물고 있었다. 그날 저녁에 그는 거리로 나가 언제나 들렀던 식당에서 저녁 식사를 하고 있었다고 했다. 그때 그 식당에는 다른 손님은 없었고 자신 혼자서 식사를 하고 있었다고 했다.

식사를 마친 그는 오늘 저녁밥을 좀 과식했구나 하고 생각하면서 포크를 탁자 위에 놓고 몸을 편안히 의자에 기대고 있었을 때, 이상스러운 경험을 바로 이때에 겪게 되었다고 진술한다.

"갑자기 땅에서 솟아 오른 것처럼 내가 식사를 하고 있었던 방바닥에 뱀, 두꺼비 등 기분 나쁜 생물들이 가득히 나타났다. 나는 정신을 잃을 정도로 놀랐다. 그러나 잠시 후에 이 기분 나쁜 생물들의 모습은 사라져 버리고 그곳에 그때까지 한 번도 느껴 본 일이 없는 이상한 분위기를 자아내게 하는 인물이 나타났다. 그는 나에게 말했다. '그대는 지나치게 과식하지 말라.'"[131]

그 인물은 그 말만 남기고 사라져 버렸다고 한다. 그 뒤 구름과 아지랑이도 걷히고 식당 안에는 자기 혼자만 있었다고 했다. 그는 급히 숙소로 달려갔다. 하숙집 주인에게도 누구에게도 아무 이야기도 하지 않고, 방에 틀어박혀서 지금 막 겪은 기괴한 경험에 대해서 생각하고 있었다고 했다. 자기가 몸이나 마음이 피로해서 헛것을 보지 않았나 생각도 해 보았지만 자신이 그 정도로 피로에 쌓여 있지 않았다는 것을 본인이 더 잘 알고 있었다. 그러나 현실의 일에 무척 바빴던 그 당시 지금 있었던 일에 심각하게 생각하지 않고 고민하지 않고 잠자리에 들었다고 한다.

그런데 다음날 밤, 그 이상스러운 인물이 또다시 나타났다고 했다. 이번에는 스베덴보르그가 막 잠자리에 들어가려고 할 때에 침대 곁에 나타났다고 했다. 그는 놀라움과 두려움을 넘어서서 경악과 공포로 떨고 있는 그에게 다음과 같이 더욱 놀라운 일을 말해 주었다.

"나는 너를 인간이 죽은 후에 가는 세계인 영의 세계로 데리고 가겠다. 너는 그 곳에서 영들과 어울리고, 그 세계에서 보고 들은 바를 겪은 그대로 기록하여 세상 사람들에게 전하라"[132]

이 불가사이한 인물은 그 후에 이 세상에서는 물론 영계나 사후의 세계에서 단 한 번도 다시 만난 일이 없었다. 지금의 나는 그것이 이 세상 사람들이 흔히들 말하는 바로 신(神)이었는지, 그렇지 않으면 나 자신이 알아차리지 못한 나의 마음속의 영(靈)이었을까 하고 생각해 보았지만, 그것은 확실히 알 수 없었다. 다만 확실히 알 수 있는 것은 내가 이것을 인연으로 해서 인간이 죽은 뒤의 세계인 영의 세계에 출입하게 되었다는 사실이다.[133]

그리고 그는 인류의 역사에 유래가 없는 사후의 세계, 즉 영의 세계에 가서 보고 겪은 모든 것을 수기로 써서 남기게 되었다는 사실 뿐이라고 증언하고 있다. 이것이 스베덴보르그가 직접 쓴 기괴한 경험의 내용이다.

그런데 『스베덴보리의 위대한 선물』이란 책에는 어떻게 조작 되었는가 독자 여러분은 이 부분에 대해서 미혹 받고 있음을 주의해야 한다. '스베덴보리의 역사적 드라마 시작'이란 주제로 똑같은 내용을 이렇게 조작하고 있다. (P 34-37 참조) 스베덴보리의 역사적 드라마는 어떻게 시작되었을까. (중요한 부분만 비교 발췌해 본다.)

1) '나는 영계를 보고 왔다' = 원문 : (P37-38)에는 식사 후 "갑자기 땅에서 솟아 오른 것 처럼 뱀, 두꺼비 등 기분 나쁜 생물들이 가득히 나타났다고 했다. 그래서 정신을 잃을 정도로 놀랐다고 했다. 그리고 이상한 분위기를 자아내는 인물이 나타났다고 한다." 이것은 분명히 성령의 역사가 아니다.

'스베덴보리의 위대한 선물' = 조작 : (P34-35)에서는 "오색찬란한 무지개가 비치더니 곧 이어 태양빛의 열 배쯤 되는 강렬한 빛이 비쳐 스베덴보리가 눈을 뜰 수 없이 기절할 정도로 놀랐다고 했고, 그 빛 가운데서 금빛 찬란한 흰색로브를 입은 한 인물이 나타났다고 했다. 이렇게 조작하게 된 이유는 무엇일까? 다음 내용을 보면 알 수 있다.

2) '나는 영계를 보고 왔다' = 원문 : (P39) 다음 날 밤, 그 이상스런 인물은 다시 이번에는 내가 막 잠자리에 들어가려고 할 때에 침대 곁에 나타났다. 나의 놀라움과 두려움이 어느 정도였겠는가 하는 것은 말하는 것조차도 어리석은 일이다. 경악과 공포로 떨고 있는 나에게 그는 다음과 같이 더욱 놀라운 일을 말해 주었다. "나는 너를 인간이 죽은 후에 가는 세계인 영의 세계로 데리고 가겠다. 너는 그 곳에서 영들과 어울리고, 그 세계에서 보고 들은 바를 겪은 그대로 기록하여 세상 사람들에게 전하라" 이 불가사의한 인물은 그 후에 이 세상에서는 물론 영계나 사후의 세계에서 단 한 번도 다시 만난 일이 없었다.

'스베덴보리의 위대한 선물' = 조작 : (P36) 그 다음날 밤, 스베덴보리가 잠을 자기 위해 침대에 막 누우려고 할 때였다. 방안으로 전날 식당에서처럼 갑자기 환한 빛이 비쳐 대낮같이 밝아지더니, 어제 봤던 그 신비한 인물이 다시 나타나 침대 옆으로 다가왔다. 놀란 스베덴보리는 몸을 떨었다.

"놀라지 마시오! 나는 하나님이 보내신 사자(使者)입니다. 나는 그대에게 사명을 부여하러 왔습니다. 나는 그대를 사후세계인 '영의 세계'로 안내할 것입니다. 그대는 그곳에 가서 거기 있는 영인들과 교류하고 그 세계에서 보고 듣는 모든 것을 그대로 기록하여 이 지상 사람들에게 낱낱이 전하시오. 그대는 이 소명을 소홀히 생각하지 마시오!" 이 말을 남기고 신비의 인물은 다시 사라졌다. 스베덴보리는 그날 이후 그를 다시는 본적이 없다.

이 내용을 보면 왜 앞에서 뱀, 두꺼비 등 기분 나쁜 생물들이 나타났는데, 오색찬란한 무지개와 태양보다 더 강렬한 빛이 나타나고, 그 빛 가운데서 금빛 찬란한 옷을 입은 인물이 나타났다고 조작했는지 독자 여러분들께서도 짐작이 갔으리라 본다. 다음날 밤 다시 그 이상한 인물이 침대 곁에 나타났을 때 놀라움과 두려움을 넘어서서 경악과 공포로 떨고 있었다고 했다. 하나님의 사자가 나타났는데 두려움이야 있었겠지만 경악할 정도로 공포가 되었을까?

『스베덴보리의 위대한 선물』이란 책에는 원문에도 없는 내용이 조작되어 나온다. "놀라지 마시오! 나는 하나님이 보내신 사자(使者)입니다. 나는 그대에게 사명을 부여하러 왔습니다." 하나님이 보내신 사자라고 했다. 이것을 강조하기 위해서 원문에도 없는 오색찬란한 무지개가 비치고 태양보다 더 강렬한 빛 속에서 금빛 찬란한 흰색 로브를 입은 인물이 나타났다고 조작한 것은 하나님이 보낸 사자(使者)라는 것을 부각시키기 위해서다.

그리고 스베덴보리는 그 불가사의한 인물로부터 소명을 받은 대로 영계를 마치 자기 집처럼 드나들게 되었고 영계에서 보고 들은 모든 체험을 낱낱이 기록하기 시작했다고 한다. 이것이 그의 '영계저술'의 출발이었다고 한다.

이와 같이 『스베덴보리의 위대한 선물』이란 책에는 하나님으로부터 보냄을 받은 사자가 사명을 부여한 것이라고 하지만 『나는 영계를 보고 왔다』는 책 원문에서 스베덴보리는 그 불가사의한 인물에 대해서 이렇게 말한다.

"지금의 나는 그것이 이 세상 사람들이 흔히들 말하는 바로 신(神)이었는지, 그렇지 않으면 나 자신이 알아차리지 못한 나의 마음속의 영(靈)이었을까 하고도 생각해 보았지만, 그것은 확실히 알 수가 없다. 다만 확실히 알 수 있는 것은 내가 이것을 인연으로 해서 인간이 죽은 뒤의 세계인 영의 세계에 출입하게 되었다는 사실이다. 그리고 지금 이렇게 인류의 역사에는 그 예가 없는 이와 같은 수기를 써서 남기게 되었다는 사실뿐이다."[134]

스베덴보리는 자신이 고백하기를 그 불가사의한 인물은, 세상 사람들이 말하는 신(神)이었는지, 혹은 영(靈)이었는지 확실히 알 수 없다고 했다. 다만 확실한 것은 그 불가사의한 인물을 만난 후 부터 사후의 세계인 영계(靈界)에 출입하게 되었다는 사실이다. 스베덴보리 자신이 확실히 모르겠다고 했는데 무슨 근거로 하나님의 사자라고 하는지 묻고 싶다.

여기에 대해서 필자는 원문(1975년) 자료를 가지고 있었기에 조작한 사실을 알 수 있었다. 이 사실을 모르고 기독교인들이 여기에 속고 있음을 필자는 안타깝게 생각하여 이 글을 쓰고 있음을 밝힌다.

3) 특히 미혹 받을 수밖에 없는 것은 '스웨덴이 낳은 천재과학자 에마누엘 스베덴보리'에 대해서 소개하면서 "여기 하늘의 특별한 소명을 받고 근 30년 동안 지상세계와 사후세계를 자유자재로 오고간 사람이 있다. 바로 스웨덴의 과학자 에마누엘 스베덴보리다. 그는 영계의 감춰진 신비하고 놀라운 사실을 지상 인간들에게 알리기 위해 하나님의 선택을 받은 사람이다. 스베덴보리는 1688년 1월 29일 스웨덴의 한 목사의 둘째 아들로 태어났다. 그의 아버지는 고명한 종교지도자였다."[135] 라고 소개하고 있다.

목사의 아들로 태어났기 때문에 당연히 하나님으로부터 사명을 부여 받은 것으로 착각하고 있다. 앞에서도 밝힌바 있지만 성경은 예수님의 재림이 가까이 오면 먼저 배도(背道)하는 일이 있다고 했다.

신약성경 데살로니가 후서 2장 1-8절 말씀은 A.D. 53년경에 예언된 말씀이다. 이 말씀은 앞에서도 강조하여 설명했지만 "배교(배도)"란 '아포스타시다'로 '떠나다'에서 파생된 말로 '진리에서 떠나다'라는 뜻을 가진다. 그리고 원래는 '군대를 일으켜 임금을 등지는 반란 행위'라고 할 수 있다. 이것은 하나님을 대적하고 배반하는 것을 뜻한다. 배교는 불신자가 하는 것이 아니다. 하나님을 믿는 자의 배교이다.

그리고 "불법의 비밀이 이미 활동"하고 있었다고 했는데, 그 불법의 비밀이란 영계에서의 활동이다. 그 활동은 '지상의 산물인 신학을 박멸'하는 일이다. 그 활동을 막는 자가 있는데 때가 되면 그 중에서 '옮길 때까지'라고 했다. 여기서 '옮길'이란 '기노마이'로 '발생하게 되는, 원인이 되는 시작'을 의미한다. 그러니까 막는 자가 있어 보류해 두었다가 어떤 원인이 시작되면, 즉 발생하기 시작하면 불법의 비밀이 공개되기 시작한다는 것이다. 그것이 사후의 세계인 영계를 출입하는 일이다. 성경 말씀을 혼란하게 만드는 천국과 지옥의 간증자들이 난무하다. 이 부분에 대해서도 뒤에 언급하려고 한다. 영계의 출입을 시도한 사람이 바로 스베덴보리다. 그래서 예수님이 가르치신 하나님의 나라, 천국을 영계와 혼합시켜 버렸다.

2. 무엇이 배도(背道)인가?

그러면 무엇이 배도인가? 『스베덴보리의 위대한 선물』이란 책 내용에 대해서 언급하려고 한다. 왜냐하면 그동안 기독교인들이 이 책을 많이 읽고 있다는 사실을 필자는 알고 있기 때문이다.

1) '스베덴보리 연구회'의 편역 책 표지 안쪽에 이렇게 기록되어 있다.

〈스베덴보리의 사상을 연구하는 모임으로, 종교적 교파와 상관없이 다양한 사람들로 이루어졌다. 이들은 스베덴보리가 수많은 인류에게 베풀었던 그 혜택을 우리 한국 사회에서도 만끽하고자 하는데 의미를 두고 있다. '착하게 산 사람은 천국에 간다'는 진리를 통해 현실의 삶이야말로 천국으로 가는 열쇠임을 많은 사람들이 알게 되기를 소망한다.〉[136] 라고 책을 편역한 목적을 이야기하고 있다.

여기에서 '착하게 산 사람이 천국에 간다'는 것이 진리라고 말하고 있다. 그러나 신약성경 요한복음 14장 6절에 기록되었으되 "예수께서 가라사대 내가 곧 길이요 진리요 생명이니 나로 말미암지 않고는 아버지께로 올 자가 없느니라"라고 말씀하셨다.

그러므로 예수 그리스도가 진리요, 하나님의 말씀이 진리이다.(요한17:17) 인류를 위해 십자가의 죽음과 부활을 통해 대속하신 예수님을 믿지 아니하고는 구원받지 못하고 천국에 갈 수 없다는 것이 성경의 교훈이요, 기독교인의 신앙이다.

2) '왜 이렇게 사후세계를 믿기가 어려운가'라는 내용 중에 스베덴보리는 다년 간 영계를 체험하면서 천계에 있는 천사들(註＝영계에서 천사란 영계에 사는 영인들을 말한다)과 교류하며 서로 궁금한 것을 질문하는데 천계의 천사들이 가장 놀라는 것은 지상 인들이 영계에 대해서 너무 무지하다는 것이다. 이에 스베덴보리는 천사(영인)에게 대답한 내용 중에 "…인간이 죽은 뒤에는 인간이 아니고 영혼이라고 말합니다. 그 영혼은 영으로 살아 있다고 생각하고 , 영이라면 공기나 바람, 에텔 같은 기체라고 생각합니다. 그리고 육

신은 썩어 흙이 되었다가 주님이 오시는 날에 다시 한 번 기적적으로 피와 살이 되어 인간으로 부활한다고 생각합니다."[137)

이 말을 들은 천사(영인)들은 기절할 정도로 놀랐다고 한다.

"아니, 스베덴보리 씨! 지금 우리가 바람입니까? 공기입니까? 이렇게 완벽한 몸을 가지고 빛을 발하며 살고 있는데 우리가 기체라니요? 이렇게 완벽한 인간 천사로 살고 있는데…"[138)

여기에서 주목할 것은 주님이 오시는 날에 부활한다는 말에 천사(영인)들은 기절할 정도로 놀랐다고 한다.

왜 부활이라는 말에 그렇게 기절할 정도로 놀랐을까? 마귀는 부활을 싫어한다. 사망의 세력을 잡고 있기 때문이다. 그래서 사후의 세계가 영원한 것으로만 믿고 있다. 자미국에서도 사후의 세계에서 꽃피고 새우는 무릉도원에서 영생의 삶을 살아간다고 조상들의 구원을 위해 천상 자미천궁으로 입천되어 각자의 조상님들이 천상 자미천궁의 벼슬을 하사 받게 되는 인류의 최초의 의식인 벼슬 입천 의식까지 행하고 있다.

신약성경 히브리서 2장 13-15절에 기록되었으되 "또다시 내가 그를 의지하리라 하시고 또다시 볼지어다. 나와 및 하나님께서 내게 주신 자녀라 하셨으니 자녀들은 혈육에 함께 속하였으매 그도 또한 한 모양으로 혈육에 함께 속하심은 사망으로 말미암아 사망의 세력을 잡은 자 곧 마귀를 없이 하시며 또 죽기를 무서워하므로 일생에 매여 종노릇하는 모든 자들을 놓아주려 하심이니"라고 하셨다.

사망의 세력을 잡은 마귀가 예수님이 인류의 죄를 위해 십자가에 죽으심과 3일 만에 부활하심으로 인류를 영원한 멸망으로 끌고 가려던 계획이 실패되고 말았다. 그래서 부활을 싫어하고, 다시 재림하시는 것을 미신이라고 우긴다. 그것은 영계에 가서 2,500년이나 지났으며 영계에 있어서 최대 최고의 유혼단의 통솔자가 된 인베레타의 영계통신에 의해 확인할 수 있다.

"신의 계시는 항상 진보하고 있으며, 특수한 경우와 특수한 민족에게만 한정하지 않는다. 예를 들면 〈바이블〉 편집 시대의 필자들은 예수를 신의 독생자라고 생각하고 이 도그마를 부정하는 자를 이단자로 취급했다. 동시에 이 사람들은 멀지않은 장래에 예수가 구름을 타고 세상에 강림하여 지상 인류의 심판에 참가한다고 믿고 있다. 물론 이것이 전부 미신이었던 것은 말할 것도 없다."[139]

그리고 예수의 사후 2000년이 가까워 오지만 아직도 예수는 지상에 재림하지 않았다는 것이다. 그래서 어지간한 활안(活眼)을 가지고 바이블에 대하지 않으면 폐해가 생긴다고 경고하고 있다.

성경에 예수님께서 인류를 위해 십자가의 죽음과 죽은 자 가운데서 부활하시고 많은 제자들이 모인 가운데 하늘로 승천하시면서 제자들에게 부탁의 말씀을 했다.

신약성경 사도행전 1장 7-11절에 분명히 예수님은 하늘로 가심을 본 그대로 다시 오시겠다고 약속하셨다.

신약성경 데살로니가 전서 4장 14-17절에 기록되었으되 "우리가 예수의 죽었다가 다시 사심을 믿을진대 이와 같이 예수 안에서 자는 자들도 하나님이 저와 함께 데리고 오시리라 우리가 주의 말씀으로 너희에게 이것을 말하노니 주 강림하실 때까지 우리 살아남아 있는 자도 자는 자보다 결단코 앞서지 못하리라 주께서 호령과 천사장의 소리와 하나님의 나팔로 친히 하늘로 좇아 강림하시리니 그리스도 안에서 죽은 자들이 먼저 일어나 그 후에 우리 살아남은 자도 저희와 함께 구름 속으로 끌어 올려 공중에서 주를 영접하게 하시리니 그리하여 우리가 항상 주와 함께 있으리라" 이와 같이 예수님의 부활과 재림은 인류의 소망일진데 이것을 가장 싫어하는 것은 마귀다. 사망의 권세를 잡았기 때문에 인류를 멸망시키는 것이 목적인데 부활로 계획이 수포로 돌아가기 때문에 부활이라는 말에 기절할 정도로 놀래는 것이다. 부활신앙은 기독교의 절대적인 믿음의 신앙이요, 복음의 완성이다.

  3) 스베덴보리가 우리에게 전하는 '희망의 메시지'는 무엇일까?
  '땅 위에서만 용서받을 기회가 있다.'라는 내용에서 다음과 같은 이야기가 나온다. 하늘나라에는 공짜가 없다. 천국은 지상에서 각자가 '벌어서' 들어가는 곳이다. 그리고 이렇게 강조한다.

  "이렇듯 지상의 일생은 죽은 후 삶에 심각한 영향을 끼친다. 그렇다고 백 퍼센트 하나님을 믿고 구세주를 받아들여야만 천국 간다는 이야기는 아니다. 물론 하나님을 믿고 주님을 받아들이는 것이 최상이지만, 세계의 모든 종교가 하늘의 질서를 가르치고 있으며 간접적으로 창조주 하나님을 증거하고 있으니 거기에도 천국 가는 길이 있다. 천국은 기독교만의 전유물이 아니다." [140]

  여기에서 '천국은 기독교만의 전유물이 아니다'라고 하면서 '백 퍼센트 하나님을 믿고 구세주를 받아들여야 천국 간다는 이야기가 아니다'라고 한 것은 성경 말씀의 진리가 아니며, 종교 다원주의를 주장하는 것이라고 할 수 밖에 없다. 목사님의 아들이 성경 말씀을 어떻게 믿었기에 이렇게 주장할 수 있는가? 그러기 때문에 스베덴보리를 사후의 세계로 안내하는 자는 하나님의 사자가 아니라 미혹의 영이었다.

  지상에서 하나님을 모르고 살아온 사람들에 대해서 하늘은 무관심하지 않다는 것이다. 세상에는 기독교의 신앙을 갖지 않는 사람들이 훨씬 더 많다고 한다. 하나님은 인간을 창조할 때 각자의 마음속에 양심을 심어주어서 그 양심이 천국으로 가는 길을 가르치고 있다고 주장한다. 그래서 미개한 땅 산간벽지에 살면서도 양심의 법도를 지키고 살면 천계에 갈 수 있는 길이 열리는 것이라고 강조한다. 이것이 스베덴보리가 우리에게 전하는 '희망의 메시지'이다.[141] 라고 말하고 있다. 이것은 하나님이 인류에게 보내신 메시아 곧 예수 그리스도를 믿지 않아도 양심대로 선하게 살고 선행을 베풀면 구원받을 수 있고, 천국에 갈 수 있다고 주장하는 것으로 하나님의 나라 천국과, 죽어서 가는 영계를 혼합시켜 버렸기 때문이다.

예수님께서는 요한복음 3장에서 니고데모와의 대화에서 다음과 같이 엄중한 말씀을 하신다.

신약성경 요한복음 3장 3절과 5절에 기록되었으되 "예수께서 대답하여 가라사대 진실로 진실로 네게 이르노니 사람이 거듭나지 아니하면 하나님 나라를 볼 수 없느니라, 예수께서 대답하시되 진실로 진실로 네게 이르노니 사람이 물과 성령으로 나지 아니하면 하나님 나라에 들어갈 수 없느니라"

이렇게 말씀하심을 변개할 수 없는 진리로 '진실로 진실로'는 '아멘, 아멘'이다. 그리고 인류에게 소망인 구원의 말씀을 주셨다.

요한복음 3장 16-18절에 기록되었으되 "하나님이 세상을 이 처럼 사랑하사 독생자를 주셨으니 이는 저를 믿는 자마다 멸망치 않고 영생을 얻게 하려 하심이니 하나님이 그 아들을 세상에 보내신 것은 세상을 심판하려 하심이 아니요 저로 말미암아 세상이 구원을 받게 하려 하심이라 저를 믿는 자는 심판을 받지 아니하는 것이요 믿지 아니하는 자는 하나님의 독생자의 이름을 믿지 아니하므로 벌써 심판을 받은 것이라"

여기에서 중요한 것은 예수 그리스도의 이름을 믿지 아니하면 구원을 받을 수 없고 천국에 들어갈 수 없다는 것이다.

그러므로 신약성경 사도행전 4장 12절에 기록되었으되 "다른 이로서는 구원을 얻을 수 없나니 천하 인간의 구원을 얻을 만한 다른 이름을 우리에게 주신 일이 없음이니라 하였더라" 하고 단호하게 말씀하셨다. 왜, 기독교는 독선이냐고 질타하지만 이것은 진실이요 사실이기 때문이다. 그래서 영계에서의 사명이 신학(성경)을 박멸하겠다고 작심하고 나섰다.

신약성경 갈라디아서 2장 16절과 21절에 기록되었으되 "사람이 의롭게 되는 것은 율법의 행위에서 난 것이 아니요 오직 예수 그리스도를 믿음으로 말미암는 줄 아는 고로 우리도 그리스도 예수를 믿나니 이는 우리가 율법의 행위에서 아니고 그리스도를 믿음으로 의롭다 함을 얻으려 함이라 율법의 행위로서는 의롭다 함을 얻을 육체가 없느니라, 내가 하나님의 은혜를 폐하지 아니하노니 만일 의롭게 되는 것이 율법으로 말미암으면 그리스도께서 헛되이 죽으셨느니라"라고 예수님이 인류의 죽음 때문에 대신 십자가에 죽으심과 부활하심을 강조했다. 그래서 바울 사도는 갈라디아 사람들에게 큰 소리로 외친다.

갈라디아서 3장 1절에 기록되었으되 "어리석도다 갈라디아 사람들아 예수 그리스도께서 십자가에 못박히신 것이 너희 눈앞에 밝히 보이거늘 누가 너희를 꾀더냐"

여기에서 '꾀더냐'라고 하는 것은 '에바스카텐'으로 '악한 술책으로 타락시키다'라는 뜻을 가지고 있다. 『스베덴보리의 위대한 선물』에서는 예수 그리스도가 인류를 위해 십자가의 죽음과 부활에 대해서는 언급하지 않는다. 다만 자신의 자유의지로 타락했고, 자유의지로 구세주를 믿는 자마다 천국에 데려가게 된다고 주장한다. 여기서 주장하는 천국은 예수님이 가르쳐 주신 하나님이 계신 천국이 아니라 영계의 천국이라는 것에 미혹 받지 말아야 한다.

3. 스베덴보리의 여섯 가지 권고 (천국으로 가는 방법)

스베덴보리는 그의 저서 '영계저술'에서 여러 번 강조하고 있는 원칙이 있다. 그 원칙이 스베덴보리가 인류에게 선물한 영생의 비밀, 곧 여섯 가지의 권고가 천국으로 가는 방법이라고 한다.

첫째, 창조주 하나님을 사랑하라
둘째, 네 이웃을 네 몸과 같이 사랑하라
셋째, 매사에 양심을 지켜라
넷째, 남을 심판하지 말라
다섯째, 자기 생명까지 희생하는 사랑은 사랑의 극치다.
여섯째, 마음의 참 평화를 확인하라.[142]

그런데 스베덴보리는 부활 신앙에 대해서는 침묵을 지킨다. 사망의 세계, 영계가 마지막 종착역이기 때문일 것이다. 그러나 기독교의 신앙은 부활의 신앙이다. 사후의 세계가 마지막이 아니라 부활해서 예수님이 가 계신 하나님 나라로 올라가기 때문이다.

여섯 가지 스베덴보리의 권고가 영생의 비밀, 즉 천국으로 가는 방법을 읽어보면 문제점들이 있다. 중요한 부분을 빠트리고 있다. 마치 보물 상자를 찾아 환호성을 지르며 기뻐했는데 정작 상자를 열 수 있는 열쇠를 찾지 못한 것과 같다. 여섯 가지 권고 중에 열쇠인 예수 그리스도의 십자가의 죽음과 부활과 재림이 없다. 죽음으로만 끝나 버렸다. 성경에서는 믿는 자의 죽음을 잔다고 표현한다. 주님이 재림하실 때 다시 사는 부활이 있기 때문이다.

요한복음 6장 40절에 기록된 대로 영생은 죽음 후의 영생이 아니다. 예수님이 다시 오실 때 부활하여 하나님 나라에서 신령한 몸으로 영원히 사는 것이 영생(永生)이다.

신약성경 고린도전서 15장 50-52절에 기록되었으되 "형제들아 내가 이 것을 말하노니 혈과 육은 하나님 나라를 유업으로 받을 수 없고 또한 썩은 것은 썩지 아니한 것을 유업으로 받지 못하느니라 보라 내가 너희에게 비밀을 말하노니 우리가 다 잠 잘 것이 아니요 마지막 나팔에 순식간에 홀연히 다 변화하리니 나팔 소리가 나매 죽은 자들이 썩지 아니할 것으로 다시 살고 우리도 변화하리라"

신약성경 데살로니가 전서 4장 13-17절에 기록되었으되 "형제들아 자는 자들에 관하여는 너희가 알지 못함을 우리가 원치 아니하노니 이는 소망 없는 다른 이와 같이 슬퍼하지 않게 하려함이라 우리가 예수의 죽었다가 다시 사심을 믿을진대 이와 같이 예수 안에서 자는 자들도 하나님이 저와 함께 데리고 오시리라 우리가 주의 말씀으로 너희에게 이것을 말하노니 주 강림 하실 때까지 우리 살아남아 있는 자도 자는 자보다 결단코 앞서지 못하리라 주께서 호령과 천사장의 소리와 하나님의 나팔로 친히 하늘로 좇아 강림하 시리니 그리스도 안에서 죽은 자들이 먼저 일어나고 그 후에 우리 살아남은 자도 저희와 함께 구름 속으로 끌어 올려 공중에서 주를 영접하게 하시리니 그리하여 우리가 항상 주와 함께 있으리라"

그러므로 가장 중요한 예수님의 십자가의 죽음과 부활, 재림이 빠진 종교 다원주의를 주장하는 천국으로 가는 방법 '스베덴보리의 여섯 가지 권고'에 미혹 받지 말아야 할 것이다.

제2장

천국과 지옥의 간증에
미혹 받지 맙시다

예수님께서 제자들과 함께 감람산 위에 앉으셨을 때에 제자들이 종용히 와서 질문을 했다. 주의 임하심과 세상 끝에는 무슨 징조가 있겠습니까? "예수께서 대답하여 가라사대 너희가 사람의 미혹을 받지 않도록 주의하라 많은 사람이 내 이름으로 와서 나는 그리스도라 하여 많은 사람을 미혹케 하리라 (마태복음 24:4-5) 거짓 선지자가 많이 일어나 많은 사람을 미혹케 하리라"(11절)한 말씀에 예수님의 재림이 가까워 오고 세상 끝이 가까워 올 때 여러 가지 징조가 많이 있지만 첫째가 속이는 자가 나타나서 많은 사람들을 거짓으로 속인다고 말씀하시는 것이다. 왜냐하면 사람을 멸망시키는 것이 마귀의 일이기 때문이다. 그 속이는 것은 거짓 그리스도가 나타나리라는 것이며, 이것은 불신자 보다 믿는 자를 미혹하기 위함이다.

미혹은 육체적으로도 나타나지만, 영적으로도 환상 중에, 꿈속에, 입신을 통해서 가짜 예수가 나타난다. "내 이름으로 와서"다. 과거에 예수님 만났다고 하는 자들이 거짓말쟁이요 거짓의 아비인 마귀에게 속은 사람들이 많다. 많은 사람들을 미혹케 한다고 했으니 앞으로도 얼마나 많은 사람들이 미혹 받을지 경각심을 가지고 성경 말씀 중심으로 신앙을 지켜야 한다.

신약성경 요한일서 4장 1절에 기록되었으되 "사랑하는 자들아 영(靈)을 다 믿지 말고 오직 영들이 하나님께 속하였나 시험하라 많은 거짓 선지자가 세상에 나왔음이니라" 하는 말씀에 거짓 영들이 활동할 것을 이미 알려주셨다. 입신은 은사가 아니다. 무속인들은 입신으로 활동한다. 그래서 오직 영들이 하나님께 속하였나 시험하라고 권고 했다.

1. 마지막 시대에 주신 예수님의 경고에 말씀

1) 바울의 체험과 사도 요한에게 주신 주님의 계시

신약성경 고린도후서 12장 1-7절에 기록되었으되 "무익하나마 내가 부득불 자랑하노니 주의 환상과 계시를 말하리라 내가 그리스도 안에 있는 한 사람을 아노니 십사 년 전에 그가 셋째 하늘에 이끌려 간 자라 (그가 몸 안에 있었는지 몸 밖에 이었는지 나는 모르거니와 하나님은 아시느니라) 내가 이런 사람을 아노니 (그가 몸 안에 있었는지 몸 밖에 있었는지 나는 모르거니와 하나님은 아시느니라) 그가 낙원(樂園)으로 이끌려 가서 말할 수 없는 말을 들었으니 사람이 가히 이르지 못할 말이로다 내가 이런 사람을 위하여 자랑하겠으나 나를 위하여는 약한 것들 외에 자랑치 아니하리라 내가 만일 자랑하고자 하여도 어리석은 자가 되지 아니할 것은 내가 참말을 함이라 그러나 누가 나를 보는 바와 내게 듣는 바에 지나치게 생각할까 두려워하여 그만두노라 여러 계시를 받은 것이 지극히 크므로 너무 자고하지 않게 하시려고 내 육체에 가시 곧 사단의 사자를 주셨으니 이는 나를 쳐서 너무 자고하지 않게 하려 하심이니라"

바울 사도는 A.D. 57년경 고린도교회에 주님의 권면의 말씀을 써서 보내면서 자신에게 유익이 되지 않겠지만 부득불 한 가지 주의 환상과 계시를 말하겠다고 하면서 조심스럽게 입을 열었다. 그것은 14년 전에 있었던 일이다. 자신을 감추려 했지만 결국은 자신이라는 것을 밝혔다. 14년 전이므로 A.D. 43년경이다. 놀라운 경험은 셋째 하늘에 이끌려갔다는 것이다. 그런데 그가 몸 안에 있었는지 몸 밖에 있었는지 자신은 모르겠고 하나님만 아신다고 했다. 그런데 이 경험을 입신으로 말하는 사람들이 많다. 그것은 잘못된 것이다.

특별히 큰믿음교회 변○○ 목사가 쓴 『하늘나라에서 온 이메일』에서 이렇게 주장했다.

"성경에 보면 구약의 에스겔 선지자와 신약의 바울 그리고 요한계시록을 쓴 사도 요한이 입신을 경험했습니다. 아마 에녹이나 엘리야, 세례 요한 그리고 예수님도 입신을 경험하셨을 것입니다. 그러나 그것이 기록으로 남아 있지는 않습니다. 성경에 분명히 입신이 기록되어 있으므로 입신은 성경적인 것입니다." [143]

바울이 입신을 경험했다고 확신을 한다. 그리고 아마 에녹이나, 엘리야, 세례 요한, 그리고 예수님까지도 입신을 경험하셨을 거라는 성경에도 없는 이야기를 책에 써서 큰믿음교회에서 일어나고 있는 입신경험을 합리화시키고 있다. 바울 사도는 자신의 경험이 몸 안에 있었는지 몸밖에 있었는지 모르겠다고 했고, 하나님만 아신다고 거듭 두 번이나 고백했다.

심령과학에서는 입신을 이렇게 정의하고 있다.

입신(入神)상태 (Trance) = "영매가 정신통일을 하고 영을 접할 때 자기의 의식이 없어지고 자기의 몸에 다른 신령(神靈)이 빙의되기 시작할 때의 상태".

입신은 심령과학에서도 무당세계에서도 빈번하게 일어나고 있다. 그래서 요한일서 4장 1절에 영들을 다 믿지 말고 하나님께 속했나 시험해 보라고 했다. 이 사실을 잘 모르기 때문에 입신의 혼란을 가져오고 있다. 앞에서도 언급했지만 입신이 언제부터 시작되었는지 그 경위를 밝힐 것이다.

바울이 셋째 하늘에 이끌려 가서 말할 수 없는 황홀한 장면을 보고 듣고 왔다. 자랑하고 싶은 마음도 있었지만 행여나 잘못 전하거나 말한 것 이상으로 과장하여 지나치게 생각할까 봐 두려워 그만 둔다고 했다. 하나님은 기록에 남기는 것도 허락하지 않으셨다.

왜 그랬을까? 하나님의 계획은 사도 요한에게 계시록을 쓰도록 계획하고 있었기 때문이다.

요한복음 21장 20-23절에 기록되었으되 "베드로가 돌이켜 예수의 사랑하시는 그 제자가 따르는 것을 보니 그는 만찬석에서 예수의 품에 의지하여 주여 주를 파는 자가 누구오니이까 묻던 자러라 이에 베드로가 그를 보고 예수께 여짜오되 주여 이 사람은 어떻게 되겠삽나이까 예수께서 가라사대 내가 올 때까지 그를 머물게 하고자 할지라도 네게 무슨 상관이냐 너는 나를 따르라 하시더라 이 말씀이 형제들에게 나가서 그 제자는 죽지 아니하겠다 하신 것이 아니라 내가 올 때까지 그를 머물게 하고자 할지라도 네게 무슨 상관이냐 하신 것이러라"

여기서 예수님의 사랑하시는 제자는 요한이라 할 수 있다. 베드로가 요한을 보고 이 사람을 어찌 되겠느냐고 물었을 때 주님이 올 때까지 머물게 할지라도 네게 무슨 상관이냐고 말씀하시는 것은 요한에 대한 사명이 있음을 암시 하신 것이라 할 수 있다.

그래서 예수님 승천 이후 제자들이 핍박 속에 순교 당할 때 요한도 붙잡혀 끓는 기름 가마솥에 던져졌으나 죽지 않고 살아 있어 밧모 섬으로 유배되어 갔던 곳에서 하나님의 특별 섭리 속에 계시를 받아 A.D. 95년경 기록한 책이 요한계시록이다. 바울이 셋째 하늘을 경험한 뒤 약 52년 만이다. 사도 요한에게는 보여주시는 모든 것을 기록하라고 명령하셨다.

요한계시록 1장 1-3절에 기록되었으되 "예수 그리스도의 계시라 이는 하나님이 그에게 주사 반드시 속히 될 일을 그 종들에게 보이시려고 그 천사를 그 종 요한에게 보내어 지시하신 것이라 요한은 하나님의 말씀과 예수 그리스도의 증거 곧 자기의 본 것을 다 증거하였느니라 이 예언의 말씀을 읽는 자와 듣는 자들과 그 가운데 기록한 것을 지키는 자들이 복이 있나니 때가 가까움이라"

바울에게는 일부만을 보여 주었기 때문에 기록하라는 명령을 하지 않았나 하는 추측을 해 본다. 그러나 사도 요한에게는 기록하도록 계획을 하셨기에 계시해 주신 말씀이 주님이 오실 때까지의 내용과 마지막 심판의 때까지 내용이 기록되어 있는 것이다.

2) 예언의 말씀을 더하지도 말고 빼지도 말라

요한계시록 22장 18-19절 말씀은 두렵고 떨리는 말씀이다. 이 예언에 말씀에서 더하지도 빼지도 말라는 엄중한 경고의 말씀을 주신 것은 미혹의 영들이 역사 할 것에 대한 대비책이라고 확신한다. 왜, 주님은 요한에게 계시록을 쓰게 하시고 마지막에 이 말씀을 하셨을까?

만약 계시록에 기록된 말씀 외에 더하면 하나님이 이 책에 기록된 재앙들을 그에게 더해 버린다고 하는 두려운 말씀이다. 그래서 이 말씀을 하시고 지키는 자가 복이 있다고 거듭 강조하셨다.

요한계시록 1장 3절에 기록되었으되 "이 예언의 말씀을 읽는 자와 듣는 자들과 그 가운데 기록한 것을 지키는 자들이 복이 있나니 때가 가까움이라"

요한계시록 22장 7절에 기록되었으되 "보라 내가 속히 오리니 이 책의 예언의 말씀을 지키는 자가 복이 있으리라 하더라"

성경 말씀 속에 거듭 강조된 말씀은 중요한 부분이다. 이 말씀은 꼭 지켜야 복이 있다. 그런데 천국과 지옥을 다녀왔다는 자들의 간증과 책을 보면 모두가 예수님이 데리고 갔다는 이야기와 영계에서 보고 들었던 모든 것을 세상 사람들에게 빠짐없이 책을 써서, 또한 말로 전하라는 특명을 받고 온다고 했다. 계시록 외에 더하지 말라했는데 더하라고 하신 분이 예수님이라고 믿는다. 그리고 자기들만 특별히 선택해서 사명을 주는 것으로 생각한다.

요한계시록 22장 18절 "내가 이 책의 예언의 말씀을 듣는 각인에게 증거하노니 만일 누구든지 이것들 외에 더하면 하나님이 이 책에 기록된 재앙들을 그에게 더하실 것이요" 하신 말씀에 대해서 책임질 수 있는지 묻고 싶다.

하나님이 주신 계시(요한계시록)에 더하고 있는 것들이 너무 많다. 내가 목회하는 동안 성도님들에게 누가 무슨 경험을 이야기해도 요한계시록 외에 것은 믿지 말라고 가르쳤다.

2. 영계(사후의 세계)의 출입은 언제부터인가?

1) 예수님 재림하기 전에 배도(背道)자가 먼저 나온다.

신약성경 데살로니가 후서 2장 1-8절에 기록되었으되 "형제들아 우리가 너희에게 구하는 것은 우리 주 예수 그리스도의 강림하심과 우리가 그 앞에 모임에 관하여 혹 영으로나 혹 말로나 혹 우리에게서 받았다 하는 편지로나 주의 날이 이르렀다고 쉬 동심(動心)하거나 두려워하거나 하지 아니할 것이라 누가 아무렇게 하여도 너희가 미혹하지 말라 먼저 배도(背道)하는 일이 있고 저 불법의 사람 곧 멸망의 아들이 나타나기 전에는 이르지 아니하리니 저는 대적하는 자라 범사에 일컫는 하나님이나 숭배함을 받는 자 위에 뛰어나 자존(自尊)하여 하나님 성전에 앉아 자기를 보여 하나님이라 하느니라 내가 너희와 함께 있을 때에 이 일을 너희에게 말한 것을 기억하지 못하느냐 저로 하여금 저희 때에 나타내게 하려 하여 막는 것을 지금도 너희가 아나니 불법의 비밀이 이미 활동하였으나 지금 막는 자가 있어 그 중에서 옮길 때까지 하리라 그때에 불법한 자가 나타나리니 주 예수께서 그 입의 기운으로 죽이시고 강림하여 나타나심으로 폐하시리라"

불법의 비밀이 이미 활동하고 있었다고 했고, 지금은 막는 자가 있어 때가 되면 그 불법한 자가 나타난다고 했다. 이 말씀을 하게 된 동기는 A.D. 53년경 바울 사도가 데살로니가교회 성도 중에 그리스도께서 갑작스럽게 임하시리라는 말씀을 오해하고 있는 사람들이 있기에 그들에게 예수님의 재림의 때에 대해서 교훈하는 필요성을 가지고 성령의 감동으로 이 서신을 보냈다. 그 내용 중에 중요한 부분이 이 내용이다.

그러면 정말 중요한 내용 그 불법의 비밀 활동이란 무엇일까? 이것은 사후의 세계(영계)에서의 활동인데, 앞에서도 언급했지만 "세계에서 가장 크고 높다고 하는 '인베레타' 유혼단(幽魂團)의 통솔자인 '인베레-타'(B.C. 500)년 경에 실재했던 예루살렘의 예언가가 지금부터 85년 전(1930년경) 유명한 심령연구가 고급영매였던 '스테톤 모-제스'의 질문에 대하여 자동서기 (自動書記)를 통하여 회답해온 문장의 내용"[144] 여기에서 독자들의 이해를 돕기 위해 참고로 인베레타 유혼단에 대해서 설명하면, 영계를 출입하는 자들의 증언에 의하면 영계는 시간과 공간을 초월하는 방대한 영혼의 세계이며, 그 세계에는 수많은 영인들이 집단을 이루고 있는 집단 무리촌이 있다. 그 집단 중 '인베레타' 유혼단체가 있다. 이 '인베레타' 유혼단이 영계에서도 가장 크고 높은 지위에 있는 유혼단이다. 세상 밖 지구촌으로 말하면 세계를 지배하고 설득하는 나라 미국과 같은 최고의 지위에 있는 영계의 집단이라고 보면 이해가 될 것이다.

그런데 그 '인베레타' 유혼단을 이끌고 있는 영(靈)이 B.C. 500년경에 실

재했던 예루살렘의 예언가였다고 한다. 1930년경에 영국의 심령 연구가이
며 고급영매였던 스테톤 모-제스가 '인베레타' 유혼단에 질문을 했는데 그
에 대한 회답이 왔다. 영계에서 통신으로 회답이 왔는데 그 통신이 스테톤
모-제스의 자동서기(自動書記)를 통해서 전달되었다고 한다. 그 영계의 통
신 기록이 『영혼』(靈動 = Spirit Tceahing)이란 책이다.

이 책에서 발췌한 내용이 '한국심령학회'지 제26호(1979년)에 실려 있다.
그 내용 중에 다음 내용을 읽으며 종(필자)은 충격을 받고 이에 대한 관심과
연구를 시작했다.

"우리들의 사명은 지상의 산물인 신학을 박멸하고 이것의 대신으로 보다
더 올바른 신의 가르침을 지켜야 한다."[145)

영계의 불법의 비밀 활동은 '지상의 산물인 신학을 박멸' 하겠다는 것이
다. 신학의 기초인 성경(聖經)을 박멸하겠다는 활동을 벌이겠다는 이유는
영계에서의 '인베레타'의 유혼단 활동이 2500년 전부터 활동하고 있었기
때문이다. 그 정체를 알아본다.

B.C. 500년 전이면 예수님 탄생 500년 전부터 활동했다는 사실이다. 그
러면 역사적으로 무슨 일이 있었을까? 이 땅에 인류를 구원하려 하나님께
서 메시아 예수님을 보내시기로 약속하고 그때가 점점 가까워 오고 있었다.
이때 여러 선지자를 통하여 구체적으로 예언한다.

(1) B.C. 700년경

(이사야 7:14) 그러므로 주께서 친히 징조로 너희에게 주실 것이라 보라 처녀가 잉
태하여 아들을 낳을 것이요 그 이름을 임마누엘이라 하리라

(이사야 9:6) 이는 한 아기가 우리에게 낳고 한 아들을 우리에게 주신 바 되었는데

그 어깨에는 정사를 메었고 그 이름은 기묘자라, 모사라, 전능하신 하나님이라, 영존하시는 아버지라, 평강의 왕이라 할 것임이라

(이사야 11:1) 이새의 줄기에서 한 싹이 나며 그 뿌리에서 한 가지가 결 실할 것이요

(이사야 40:3) 외치는 자의 소리여, 가로되 너희는 광야에서 여호와의 길 을 예비하라 사막에서 우리 하나님의 대로를 평탄케 하라

(이사야 53:4-5) 그가 실로 우리의 질고를 지고 우리의 슬픔을 당하였거늘 우리는 생각하기를 그는 징벌을 받아서 하나님에게 맞으며 고난을 당한다 하였노라 그가 찔림은 우리의 허물을 인함이요 그가 상함은 우리의 죄악을 인함이라 그가 징계를 받음으로 우리가 평화를 누리고 그가 채찍에 맞음으로 우리가 나음을 입었노라

구체적으로 메시아를 보내 주시고 인류를 위해 십자가의 고난과 죽음에 대해서도 예언을 한다.

(2) B.C. 590년경

(예레미야 31:15) 나 여호와가 이같이 말하노라 라마에서 슬퍼하며 통곡하는 소리가 들리니 라헬이 그 자식을 위하여 애곡하는 것이라 그가 자식이 없으므로 위로 받기를 거절하는도다

(3) B.C. 720년경

(호세야 11:1) 이스라엘이 어렸을 때 내가 사랑하여 내 아들을 애굽에 불러내었거늘

(4) B.C. 586년경

(미가 5:21) 베들레헴 에브라다야 너는 유다 족속 중에 작을지라도 이스라엘을 다스릴 자가 네게서 내게로 나올 것이라 그의 근본은 상고에, 태초에니라

인류의 메시아가 어디에서 탄생하실 것인가 장소까지 예언한다.

(5) B.C. 538년경

(스가랴 9:9) 시온의 딸아 크게 기뻐할 지어다 예루살렘의 딸아 즐거이 부를지어다 네 왕이 네게 임하나니 그는 공의로우며 구원을 베풀며 겸손하여서 나귀를 타나니 나귀의 작은 것 곧 나귀새끼니라

인류의 메시아가 예루살렘에 어린 나귀를 타고 입성하실 것을 예언한다.

(6) B.C. 516년경

(말라기 4:5-6) 보라 여호와의 크고 두려운 날이 이르기 전에 내가 선지 엘리야를 너희에게 보내리니, 그가 아비의 마음을 자녀에게로 돌이키게 하고 자녀들의 마음을 그들의 아비에게로 돌이키게 하리라 돌이키지 아니하면 두렵건대 내가 와서 저주로 그 땅을 칠까 하노라 하시니라

이렇게 구체적으로 메시아를 보내시겠다고 예언을 하니, 그 정해진 때가 가까이 오고 있음을 알고, 영계에서 사망의 세력을 잡고 있는 마귀의 집단이 비상이 걸렸다.

신약성경 갈라디아서 4장 4-5절에 기록되었으되 "때가 차매 하나님이 그 아들을 보내사 여자에게서 나게 하시고 율법 아래 나게 하신 것은 율법

아래 있는 자들을 속량하시고 우리로 아들의 명분을 얻게 하려 하심이라" 이렇게 해서 지구상에 성탄절이 생겼다. 말씀이 육신이 되어 인류를 마귀의 손아귀에서 구원하시려 예수님이 이 땅에 오신 것이다.

그래서 영계에서 성경 말씀이 그대로 이루어지고 있음을 알고 성경을 박멸하려는 활동이 시작되었고, 첫째는 아기 예수를 죽이려는 음모를 꾸몄으나 실패되었고 예수님은 3년 동안 하나님의 나라를 전하시며 제자들을 훈련시키셨다. 그리고 구속사역을 마칠 무렵 유대인들을 부추겨 십자가에 못 박아 예수를 죽였다. 그러나 마귀는 승리한 것 같았지만 3일 만에 부활하심으로 마귀의 머리를 상하게 하심으로 사망의 세력에서 인류를 구원하셨다. 여기에 실패한 마귀는 예수님의 십자가의 죽음과 부활을 증거 하는 제자들을 죽였고, 수많은 성도들을 죽이고 핍박했다.

이러한 과정에서 복음서와 신약성경이 기록되었고, A.D. 95년경 요한계시록이 기록되었다. 요한계시록에는 마귀의 운명에 대한 충격적인 기록이 되어 있었다.

요한계시록 12장 7-11절에 기록되었으되 "하늘에 전쟁이 있으니 미가엘과 그의 사자들이 용으로 더불어 싸울새 용과 그의 사자들도 싸우나 이기지 못하여 다시 하늘에서 저희의 있을 곳을 얻지 못한지라 큰 용이 내어 쫓기니 옛 뱀 곧 마귀라고도 하고 사단이라고도 하는 온 천하를 꾀는 자라 땅으로 내어 쫓기니 그의 사자들도 저와 함께 내어 쫓기니라 내가 또 들으니 하늘에 큰 음성이 있어 가로되 이제 우리 하나님의 구원과 능력과 나라와 또 그의 그리스도의 권세가 이루었으니 우리 형제들을 참소하던 자 곧 우리 하나님 앞에서 밤낮 참소하던 자가 쫓겨났고 또 여러 형제가 어린양의 피와 자기의 증거 하는 말을 인하여 저를 이기었으니 그들은 죽기까지 자기 생명을 아끼지 아니 하였도다."

요한계시록 20장 1-3절에 기록되었으되 "또 내가 보매 천사가 무저갱 열쇠와 큰 쇠사슬을 그 손에 가지고 하늘로서 내려와서 용(龍)을 잡으니 곧 옛뱀이요 마귀요 사단이라 잡아 일천 년 동안 결박하여 무저갱에 던져 잠그고 그 위에 인봉하여 천년이 차도록 다시는 만국(萬國)을 미혹하지 못하게 하였다가 그 후에는 반드시 잠깐 놓이리라"

요한계시록 20장 10절에 기록되었으되 "또 저희를 미혹하는 마귀가 불과 유황 못에 던지우니 거기는 그 짐승과 거짓 선지자도 있어 세세토록 밤낮 괴로움을 받으리라"

요한계시록 20장 13-14절에 기록되었으되 "바다가 그 가운데서 죽은 자들을 내어 주고 또 사망과 음부도 그 가운데서 죽은 자들을 내어 주매 각 사람이 자기의 행위대로 심판을 받고 사망과 음부도 불못에 던지우니 이것은 둘째 사망 곧 불못이라"

마귀는 자신의 운명을 알기 때문에 시간이 있는 동안 우는 사자처럼 삼킬 자를 찾고 있다. 예수님의 제자 중 수제자라고 하는 베드로는 예수님 앞에서 장담했으나 예수님을 모른다고 세 번이나 부인하고 맹세까지 해버렸다. 그래서 가슴을 치며 통곡하고 회개했다. 그런 자신의 경험을 바탕으로 다음과 같이 권고했다.

신약성경 베드로전서 5장 8-9절에 기록되었으되 "근신하라 깨어라 너희 대적 마귀가 우는 사자같이 두루 다니며 삼킬 자를 찾나니 너희는 믿음을 굳게 하여 저를 대적하라 이는 세상에 있는 너희 형제들도 동일한 고난을 당하는 줄을 앎이니라"

'근신하라'는 것은 '넵호'로 '분별하다, 지켜보다'는 뜻을 가지고 있다. 그러므로 '분별력을 가지고 지켜보라'는 의미다. '깨어라'는 말씀은 '그레고류

오'로 '경계하다, 정신차리다, 주의하다'라는 뜻을 가지고 있다. 베드로 사도는 이렇게 마귀가 우는 사자처럼 삼킬 자를 찾아 두루 다니고 있기 때문에 마지막 시대에 더욱 정신 차리라고 경각심을 주고 있다. 그래서 믿음을 굳게하라고 권고한다.

2) 영계로 끌어 들이는 마귀의 전략을 주의하라

그래서 마귀는 마지막 자신이 무저갱에 들어 갈 때가 가까이 오고 있음을 알기 때문에 주 예수를 믿는 자들을 공격하고 미혹한다. 그것은 영계에서의 비밀 무기를 사용한다. 그 중에 하나가 '영계와의 교통을 강구한다.'이다. 다시 말해서 영계(사후세계)로 불러들이는 일이다. 세밀한 계획을 가지고 말이다.

그러면 언제부터 영계를 출입하게 되었는가?

앞서 밝혔지만 1745년 스웨덴 사람 스베덴보리로부터 시작되었다. 그는 57세에 심령적 체험을 한 후 27년 동안 영계를 출입했다고 증언하고 있다. 그런데 영계(사후의 세계)를 출입하게 된 동기를 앞에서 진실을 밝혔다. 본인을 사후의 세계(영계)로 데리고 간자가 신(神)이었는지 영(靈)이었는지 확실히 모르겠다고 했다. 그런데 『스베덴보리의 위대한 선물』이란 책을 편역 하면서 그분이 '하나님이 보낸 사자'라고 거짓으로 속이고 있음을 경계해야 한다.

스베덴보리는 『스베덴보리의 위대한 선물』이란 책에서 이렇게 증언하고 있다. "왜 이렇게 사후세계를 믿기 어려운가"라는 부분에서 스베덴보리가 영계에 가서 원로 천사(여기서는 원로 영인을 말한다.)와의 대화 중 "기적이요? 스베덴보리 씨, 당신이 주님으로부터 받은 진리가 모두 기적입니다. (중략) 염려하지 마십시오. 주님께서는 지상의 인간들을 천계에 끌어 올리려고 지상인간인 당신을 천계로 불러 엄청난 진리를 계시했습니다. 또한 당신은 주님의 말씀을 당신의 과학적인 지혜와 분석으로 명확하게 저술해 놓았습니다."[146] 라고 했다.

여기서 스베덴보리를 영계로 불러 들이는 것은 '지상의 인간들을 천계(영계)로 끌어 올리려고 지상 인간인 스베덴보리를 천계(사후의 세계)로 불러 엄청난 계시'를 했다고 목적을 밝히고 있다.

이것이 마귀가 영계에서의 비밀 무기다. 다시 말하면 '영계로 끌어 들이는 작전'이라는 것을 명심해야 한다. 이 사실을 모르고 여기에 많은 사람들이 이용당하고 있다.

그리고 이어서 이렇게 이야기하고 있다.

"세상을 바꾸는 가장 위대한 방법은 지상인들에게 영계(靈界) 곧 사후세계가 있다는 것을 알리는 것입니다. 이 사실을 알고도 바뀌지 않을 사람은 없습니다. 진리는 지상에 선포되었습니다. 당신은 큰일을 하셨습니다. 전 천계(영계)를 대표하여 우리는 당신께 감사합니다."[147]

스베덴보리가 영계출입의 선구자로 영계 대표로부터 환영과 감사의 인사까지 받는다. 대단하지 않는가? 그러나 인류에게는 불행을 좌초할 일이 생기는데 그것이 하나님의 나라와 영계를 혼합시키는 믹서기 역할을 해 버렸다.

3. '천국과 지옥' 간증자들의 잘못된 사례를 지적한다

신약성경 디모데후서 4장 1-5절에 기록되었으되 "하나님 앞과 산 자와 죽은 자를 심판하실 그리스도 예수 앞에서 그의 나타나실 것과 그의 나라를 두고 엄히 명하노니 너는 말씀을 전파하라 때를 얻든지 못 얻든지 항상 힘쓰라 범사에 오래 참음과 가르침으로 경책하며 경계하며 권하라 때가 이르리니 사람이 바른 교훈을 받지 아니하며 귀가 가려워서 자기의 사욕을 좇을 스승을 많이 두고 또 그 귀를 진리에서 돌이켜 허탄한 이야기를 좇으리라 그러나 너는 모든 일에 근신하여 고난을 받으며 전도인의 일을 하며 네 직무를 다하라"

이 말씀은 마지막 시대에 중요한 경고의 메시지이다. 하나님 앞과 산 자와 죽은 자를 심판하실 그리스도 예수 앞에서 그의 재림과 그의 나라를 두고 엄중한 명령이 떨어진 것이다. 이 사명은 말씀을 전파하라는 것이다. 복음보다 말씀을 강조하고 있다. 그러므로 목회자에 대한 권면이라고 볼 수 있다. 마지막시대에 미혹의 영이 역사하기 때문에 진지한 권고를 하고 있음은 중요한 말씀이기 때문이다.

그래서 가르침으로 '경책하며, 경계하며, 권하라'라고 방법론을 알려 주었다. '경책'은 '정신을 차리도록 꾸짖음, 잘못을 지적하여 부끄럽게 하다'라는 뜻을 가지고 있으며, '경계'는 '책망하다, 금하다, 엄격하게 따지다'는 뜻을 가지고 있다. '권하다'는 '가까이 부르다, 훈계하다'라는 뜻으로 가르치라는 것이다. 그러므로 정신을 차리도록 꾸짖으라는 것이요 잘못이 있으면 책망하여 바르게 가르치라는 교훈이다. 이것에 대한 간절함으로 가르치라는 것은 '때가 이르면 사람들이 바른 교훈을 받지 아니하고 귀가 솔깃해서 자기의 사욕을 좇을 스승을 많이 두고 귀를 진리에서 돌이켜 허탄한 이야기를 쫓으리라'는 것이다.

'진리'에서 돌이킨다는 것은 복음에서 멀어진다는 의미다. 그러므로 말씀 중심으로 우리의 신앙이 정리되어야 한다. 근래에 '천국과 지옥'을 드나

들며 간증 자들이 우리나라뿐만이 아니라 세계적으로 난무하고 있어 주의가 필요하다. 그래서 오래 전부터 걱정했던 터라 성경중심으로 잘못된 부분을 지적하고자 한다.

1) 천국과 지옥의 증언 '믿겠느냐'(박○문 간증)

필자는 1977년부터 심령과학을 접하고 영계를 연구하면서 마귀의 활동이 얼마나 하나님을 모방하고 미혹하는지를 깨닫게 되었고 성경을 능가할 정도로 초월적인 일들이 일어나고 있는 것에 놀랐다. 그리고 『나는 영계를 보고 왔다』라는 스베덴보르그의 책을 읽어 보면서 인간의 생각을 초월하는 내용들을 보면서 더욱더 관심을 갖게 되었고, 사단, 마귀의 역사가 하나님처럼 되려고 하는 교만을 알 수 있었다.

그러던 중 80년대에 들어서면서 천국과 지옥을 다녀왔다는 자들이 등장하기 시작했는데 그 중에 박○문 씨의 간증 테이프를 구입해서 들어보았고 그 간증이 성경적으로 잘못된 점을 설교하면서 교인들에게 '속지 말라'고 단호하게 말씀을 전했다.

90년대 들어서면서 1992년도 10월 28일 24시에 예수님의 재림과 휴거가 있다고 한국 사회에 휴거의 열풍이 불어 닥쳤다. 이때도 『다가올 미래를 대비하라』라는 시리즈를 구입해 읽으면서 성도들에게 속지 말라고 경각심을 일깨워 주었다. 예상대로 홍역을 치루고 거짓으로 막을 내렸다. 그러나 휴거의 후유증이 가시지 않고 계속 다른 해로 변경하면서 휴거를 기다리는 자들이 있었다.

누가 이렇게 미혹하는가? 거짓말쟁이요, 거짓의 아비인 마귀가 하는 짓이다. 예수님의 재림신앙을 약화시키고 불신자들에게 웃음거리가 되게 해서 예수님의 재림이 거짓이라는 것을 알리고자 하는 영계에서의 마귀의 계략이다.

그 계략이 영계에서 온 통신문에 있다.

"바이블, 편집시대의 필자들은 예수를 신의 독생자라고 생각하고 이 도구
마를 부정하는 자를 이단자로 취급했다. 동시에 이 사람들은 멀지 않는 장
래에 예수가 구름을 타고 지상에 강림하여 지상인류의 심판에 참가한다고
믿고 있다. 물론 이것이 전부 미신이었던 것은 말할 것도 없다."[148]

이렇게 영계에서는 성경을 박멸하기 위해 갖은 방법을 동원하고 예수님
의 재림이 거짓이라고 합리화시키기 위한 작전을 세우고, 하나님 나라를 영
계와 혼합시키기 위해서 '영계와의 교통을 강구'하고 있다. 기독교인들이 여
기에 미혹당하고 있는 것이다. 이 일을 위해서 먼저 스베덴보리를 선택했다.

스베덴보리가 영계로부터 영계에 가서 보고 들은 대로 세상 사람들에게
책을 써서 알리라는 특명을 받았다. 그러나 계시록을 사도 요한에게 기록하
게 하신 예수님은 엄중한 경고의 말씀을 하신 것에 대해 우리 모두 명심해
야 한다.

요한계시록 22장 18-19절에 기록되었으되 "내가 이 책의 예언의 말씀을
듣는 각인에게 증거하노니 만일 누구든지 이것들 외에 더하면 하나님이 이
책에 기록된 재앙들을 그에게 더 하실 터이요 만일 누구든지 이 책의 예언
의 말씀에서 제하여 버리면 하나님이 이 책에 기록된 생명나무와 및 거룩한
성에 참예함을 제하여 버리시리라" 하는 말씀은 하나님이 그렇게 하시겠다
는 것이다.

요한계시록에 기록된 말씀 외에 더하지도, 빼지도 말라는 것이 예수님의
명령이다. 이것이 하나님의 주신 계시의 권위다. 그런데 천국과 지옥을 보

고 온 모든 사람들이 한결같이 보고들은 것을 책에 쓰거나, 혹은 간증으로 전하라는 특명을 받고 왔다는 공통점이 있다. 예언의 말씀에 더하지도 제하지도 말라는 것이 예수님의 말씀인데 여기에 더하라는 분이 예수님이라고 생각하는가? 만약 더하게 되면 하나님이 계시록에 기록된 재앙들을 그에게 더해 버린다고 하셨다. 그래서 경험자들의 잘못된 것을 말씀으로 조명하면서 이 책을 쓴다.

먼저 언급하려고 하는 박○문 씨 역시 마찬가지다. 그래서 책 나오기를 기다렸는데, 마침 책이 출간(1994년) 되어 구입해서 읽어 보았다.

구입한 책을 자료로 하여 그의 간증에 대해서 잘못된 부분을 성경적으로 지적한다.

박○문 씨가 쓴 천국과 지옥의 간증 『믿겠느냐』라는 책에 보면, 본인은 아버지 때부터 천성적으로 기독교를 거부하는 가정에서 자랐다고 했다. 청년기에 이르러서는 생활이 방탕했고, 성질이 급해 난폭한 가운데 사람들에게 성질이 개떡 같다는 이야기까지 듣고 살아왔다. 1980년대 어느 날 술을 마시고 친구를 뒷자리에 태우고 오토바이를 타고 가다 좌회전 금지구역에서 좌회전을 하다가 영업용 택시와 충돌했다. 둘 다 동시에 붕 떠서 아스팔트에 떨어졌는데 본인은 어깨를 다치고, 친구는 머리를 다쳐 병원에서 뇌수술을 했으나 40일 만에 죽고, 본인은 교통사고 과실치사범으로 영등포구치소에서 백일 동안 살게 되었다.

그런데 그동안 전남 광주에 홀로 살고 계신 어머니는 자주 면회를 오셨지만, 같이 살고 있는 아내는 면회 한번 오지 않아 괘씸한 마음이 들었는데, 모든 형을 마치고 집에 와보니 아이들은 시골로 내려갔고, 가정은 풍비박산이 되어 있었다. 화가 난 박 씨는 아내를 찾아 다니다가 '85년 여름' 처가에서 만났다. 아내는 미안하다는 말 한 마디 없이 첫 마디가 이혼해 달라고 했다. 그렇잖아도 괘씸했는데 이혼해 달라는 배신감에 순간적으로 과일을 깎던 과도로 아내를 찔러 죽이려 하니 아내는 재빨리 도망쳐 버렸고, 배신감에 세상 살고 싶은 마음이 티끌만큼도 없어 들고 있던 과도로 자신의 배를 찌르려고 했을 때 옆에서 발을 미는 바람에 그만 주저앉으면서 자신의 장단지를 찌르고 말았다. 병원에 가서 응급처치는 했으나 통증과 감겨 있는 붕대를 볼 때마다 분노가 차올라 죽고만 싶은 마음뿐이었다고 했다.

그래서 죽을 바에야 처가식구 8명을 모조리 죽여 버리고 죽겠다는 생각으로 방법을 찾다가, 밤에 자고 있을 때 불을 질러야 겠다는 생각을 해냈다. 집을 답사까지 하면서 치밀한 계획을 세웠다고 했다. 마지막 인사라도 어머님께 드리기 위해 광주로 내려갔단다. 그때가 '86년 4월 3일 밤'이었다. 밤 10시 40분 기차를 타고 서울로 올라가려고 어머니 집에서 기차 시간을 기다리면서 내일 아니면 모래 양 이틀 사이에 그 일가족을 어떤 수단과 방법을 써서라도 깨끗이 죽이고 내 눈으로 확인하리라는 생각에 젖어 있을 때, 밖에서 "여봐라! 여봐라!"(예수님을 구주로 영접하기 전이어서 "내 사랑하는 아들 영문아!"라고 부르지 않고 "여봐라! 여봐라!" 하고 부르신 것으로 생각됩니다.) [149] 하는 우렁찬 음성이 두 번 계속해서 들렸다고 했다.

누가 부르는 소리 같기도 했고 큰 전축에서 나는 '쿵쿵쿵' 울리는 울림 음성 같기도 한 처음 들어 본 음성이었다고 했다. 너무나 이상하여 대문 밖으로 나가 누군가 찾아보았지만 아무도 없었다고 했다. 다시 방으로 들어와서 피우다 남은 담배를 손에 쥐고 성냥불을 막 켜려는 순간 갑자기 방안이 대낮처럼 환해져서 엉겁결에 문 쪽을 바라보았다고 한다. 그런데 문 쪽에서 선명한 무지갯빛이 비치고, 그 빛 가운데로 위에서 어떤 물체가 내려와 자세히 보니 하얀 옷을 입은 사람이었다고 했다. 그 하얀 옷을 입은 사람 형상인 물체가 내려와서 머무르자 바로 네모난 모양의 마차가 따라 내려왔다고 했다.

그 마차에는 세 개의 의자가 있었는데 가운데는 비어 있고 양쪽에는 하얀 옷을 입은 두 사람이 앉아 있었다. 그 두 사람의 눈, 코, 입의 아름다움은 말로 표현할 수 없을 정도였다. 또한 얼굴에서 광채가 나고 있었다.[150]고 한다.

그 마차의 빛깔은 찬란한 황금빛이었다고 증언하고 양쪽에 앉아 있는 사람의 하얀 옷에도 진주인지 다이아몬드인지 모를 콩알만 한 크기의 보석들이 눈이 부실 정도로 광채를 발하고 있었다고 한다.

그때 예수를 믿는 분들이 이 장면을 보았다면 아마 큰 충격과 감동을 느꼈을 겁니다. 하나님 아버지를 불렀던지 예수님 아버지를 불렀던지 아니면 통성을 했던지… 그러나 저는 그런 쪽은 제일 싫어하고 그런 쪽으론 생각지도 못했습니다.[151]

그는 이 장면을 주무시는 어머니를 깨워 보라고 했으나 어머니는 아무것도 안 보이는데 무슨 소리를 하느냐고 하시면서 다시 자리에 누우셨다고 한다. 다시 그 문을 쳐다보았을 때, 본인과 똑같은 옷을 입은 사람이 황금빛 마차의 비어 있는 가운데 의자에 앉으면서 고개를 돌리는데 그게 바로 자기였다고 한다. 분명히 자기 자신은 방에 앉아 있는데 또 한 사람의 자기 자신이 황금빛 마차에 앉아 있었다는 것이다. 마치 거울에 자신의 모습을 보는 것처럼!

그 마차에 앉자 마차가 출발했는데, 눈이 부실 정도의 황금빛 찬란한 도로 위를 한 뼘 정도 위로 떠서 사람 형상의 불빛을 따라 가고 있었다고 한다. 마차에 앉아서 양 옆을 보니 아름다운 꽃밭이 있고, 꽃밭의 꽃의 색깔이 종류가 몇 가지인지 도저히 헤아릴 수 없을 만큼 많은 꽃들이 피어 있었고, 나비와 새들 역시 헤아릴 수 없이 많았다고 한다.

그 아름답고 향기로운 꽃밭 사이를 신비한 음악소리를 들으며 세상 시간으로 몇 날 며칠을 그렇게 다니는 것 같았다고 표현했다. 천사들이 춤추고 있는 곳을 지나 사람들이 있는 곳으로 가게 되었는데 우리나라 사람처럼 황인종만 있는 곳이 아니라 흑인, 백인, 검은머리, 흰머리, 노랑머리 할 것 없이 세계 각국 사람들이 집합해 있었다고 했다.

그런데 그곳에서 서울에서 병환으로 돌아가신 외삼촌의 얼굴을 보았다는 것이다. 외삼촌은 세상에 살아계실 때 예수님을 믿으셨고 나는 예수 믿는다고 가까이 하지도 안 했지만, 병환으로 위독하시다는 말을 듣고 돌아가시기 전에 한번 뵙기로 마음먹고 찾아 갔는데 누워 계신 외삼촌의 모습이 너무나 비참했고 그 후 일주일 만에 돌아가셨다는 것이다.

그런데 여기서 만난 외삼촌의 모습은 돌아가시기 전 뼈만 앙상하던 그 모습은 온데간데없고 초등학교 시절에 보았던 젊은 얼굴과 체격 그대로 30대의 모습이었다고 했다.

사람이 한번 죽으면 그만인 줄로만 알았더니 그곳에서 외심춘의 변화된 모습을 보면서 외숙모 말대로 이 세상보다 더 좋은 세상이 있다는 것을 똑똑히 보았다고 증언하고 있다.

그렇게 마차가 계속해서 가다가 황금빛 찬란한 집들이 있는 곳을 지나가게 되었습니다. 양쪽 옆의 천사들에게 "나를 어데로 데려가느냐? 또 여기가 아니냐? 고 몇 번이나 물어보았지만 대답을 해주지 않더니, 황금빛 찬란한 집들이 있는 곳에 이르러서는 제 오른쪽에 있는 천사가 분명한 목소리로 "여기가 천국입니다" 하는 것이었습니다.[152]

그 집들은 그의 눈으로 볼 수 있는 데까지 기다랗게 뻗어 지어져 있었는데 몇 채나 되는지 도저히 숫자를 헤아릴 수가 없을 만큼 많았다고 한다. 그리고 그 집들은 마차의 빛깔과 같은 황금빛으로 찬란하게 번쩍번쩍 지어져 있었다는 것이다. 갑자기 마차는 캄캄한 곳으로 들어가고 있었다고 했다. 얼마만큼 가다가 캄캄한 곳에서 빛을 내려 비추는데 자세히 보니 이번에는 6년 전에 돌아가신 그분의 아버지 모습이 보였다는 것이다. 그의 아버지는 유학자로 향교를 오랫동안 출입을 하셨고, 문중 일을 30년 이상 하셨던 분으로 선산에 시제를 지내시며 묘 앞에 석물 하시는데 앞장서서 일하셨던 분이라고 한다.

그런데 아버지는 발목이 보이지 않을 정도로 많은 세모난 대가리를 한 새파란 독사들이 구물구물 거리며 아버지의 온몸을 기어 다니면서 물어뜯고, 할퀴어서 아버지의 온몸은 피투성이로 만들었다고 했다. 눈을 감았다 다시 떠 봤지만 분명히 아버지였다고 했다.

그 불빛이 두 번째로 내려 비추는 곳에서는 수많은 사람들이 몰려다니고 있었는데, 왜 그런지 자세히 보니 둥그스름한 화로 같은 것이 그 넓이는 도무지 그 끝이 보이지 않을 만큼 크고 그 위에는 고기 구워 먹을 때 쓰는 석쇠 같은 철판이 올려져 있어 그물 모양으로 많은 구멍이 뚫려져 있었다는 것이다. 그 위로 수많은 사람들이 훨훨 타고 있는 불구덩이 속에서 이리저리 몰려다니고 있었다고 했다. 새파란 불꽃이 사람을 따라 다니고 있어 그 불꽃을 피하기 위해서 그렇게 아비규환으로 몰려다니고 있었다는 것이다. 그 불꽃 속에 돌아가신 큰아버지의 얼굴이 보였다고 했다.

셋째, 불빛이 비친 곳에서 교통사고로 죽은 친구를 보게 되었다는 것이다. 죽은 지 몇 년 만에 다시 볼 수 있었던 그의 친구는 얼굴만 내놓고 발끝에서부터 세 마리의 시커먼 구렁이한테 칭칭 감긴 모습이었는데 온몸을 감은 구렁이가 얼마나 세게 조였는지 얼굴이 새파랗게 질려 있었다.[153]고 한다.

넷째로, 불빛이 비치인 곳에서는 깊은 늪, 수렁 속에 허리 부분까지 빠져 있는 사람들을 주둥이와 이빨이 쪼뼛해 흡사 갓 태어난 돼지 새끼와 비슷한 모양의 조그맣고 시커먼 짐승이 앞뒤, 옆에서 치고, 뜯고, 할퀴고 피투성이를 만들고 있었다고 했다. 그곳에서도 고통 받고 있는 아는 두 사람을 볼 수 있었다는 것이다.

여기까지 '천국과 지옥'의 증언 내용을 간추려 보았다.

(1) 예수님 믿지 않고도 천국 갔다 왔다는 거짓말

이제 무엇이 잘못 되었는지 성경 말씀으로 알아보자. 종(필자)은 80년대에 박○문 씨의 간증 녹음테이프를 듣고 교인들에게 속지 말라고 가르친 것이 요한복음 3장에 있는 말씀이다.

바리새인인 니고데모가 예수님께 찾아와 대화하던 중에, 예수님께서 하신 말씀이다.

요한복음 3장 3절, 5절에 기록되었으되 "예수께서 대답하여 가라사대 진실로 진실로 네게 이르노니 사람이 거듭나지 아니하면 하나님 나라를 볼 수 없느니라 예수께서 대답하시되 진실로 진실로 네게 이르노니 사람이 물과 성령으로 나지 아니하면 하나님 나라에 들어갈 수 없느니라"

여기에서 예수께서 "사람이 거듭나지 아니하면 하나님 나라를 볼 수 없다"고 단호하게 말씀하신다. 이 사실이 "진실로 진실로"이다. 진실로 진실로는 '아멘 아멘'이다. 5절에는 "사람이 물과 성령으로 나지 아니하면 하나님 나라(천국)에 들어갈 수 없다"고 하는 것이 '진실로 진실로' 즉 '아멘, 아멘'인 것으로 변개할 수 없는 사실이요, 진리이며 기독교의 핵심 진리이다. 그런데 박○문 씨는 예수님 이야기만 나오면 그렇게 싫어했고, 본인의 간증 책에 기록한 대로 "예수님을 구주로 영접하기 전이어서 '내 사랑하는 아들 영문아!'라고 부르지 않고 "여봐라, 여봐라!" 하고 부르신 것으로 생각된다 (P 28)"하고 고백했다.

예수님이 누구인지도 모르고 믿지도 않았던 그가 어떻게 하나님 나라(천국)를 보고, 직접 다녀왔다고 간증을 하고 다니는가? 어찌 예수를 구주로 영접하지 않고, 물과 성령을 거듭나지도 않은 사람이 천국을 보고, 다녀왔다고 속이는가?

예수님을 만나기 전에 천국을 먼저 갔다면 니고데모에게 말씀한 예수님의 말씀은 거짓말이 된다. 이것이 현재 기독교의 위기다. 예수님의 말씀을 무시한 간증을 한국 교회 강단에서 여과 없이 하고 있다.

요한복음 3장 5절에 기록되었으되 "예수께서 대답하시되 진실로 진실로 네게 이르노니 사람이 물과 성령으로 나지 아니하면 하나님 나라에 들어갈 수 없느니라"

박○문 씨는 예수도 믿기 전에 천국에 다녀왔다고 간증하며 다녔다. 그는 천국 다녀와서 예수를 믿게 된 사람 중 한 사례이다. 그렇다면 예수 믿을 필요가 있겠는가? 예수 믿지 않아도 천국에 갔는데 구태여 예수님을 믿을 필요가 있을까? 우리는 각성해야 한다. 순수한 예수 그리스도를 중심한 복음으로 돌아가야 한다.

(2) 천국과 지옥의 간증 중 참말과 거짓말

마귀는 거짓말을 합리화시키기 위해서 참말을 섞어 말을 한다. 에덴동산에서 간교한 뱀이 여자를 미혹할 때 구약성경 창세기 3장 3-5절에 기록되었으되 "동산 중앙에 있는 나무의 실과는 하나님의 말씀에 너희는 먹지도 말고 만지지도 말라 너희가 죽을까 하노라 하셨느니라 뱀이 여자에게 이르되 너희가 결코 죽지 아니하리라 너희가 그것을 먹는 날에는 너희 눈이 밝아 하나님과 같이 되어 선악을 알 줄을 하나님이 아심이라"

마귀는 뱀을 이용하여 '결코 죽지 아니하리라' 고 거짓말을 하면서 그것을 먹으면 눈이 밝아진다는 참말을 섞었다. 7절에 "이에 그들의 눈이 밝아 자기들의 몸이 벗은 줄을 알고 무화과나무 잎을 엮어 치마를 하였더라"고 기록되어 있다.

'마귀는 마지막 때에 미혹의 영과 귀신들을 동원하여 믿는 자를 우는 사자처럼 삼킬 자를 찾고 있다. 그러면 무엇이 거짓말인가?

그가 보고 온 것은 참말이다. 보고 온 곳은 영혼세계다. 영혼세계와 하나님이 계시는 셋째 하늘의 천국과는 구별이 되어야 한다. 여기에 기독교인들이 혼란을 겪고 있다. 박○문 씨가 경험한 곳은 예수님이 계시는 천국이 아니다. 갔다 오고, 보고 온 곳은 영혼의 세계 영계낙원, 영계음부라고 해야 맞을 것이다. 그곳은 사후의 세계라고 하는 영계이다.

그런데 영계에 갔다 와서 예수님이 계시는 천국이라고 하면 거짓말이다. 간증 책에 보면 중간 중간 성경 말씀을 특히 요한계시록을 인용한다. 이것이 잘못이요 거짓말이 되는 것이다. 영계를 하나님이 계시는 천국으로 합리화하기 위해 요한계시록을 인용하는 것은 미혹하기 위한 수단이다.

그러면 왜 하늘나라 천국이 아니라 영계의 낙원과 음부라고 하는지 그 예로 알아보자.

가. 자미국의 자미인황의 경험

앞에서도 언급했지만 자미국을 개설한 자미인황의 경험을 『황명』이라는 책에서 인용해본다. 사정상 나름대로 간단히 정리하고 중요한 부분만 각주를 달려한다.

'원신은 이미 제자에게 보여 주었었다'라는 내용에 보면 2001년 천기 원년을 선포하고 ○○에서 도솔천궁 간판을 달고 있을 때 천황태제님께 기도할 때 특이하고 신비한 천상공부였다고 한다. 미륵존불님께서 가르쳐 주신

대로 행하자 ○○의 생령은 도솔천궁에 도착하게 되었고, 내원 궁녀로 보이는 두 명의 선녀가 다가와서 어서 오시라며 인사하고 좌우에 호위하듯 안내를 해 주었다고 했다. 다른 한편을 보니 어떤 선동들이 신나게 노는 모습도 보였고, 한곳에서는 엄숙하게 용화설법을 듣고 있는 모습도 보였다. 눈에 익은 꽃과 전혀 보지 못한 이름 모를 꽃들이 활짝 피어 있는 주위는 그야말로 온통 꽃밭이었다. 오색무지갯빛 새들이 무리를 지어 평화로이 날고 있는데 지상에서 한 번도 본적이 없는 새였다.[154]

도솔천궁의 경내를 둘러보며 미륵존불님의 집무실 앞에 당도하자 웅장한 도솔천궁은 현란할 정도로 매우 아름다웠으며 금빛으로 물들어 눈이 부시게 찬란해 자세히 보니 모두가 순금과 칠보로 단장되어 있었다. 계단도 기둥도 장식등도 촛대 역시도 화분도 온통 황금으로 치장하였는데 마무리된 곳만 칠보로 단장돼 있었다. 용화세존 미륵존불님께서 앉아계신 용상도 모두 황금색의 칠보와 이름 모를 갖가지 옥으로 만들어져 있었다. 천정이 엄청 높았는데 치렁치렁한 황금빛 장식등에는 다이아몬드와 마노 및 빨간 큐빛 같은 것으로 현란하게 수 없이 매달려 있었다.[155]

그래서 서울 강동구 성내동에 있는 '자미국'을 개국하면서 실내를 온통 금색으로 도배를 하고 장식했다고 한다. 그리고 청와대 터에 자미국을 짓기 위해 금으로 궁궐을 짓겠다고 설계까지 하고 있는 사실을 아시는가? ('자미국'인터넷에 확인하시기 바람)

여기에서 경험한 것을 보면, 모습은 좀 다르지만 인황의 경험도 비슷한 점이 많다. 영계에는 시간과 공간을 초월한 세계이기 때문에 광활한 세계이다. 거기에는 각자의 주파수가 다르다고 한다. 그 주파수는 영의 사이클이라고 한다. 기독교인, 불교인, 무속인, 세계 각국 나라 사람마다 주파수가 다르다. 그래서 자기 주파수대로 경험을 한다고 한다. 흑인은 흑인을 많이 만나고, 백인은 백인, 황색인은 황색인을 많이 만나고 온다. 그리고 자기와 관련이 있거나 자기와 가까운 분들을 주로 만나고 온다는 것이다.

나. 세 번이나 극락 갔다 되돌아온 스님의 경험

이번에는 스님의 경험을 들어 본다.

『영의 세계』라는 책에 다음과 같은 내용이 나온다. '극락 갔다 되돌아온 스님'이라는 내용에 보면 살아 있는 스님이 극락세계를 세 번이나 다녀왔다고 한다. 스님은 가난한 집안에서 태어나 다섯 살 때 부모님이 시주 온 스님에게 딸려 보내 승려가 되었다고 한다.

그런데 20세부터 이상한 기적이 생기기 시작했다는 것이다. 어느 날 꿈에 부처님이 나타나서 "부지런히 공부하라. 그러면 훌륭한 스님이 될 것이다." 하시면서 머리를 쓰다듬더니 사라지셨다고 한다.

스님의 나이 30세에 접어들면서 어느 날 온 몸에 고열이 나면서 며칠 앓다가 죽었다고 한다. 자기 시체가 방바닥에 뉘여 있는데 주위 스님들이 눈시울을 적시며 들여다보고 있는 광경을 공중에서 보게 되었다고 한다. 그런데 저승사자가 가자고 재촉하면서 끌어당기는 바람에 따라 나섰다는 것이다. 얼마쯤 갔는지 안개 자욱한 곳을 지나 백의관세음보살님이 많은 선녀들과 수행원을 데리고 나타나 준비해 온 꽃가마를 타라하기에 영문도 모르고 꽃가마를 타니 허공을 날아 관세음보살님을 따르고 있었다고 했다. 주위를 둘러보니 가로수가 금가지에 옥 잎으로 되어 있고 칠보로 단장한 연못이 있었다고 했다.

그 연못의 바닥은 금모래로 깔려 있고, 연못 가운데 연꽃이 피어 있는데 그 크기가 수레바퀴만 하며 청색 꽃은 푸른 광채가 나고 누런색의 꽃에는 노란 광채 붉은 연꽃에는 붉은 광채가 나고, 흰 꽃에는 흰 광채가 나며 그

향기는 말로 표현할 수가 없다고 했다. 또한 커다란 누각이 보이는데 사면에는 금, 은, 유리, 자기로 된 층계가 있고 네 귀퉁이에는 풍경 소리가 미묘한 음을 내고 하늘에서는 아름다운 음악이 들려오고 황금으로 된 대지에 만다라 꽃이 비 오듯이 내리고 있었다.[156]

한참 가다가 큰 누각이 보였는데 그 누각에 인자한 아미타부처님이 계셨다고 한다. 그 부처님께 삼배를 올리니 부처님이 쳐다보면서 너는 세상에 인연이 아직 남아 있으니 되돌아가라 하기에 말씀과 동시에 어떤 흡입력에 의하여 끌려가더니 순식간에 현실로 되돌아왔다고 한다.

다. 어느 도인(道人)의 경험

그분은 산에서 움막 생활을 하며 산신께 하루 세 번씩 정성껏 기도를 드리고 있었다. 아침을 먹고 목욕을 하고서는 오전 10시, 오후에는 4시경, 그리고 저녁에는 자정쯤 기도를 드렸다.

일주일이 되던 날 밤, 자시에 정화수를 떠 놓고서 큰 절을 세 번이나 한 다음, 기도를 드리고 눈을 감고 참선에 들어갔다. 얼마를 지났을까 감미로운 전율이 온몸을 휘감고, 황홀한 무아의 경지에 들어갔다. 몸은 두둥실 뜬 듯하여 가볍게 우주의 무한공간을 흘러가는 기분이었다고 한다.

그런데 하늘에서 눈부시게 휘황찬란한 무지갯빛이 폭포처럼 머리 위로 쏟아져 내려오고 있었다고 했다. 천마산 등성이는 온데간데없고 바다처럼 끝없이 광활한 초원이 눈앞에 펼쳐졌다. 어디선가 한 번도 들어 본 적이 없는 황홀하고 감미로운 음악소리가 은은하게 울려 퍼졌다. 그는 넋을 잃을 정도였다. 음악소리가 점점 가까워지더니 갑자기 천지가 떠나갈 듯 쩌렁쩌렁한 목소리가 그를 향해 소리치듯 했다.

"듣거라!"

깜짝 놀라 고개를 쳐들어 보니 무지개에 쌓인 듯한 눈 앞 공중에 한 노인이 그를 내려다보고 있었다. 왕관을 쓰고 은빛 찬란한 의상을 입었는데 그 얼굴은 상아로 빚은 듯 맑고 빛나며 근엄하면서도 인자하고 뭐라 형용하기 어렵게 잘 생긴 얼굴이었다.[157)]

그 노인의 주위에는 수많은 신하들이 옹위하고 있었다고 했다. 그리고 그 노인은 다음과 같은 말을 했다고 한다. "나는 하늘나라 가장 높은 곳에 있는 천존이니라, 너희의 땅에서 나를 하느님이요, 옥황상제라 부르고 있으나 이제부터는 천존이라고만 불리어질 것이니라"[158)]

그는 마음속으로 네, 네, 하고 대답을 했다고 한다. 워낙 그 천신의 목소리가 우렁차서 온몸이 떨릴 정도였다고 증언한다.

이렇게 이 사람들이 경험한 곳은 모두 영계를 다녀온 것이다. 박○문 씨가 경험한 천국과 비슷하지 않는가? 무속인들도, 스님들도, 도인들도, 기독교인들도, 불교인도, 불신자들도 똑같은 경험을 한다. 자기에 맞는 주파수, 영계의 싸이클에 맞게 각각 경험을 한 사람들의 기록이 많이 있다. 어떤 분들은 몸은 그대로 두고 영계에 가는 훈련을 한다. 그리고 영계에 가서 죽은 가족이나 스승을 만나고 오기도 한다. 이것이 죽음의 기술로 심령과학에서 이루어지고 있는 일이다. 여기에 선구자가 스베덴보리이다. 그는 27년간이나 영계를 왕래하면서 천국과 지옥을 보고 들은 대로 방대한 책을 써서 세상 사람들에게 알리라는 사명을 받았다는 것이다.

박○문 씨도 똑 같은 특명을 받고 왔다. 천국과 지옥을 경험하고 마차가 출발을 했는데 갑자기 앞도 뒤도 없이 무조건 "믿겠느냐?" 하고 크고 우렁찬 음성이 귓전에 들려왔다고 했다. 그는 이때까지 살아왔지만 하나님 아버지를 한 번도 불러 보지 않았으며 '주여' 하는 소리가 무슨 뜻인지도 몰랐다고 했는데 자신도 모르게 무릎을 꿇으며, "주여, 믿습니다!" 이제야 주를 믿는다고 고백했다는 것이다.

그러자 그 사람 형상의 불빛이 뒤이어 말씀하시기를 "이제 세상에 나가면 천국이 있고 지옥이 있다는 것을 세상 사람들에게 하나도 보태지도 빼지도 말고 네가 본 그대로 증언해라"[159] 했단다.

역시 특명을 받고 왔다. 그분이 진짜 하나님이요, 또는 예수님일까요? 그러면서 사도행전 1장 8절을 인용한다.

그러나 "오직 성령이 너희에게 임하시면 너희가 권능을 받고 예루살렘과 온 유대와 사마리아와 땅 끝까지 이르러 내 증인이 되리라 하시니라" 하는 말씀은 예수님의 증인이 되라고 하셨지, 천국과 지옥의 증언자가 되라고 하시지 않았다. 신약성경 누가복음 16장 19-31절 말씀에서 예수님께서는 사후의 세계 (영계)에 대해서 말씀하신다.

죽어 음부에서 고통 받고 있는 부자의 소원이 있었다. 살아생전 자기 집 대문에 누워 호화로이 연락하는 상에서 떨어지는 것으로 배부르고자 했던 거지 나사로가, 아브라함의 품에서 위로 받고 있는 모습을 보고, 놀라움과 반가움에 자기는 불꽃 가운데서 고통스러워 나사로의 손끝에 물을 찍어 혀를 서늘하게 하도록 부탁했으나 거절당하고, 다시 소원을 아뢰어 나사로를 세상에 있는 내 아버지 집에 보내어 내 형제 다섯이 있으니 저희에게 증거하게 하여 저희로 이 고통 받는 곳에 오지 않게 해 달라는 간곡한 부탁을 했다. 그러나 아브라함은 "저희에게 모세와 선지자들이 있으니 그들에게 들을 지니라"라고 단호히 대답했다.

누가복음 24장 44절에 기록되었으되 "또 이르시되 내가 너희와 함께 있을 때에 너희에게 말한바 곧 모세의 율법과 선지자의 글과 시편에 나를 가리켜 기록된 모든 것이 이루어져야 하리라 한 말이 이것이라 하시고" 말씀에서 밝힌 것은 모세와 선지자들을 통해서 증거 한 것은 바로 예수 그리스도가 이 땅에 오실 것을 예언한 것이요, 말씀대로 예수님이 오셔서 십자가의 죽으심과 부활의 승리로 사망권세를 이기시고 잃어버린 영생을 회복시켜 주신 것이다. 그러므로 모세와 선지자들이 있으니 그들에게 들을지니라고 하신 것은 예수 그리스도를 증거 하는 전도자들의 복음을 들어야 된다는 의미의 말씀이다.

그러나 부자는 다시 간곡히 부탁한다.

"가로되 그렇지 아니하니이다 아버지 아브라함이여 만일 죽은 자에게서 저희에게 가는 자가 있으면 회개 하리이다"

그러나 아브라함은 이번에도 단호하게 "가로되 모세와 선지자들에게 듣지 아니하면 비록 죽은 자 가운데서 살아나는 자가 있을지라도 권함을 받지 아니하리라"고 했다.

이 내용은 예수님께서 하신 말씀이다. 모세와 선지자에게 듣지 아니하면 다시 말해서 예수님이 인류를 위해 십자가의 죽음과 부활을 믿지 아니하면 죽은 자 가운데서 살아나 천국과 지옥을 증언한다고 해도 권함을 받지 아니한다는 것이다.

우리가 알아야 할 것은 천국과 지옥은 믿음의 대상이 아닌 것이다. 예수 그리스도를 믿느냐 믿지 않느냐의 결과가 천국과 지옥인 것이다. 예수님께서 떠나시면서 예수님의 증언자가 되라고 부탁하셨다. 천국과 지옥을 증언 하라고 부탁하시지 않으셨다는 것이다. 천국과 지옥을 간증하는 자들은 모두 하나님의 나라가 아닌 영계를 증언하고 있다는 것에 주의해야 한다. 얼마나 중요하면 예수님께서 사도 요한에게 요한계시록을 기록하라고 하시면서 마지막에 이 말씀에서 더하지도 빼지도 말라 경고 했겠는가!

요한계시록 22장 18-19절에 기록되었으되 "내가 이 책의 예언의 말씀을 듣는 각인에게 증거 하노니 만일 누구든지 이것들 외에 더하면 하나님이 이 책에 기록된 재앙들을 그에게 더 하실 터이요 만일 누구든지 이 책의 예언의 말씀에서 제하여 버리면 하나님이 이 책에 기록된 생명나무와 및 거룩한 성에 참예함을 제하여 버리시리라"

천국과 지옥을 다녀왔다고 간증하는 자들은 사도 요한에게 보여 주신 계시록의 하나님의 나라와 전혀 다른 영계의 세계임을 알아야 한다. 여기에 기독교인들이 혼란을 겪고 있다. 사후의 세계를 예수님께서 십자가에 죽으실 때 한 행악 자에게 말씀하셨다.

누가복음 24장 42-43절에 기록되었으되 "가로되 예수여 당신의 나라에 임하실 때에 나를 생각하소서 하니 예수께서 이르시되 내가 진실로 네게 이르노니 오늘 네가 나와 함께 낙원에 있으리라 하시니라"

'오늘 네가 나와 함께 낙원에 있으리라' 에서 '오늘'을 강조하셨다. 안식일이 되기 전 예수님은 이미 영혼이 떠나셨고, 행악 자 둘은 다리가 꺾여 죽었다. 그래서 안식일 전 예수님과 함께 그날(오늘) 사후의 세계인 낙원에 들어갔다. 영계의 낙원이다. 영계가 '당신의 나라'가 아니다. '당신의 나라'는 부활하셔서 승천하여 가신 하나님의 나라다. 요한복음 18장 3절에 기록되었으되 "예수께서 대답하시되 내 나라는 이 세상에 속한 것이 아니라 만일 내 나라가 이 세상에 속한 것이었다면 내 종들이 싸워 나로 유대인들에게 넘기우지 않게 하였으리라 이제 내 나라는 여기에 속한 것이 아니니라" 한 말씀을 보면 예수님의 나라는 이 세상이 아니다. 그러므로 죽어서 가는 사후의 세계 즉, 영계는 이 세상과 같은 영의 세계인 것이다. 영계에 다녀 온 자들의 이야기는 이 세상과 비슷한 이야기들을 한다. 차원이 다른 것은 시간과 공간을 초월하는 것이요, 이 세상 보다 더 아름다운 세상과 더 끔찍한 음부의 고통과 지옥의 세계가 있다는 것이다. 죽어서 가는 영의 세계가 예수님의 나라 즉, 하나님의 나라가 아닌 것에 대한 확실한 근거로 요한복음 20장 11-18절에 기록되어 있다. 17절에 죽은 자 가운데서 삼일 만에 부활하신 예수님께서 마리아에게 "나를 만지지 말라 내가 아직 아버지께로 올라가지 못하였노라"고 영계에 가셨던 예수님은 하나님 아버지가 계시는 하나님 나라에 아직 올라가지 못하셨다고 말씀하셨다. 그리고 마리아에게 너는 내 형제들에게 가서 "내가 내 아버지 곧 너희 아버지, 내 하나님 곧 너희 하나님께로 올라간다" 하고 전해주라는 예수님의 말씀이 있었다.

마가복음 16장 19절에 기록되었으되 "주 예수께서 말씀을 마치신 후에 하늘로 올리우사 하나님 우편에 앉으시니라"

누가복음 24장 50-51절에 기록되었으되 "예수께서 그들을 데리시고 베다니 앞까지 나가사 손을 들어 그들에게 축복하시더니 축복하실 때에 그들을 떠나 하늘로 올려지시니" (킹 제임스 성경 – 그분께서 그들을 축복하실 때에 그들을 떠나 위로 올려져서 하늘로 들어가시니라.)

사도행전 1장 6-11절에 기록되었으되 "그들이 모였을 때에 예수께 여쭈어 이르되 주께서 이스라엘 나라를 회복하심이 이 때이니이까 하니 이르시되 때와 시기는 아버지께서 자기 권한에 두셨으니 너희가 알 바 아니요 오직 성령이 너희에게 임하시면 너희가 권능을 받고 예루살렘과 온 유대와 사마리아와 땅 끝까지 이르러 내 증인이 되리라 하시니 이 말씀을 마치시고 그들이 보는데 올려져 가시니 구름이 그를 가리어 보이지 않게 하더라 올라가실 때에 제자들이 자세히 하늘을 쳐다보고 있는데 흰 옷 입은 두 사람이 그들 곁에 서서 이르되 갈릴리 사람들아 어찌하여 서서 하늘을 쳐다보느냐 너희 가운데서 하늘로 올려지신 이 예수는 하늘로 가심을 본 그대로 오시리라 하였느니라"

골로새서 3장 1절에 기록되었으되 "그러므로 너희가 그리스도와 함께 다시 살리심을 받았으면 위의 것을 찾으라 거기는 그리스도께서 하나님 우편에 앉아 계시느니라"

히브리서 10장 12-14절에 기록되었으되 "오직 그리스도는 죄를 위하여 한 영원한 제사를 드리시고 하나님 우편에 앉으사 그 후에 자기 원수들을 자기 발등상이 되게 하실 때까지 기다리시나니 그가 거룩하게 된 자들을 한 번의 제사로 영원히 온전하게 하셨느니라"

'당신의 나라'는 사망권세 이기시고 부활하시어 올리워 가신 하나님이 계시는 셋째 하늘의 세계다. 행악자는 "예수여 당신의 나라에 임하실 때에 나를 생각하소서"라고 하는 것은 하나님 나라의 확신에서 온 고백이다. 여기에서 '임하실 때'의 '임하심'은 '엘코마이'로 '오다, 나타나다, 동반하다'라는 뜻을 가지고 있다. 다시 말해서 주님의 부활과 재림을 확신했다.

그러므로 행악자에 대한 믿음을 과소평가 하지 말아야 한다. 겨우 십자가에서 회개하여 턱걸이 구원 받는 것으로 소개하고 있는 것은 성경 말씀의 깊이를 몰라서 하는 이야기다. 그리고 '당신의 나라'를 겨우 사후의 세계로만 해석하기 때문이다. 여기서 행악자의 신앙에 대해서 깊이 있게 다루지 못함은 설교가 아니기 때문에 아쉽게 생각한다.

라. 입신자들의 지옥에 대한 경험

• 천국과 지옥의 증언 '믿겠느냐' 박○문 저 p45-53

이 내용 중 첫째로, 천국 구경을 하고 갑자기 마차는 밤처럼 컴컴한 곳으로 들어갔다고 했다. 컴컴한 곳에서 빛을 내려 비추는 곳을 자세히 보니 6년 전에 돌아가신 그의 아버지의 모습이 보였다. 그런데 아버지는 돌아가시기 직전 모습 그대로 고통을 당하고 계셨는데, 발목이 보이지 않을 정도로 많은 독사들이 구물구물 거리며 아버지의 온몸을 기어 다니면서 물어뜯고 할퀴어서 아버지의 온몸을 피투성이로 만들고 있었다.

둘째, 그 불빛이 또다시 내려 비추는 곳에서는 수많은 사람들이 이리저리 몰려다니고 있었는데 자세히 보니 큰 화로와 같은 것이 있는데 그 넓이는 끝이 보이지 않을 정도로 넓었고 그 위에는 고기 구워 먹을 때 쓰는 석쇠 같은 철판이 올리어 있고 그 위로 수없이 많은 사람들이 훨훨 타고 있는 불구덩이 속에서 뜨거운 불꽃을 피하기 위해 이리저리 몰려다니고 있었다.

셋째, 불빛이 비친 곳에서는 교통사고로 죽은 친구를 보게 되었는데 그 친구는 얼굴만 내놓고 발끝에서부터 세 마리의 시커먼 구렁이한테 칭칭 감긴 모습이었고 온몸을 감은 구렁이가 얼마나 세게 조였는지 얼굴이 새파랗게 질려 있었다고 했다. 두 마리는 좌우로 감았고 한 마리는 머리 뒷부분에서 혀를 날름거리고 있었는데 이 세상에서는 볼 수 없는 커다란 구렁이었다.

• 구○연 집사가 본 '천국과 지옥' 중 지옥부분 p183-214 [160)]
a) 창녀들의 지옥 – 천사를 따라 간 곳에 육중한 '철문'이 있었고 문 위에는 '창녀들의 지옥'이라고 쓰여 있다. 문이 열리면서 여자들의 비명소리가 들렸는데 '불 바닥'에 누워 소리를 질러대며 죽겠다고 아우성을 쳐댔다.
머리에 큰 대못이 불 바닥과 연결해 박혀 있었고, 양손과 양발에도 크고 날카로운 대못이 박혀 있다.

b) 자살자들의 지옥 – 불 바닥 가운데 수많은 불기둥이 세워졌는데 사람들이 그 기둥에 몸이 지글지글 타면서 목이 매달린 채로 있는 장면이 보이는데 저쪽에서 괴음과 함께 검은 연기가 몰려오면서 독수리같이 생긴 새떼들이 날아와 불기둥에 매달려 있는 자살자의 '눈알'을 파먹었다. 얼마 동안 자살자들의 눈알을 파먹던 새들이 날아가 버리고 수많은 마귀가 그 곳으로 가더니 '창'으로 마구 찔러 대는데 잠시도 쉴 시간이 없었다.

c) 음란자들이 가는 지옥 – 으악! 하는 귀가 찢길 듯한 소리가 들렸다. 가만

히 살펴보니 홀딱 벗은 수많은 남녀가 무서운 뱀들에게 몸이 칭칭 감긴 채 숨도 제대로 쉬지 못하고 고통을 당하고 있고 그 뱀들은 사람만 감고만 있는 것이 아니라 입속과 구멍이 있는 곳으로 들어갔다 나오는 반복을 하는데 그 사람들은 죽는다고 비명을 지르고 있었다.

d) 부자들이 가는 지옥 – 아주 뜨거운 열기가 엄습했다. 그 주변에는 수천 개의 가마솥이 있고, 물이 부글부글 끓고 있었는데 사람들이 마치 돼지고기 삶는 것처럼 그 속에서 삶아지고 있다. 아무리 뜨거워도 부자들은 밖으로 나올 수 없게 되어 있다.

• 11세 쌍둥이의 천국과 지옥 체험 간증 '한국의 사명과 세계의 미래' 홍○일, 홍○일 p101-115.[161]

a) 남을 괴롭히고, 남을 병들게 하던 사람들이 가게 되는 지옥 – 구더기들이 많이 있었고 사람들이 오자 살을 뚫고 들어가 뼈를 먹어 버렸다. 그런 고통이 계속해서 반복되었다.

b) 기독교인들을 죽인 사람들이 가는 지옥 – 마귀들이 사람들의 손에다 화살을 계속 쏘고 사람들의 입에는 커다란 쇠꼬챙이로 찔려 고통하며 죽었는데 발을 뻘겋게 달군 칼로 지졌다. 이런 고통이 계속 반복 되었다.

c) 주의 종들을 대적하고 거역한 자들이 가게 되는 지옥 – 다른 지옥보다 더 무서운 지옥인데, 엄청나게 큰 가마솥에 기름이 펄펄 끓고 그 솥에다 사람을 집어넣어 튀기는 곳이다. 사람들이 죽지만 다시 살아서 그런 고통을 영원히 당하게 된다.

d) 자연을 파괴한 자들, 동물과 사람을 죽인 자들이 가는 지옥 – 사람들의 입으로 구렁이와 뱀들이 들어가서 사람들의 내장과 속을 파먹어 버리는 고통이 계속 반복이 된다.

• '하늘나라에서 온 이메일' 변○우 저[162)

a) 홍○주 2004. 3 입신간증 (p84) – 주님이 그의 손을 붙들고 지옥의 계단을 내려갔는데 어두움이 갈수록 짙어졌고, 여러 종류의 형벌을 받고 있는 사람들이 있었다. 유황불못 속에서 괴로워하는 사람도 있었고, 한곳에서는 소금을 뿌린 뜨거운 프라이팬 같은 큰 철판이 있는데 거기서 사람들이 막 튀겨지고 있었다. 뜨거워서 어떻게 발을 들지도 못하고 콩콩 뛰고 있었는데 차마 볼 수가 없었다.

b) 변○림 2004. 9 입신간증 (p142) – 지옥을 보았는데 불 속에서 사람들이 살려달라고 소리를 질러댔고, 뼈만 남은 사람들의 그 뼈에 구더기와 지렁이들이 기어 다녔고, 구멍이 있는 통 속에 사람들을 넣고 못 나오게 자물쇠로 잠그고 귀신들이 창 같은 것으로 찔러 피가 흘러 나왔는데도 사람은 죽지 않았다.

c) 이○임 2005. 7 입신간증 (p212) – 지옥에 이르렀을 때 왼쪽 저편의 벽면이 빙벽으로 변해가는 것이 보였다. 그것은 점점 각이 생기며 날카로워지고 있었다. '지옥은 불구덩이인데 어찌 빙벽이 생기나?' 의아해 하고 있는데 "저 빙벽은 마음의 얼어붙음으로 생기는 것이다. 주님이 없음으로 사람들이 강퍅해지고 차갑고 날카로운 마음이 저런 형식으로 보여 지며, 사람들이 고통을 받을 때 저 빙벽은 더욱 예리하고 날카롭게 변하고 사람들은

그 날카로운 각에 찔리며 고통을 받게 된다."고 말했다.

• '깡통 차고 빌어먹어도 지옥만은 가지마라' 김○호 저[163]

a) 도둑놈들이 가는 지옥 (p73-74) - 밑바닥은 '시뻘건 불바닥'이었는데 공중은 세상에서는 보기 힘든 큰 칼들과 큰 작두가 매달려 있었고, 조금 후 공중에서 큰 칼과 작두가 쾌속열차처럼 내려오더니 사람들의 발과 다리, 목 들을 절단하니 비명과 함께 그 고통은 말할 수가 없었다. 그러나 이상한 것 은 팔다리가 잘렸다가는 다시 붙기를 반복하면서 고통을 당하고 있었다.

b) 불기둥에 묶여 있는 자들 (p76-77) - '주의 종들을 대적하는 자들이 가는 지옥' 인데 시뻘건 불기둥에 묶여 있는데 온몸이 '지글지글' 타는데도 도망 도 못가고 살타는 냄새가 온 방에 진동했다. 불기둥에 매여 있을 뿐 아니라 각 사람마다 마귀 두 마리씩 붙어서 긴 쇠톱으로 사람들의 목을 '쓱 쓱' 썰 고 있었다. 그런데 떨어진 목은 조금 후 다시 붙곤 하면서 계속 비명과 함 께 고통을 당하고 있었다.

이상이 지옥을 경험하고 온 입신자들의 이야기이다. 많은 자료가 있지만 일부만 적어 봤다. 여기에서 기독교인 독자 여러분께 감히 질문을 한다. 신, 구약 성경 어디에 독사와 뱀들이 있는 지옥, 프라이팬이 있고 석쇠 위에 불 로 고통 받는 지옥, 칼과 작두로 몸을 자르는 지옥, 얼음 속의 고통, 끓는 물 속의 지옥 등의 성경 말씀이 있는가?

필자는 이러한 지옥을 성경 말씀에서 찾아보질 못했다. 불교에서 나오는 서적에서는 그 내용이 있다. 대안 스님이 쓴 『불교강좌』 상권에 지옥에 대 한 내용이 나온다. 삼계(三界) 중 욕계(欲界)가 있는데 지옥, 아귀, 축생, 아수라, 인간, 육욕천이 있다. 거기에서 지옥을 이렇게 가르친다.

지옥은 중생이 고통스럽게 사는 것을 말하는데 첫째, 팔열지옥이 있다. 뜨거워서 고통스러운 상태를 8가지로 분류한다. 등활지옥, 흑성지옥, 중합지옥, 호규지옥, 대규지옥, 염열지옥, 대열지옥, 무간지옥 그리고 너무 추워서 고통스러운 상태를 8가지로 분류해서 8한지옥이라고 한다. 알부타지옥, 니랄부타지옥, 알절타지옥, 확확파지옥, 호호파지옥, 올바리지옥, 발특마지옥, 마하발특마지옥 등이 있고, 십대지옥이 따로 있는데 상상 가능한 상태를 분류해서 10대 지옥이라고 한다.

- 도산지옥 (刀山地獄) - 칼산에 떨어지게 한다.
- 화탕지옥 (火湯地獄) - 끓는 물에 담근다.
- 한빙지옥 (寒氷地獄) - 얼음 속에 묻는다.
- 검수지옥 (劍樹地獄) - 칼로 몸을 벤다.
- 발설지옥 (拔舌地獄) - 집게로 혀를 뺀다.
- 독사지옥 (毒蛇地獄) - 독사로 몸을 감는다.
- 거해지옥 (鋸骸地獄) - 톱으로 몸을 자른다.
- 철상지옥 (鐵床地獄) - 쇠판에 올린다.
- 풍도지옥 (風塗地獄) - 바람길에 앉힌다.
- 흑암지옥 (黑闇地獄) - 흑암 속에 둔다.[164]

입신자들이 보고 듣고 온 천국과 지옥은 모두가 사후의 세계인 영계의 경험을 이야기한다. 이러한 경험은 불신자들이나 기독교인, 불교인, 무속인, 다른 종교인들도 자연스럽게 경험을 한다. 그 이유가 무엇일까?

바울 사도는 신약성경 데살로니가 후서에서 A.D. 53년경에 불법의 비밀이 이미 활동을 시작했다고 밝혔다. 그것은 "지상의 산물인 신학을 박멸하

고 이것의 대신으로 보다 더 올바른 신(神)의 가르침을 지켜야 한다."는 것
이다.

신약성경 데살로니가 후서 2장 7-10절에 기록되었으되 "불법의 비밀이
이미 활동하였으나 지금 막는 자가 있어 그 중에서 옮길 때까지 하리라 그
때에 불법한 자가 나타나리니 주 예수께서 그 입의 기운으로 저를 죽이시고
강림하여 나타나심으로 폐하시리라 악한 자의 임함은 사단의 역사를 따라
모든 능력과 표적과 거짓 기적과 불의의 모든 속임으로 멸망하는 자들에게
임하리니 이는 저희가 진리의 사랑을 받지 아니하여 구원함을 얻지 못함이
니라"라고 말씀하셨다. 이 일이 주님이 재림하실 때까지 계속되리라는 말
씀이다. 즉, 신학을 박멸하는 운동으로 하나의 사탄의 전략이 "영계와의 교
통을 강구한다."는 것이다. 그러니까 주님 오실 때까지 영계의 왕래를 강구
하는 것이다. 영계의 세계와 하나님의 나라를 혼합시켜 버리는 것이다. 그
래서 종교다원주의를 주장한다.

박○문 씨의 거짓말은 영계를 보고 와서 하나님의 보좌가 있는 천국이라
고 속이는 것이다. 계시록을 인용하면서 말이다.

천국과 지옥을 다녀와서 간증하는 모든 분들도 마찬가지다. 베다니 나
사로가 죽은 지 나흘 만에 예수님이 권능의 말씀으로 살려 주셨다. 죽었다
가 살아난 자 중에 천국과 지옥에 대한 이야기를 한다면 나사로처럼 할 말
이 많은 사람은 이 지구촌에서 찾아 볼 수 없을 것이다. 그는 나흘 동안 죽
어 있었다. 그러나 성경에 나사로의 경험적인 이야기는 전혀 없다. 무엇 때
문일까? 죽음의 세계가 하나님의 나라가 아니기 때문이다. 누가복음 16장
에 나오는 예수님이 말씀하시는 아브라함의 품을, 행악자에게 약속한 낙원
을 하나님의 나라로 착각하기 때문이다. 하나님의 나라에서는 지옥을 오고
갈 수 있는 곳이 아니다. 볼 수도 없다. 그러나 영계이기 때문에 볼 수도, 갈

수도 있다.

하나님의 계획은 사도 요한을 통해 보여주시고 기록하도록 하신 곳이 진짜 하나님의 나라요 천국이다. 그래서 기록케 하시고 경고의 말씀을 하셨다.

요한계시록 22장 18-19절에 기록되었으되 "내가 이 책의 예언의 말씀을 듣는 각인에게 증거 하노니 만일 누구든지 이것들 외에 더하면 하나님이 이 책에 기록된 재앙들을 그에게 더 하실 터이요 만일 누구든지 이 책의 예언의 말씀에서 제하여 버리면 하나님이 이 책에 기록된 생명나무와 및 거룩한 성에 참예함을 제하여 버리시리라"

이렇게 엄위하신 말씀을 하신 이유가 무엇일까? 왜 이 말씀에 대해서 몇 번이고 강조하는지 아는가?

요한계시록 22장 14-15절에 거짓말을 좋아하며 지어내는 자마다 성 밖에 있으리라고 엄격하게 말씀하셨다. 거짓말 하는 자와 거짓말을 지어내는 자는 성안에 들어가지 못한다는 말씀이다.

거짓말을 지어내는 자들이 영계에 갔다 와서 하나님의 나라 천국에 다녀 왔다고 하는 자들이 아니겠는가? 거듭나지 아니하면, 물과 성령으로 나지 아니하면 하나님의 나라에 들어 갈 수도 볼 수도 없다는 것이 예수님의 말씀이다.

영계는 예수를 믿지 않아도 아무나 갈 수 있는 곳이다. 그래서 불신자도, 무속인도, 기독교인도, 불교인도, 타종교인들도 다 같이 경험하고 다녀온다. 왜냐하면 사후의 세계이기 때문이다. 자미국의 인황이라고 하는 자도 저 세상에 가서 황금으로 된 집을 보고 와서 청와대에 금으로 궁궐을 짓겠다고 계획을 세우고 있다.

2) 구○연 집사가 본 '천국과 지옥'

구 집사는 천사들을 따라 주님 보좌 앞에까지 가게 되었다고 했다. 그리고 주님의 모습을 자세히 보게 되었다고 했는데 "황금 면류관을 쓰고 계셨고 머리털은 흰색인데 면류관의 빛으로 인하여 노랗게 보였다. 얼굴은 이스라엘 사람처럼 생기셨고 그 얼굴에는 형용할 수 없는 광채가 났다. 그리고 입으신 하얀 세마포 옷에서도 빛이 났다. 또 예수님 몸 전체가 빛으로 이루어지셨다. 주님은 황금 벨트를 하셨는데 십자가가 그려진 모습을 보았고, 황금 신발은 보석으로 장식 되어 있었으며 주님의 황금 보좌는 앞면과 뒷면에 포도나무 잎과 열매로 장식되어 있었다. 그런데 특이한 것을 발견했다. 예수님께서 목걸이를 하고 계셨는데 그 목걸이에서도 역시 빛이 나고 있었다."[165]

이 모습이 구 집사가 천국 주님 보좌 앞에 가서 본 예수님의 모습이다. 하나님께서 사도 요한을 통해 보여주신 예수님의 모습과 너무나 다르다.

요한계시록 1장 12-16절에 기록되었으되 "몸을 돌이켜 나더러 말한 음성을 알아보려고 하여 돌이킬 때에 일곱 금촛대를 보았는데 촛대 사이에 인자 같은 이가 발에 끌리는 옷을 입고 가슴에 금띠를 띠고 그 머리와 털의 희기가 흰 양털 같고 눈 같으며 그의 눈은 불꽃같고 그의 발은 풀무에 단련한 빛난 주석 같고 그의 음성은 많은 물소리와 같으며 그 오른손에 일곱 별이 있고 그 입에서 좌우에 날선 검이 나오고 그 얼굴은 해가 힘 있게 비취는 것 같더라"

이 엄위하신 주님의 모습을 본 사도 요한은 17-19절에 기록되었으되 "내가 볼 때에 그 발 앞에 엎드러져 죽은 자같이 되매 그가 오른손을 내게 얹고 가라사대 두려워 말라 나는 처음이요 나중이니 곧 산 자라 내가 전에 죽었었노라 볼찌어다 이제 세세토록 살아 있어 사망과 음부의 열쇠를 가졌노니 그러므로 네 본 것과 이제 있는 일과 장차 될 일을 기록하라"

주님의 모습을 본 사도 요한은 그 자리에 엎드러져 죽은 자같이 되었다고 했다. 이것이 진짜 하나님 우편 보좌에 계시는 예수님의 모습이다. 그래서 본 그대로 기록하라는 언명을 내리셨다.

그런데 구 집사가 본 예수님의 모습은 사도 요한이 본 주님의 모습과는 전혀 다르다. 왜 예수님이 본 대로 기록하라고 하셨을까? 미혹 받지 않게 하기 위해서다.

그러면 구 집사가 본 예수님의 모습은 어떻게 다른지 분석해 보자.

첫째, 주님의 모습이 황금 면류관을 쓰고 계셨다고 했다. 그리고 머리털은 흰색인데 면류관의 빛으로 인하여 노랗게 보였고 얼굴은 이스라엘 사람처럼 생기셨고 그 얼굴에서는 형용할 수 없는 광채가 나고 있었다고 했다. 그런데 성경의 기록에는 '황금 면류관'이 없다. 그리고 그 머리와 털의 희기가 흰 양털 같고 눈 같으며 눈은 불꽃같다고 기록 되어 있다.

둘째, 입으신 하얀 세마포 옷에서도 빛이 났고 예수님 몸 전체가 빛으로 이루어졌으며, 주님은 황금 벨트를 하셨는데 십자가가 그려진 모습을 보았고, 황금 신발은 보석으로 장식되어 있다고 했는데 성경 기록에는 발에 끌리는 옷을 입고 가슴에 금띠를 띠고, 그의 발은 풀무에 단련한 빛난 주석 같고 그의 음성은 많은 물소리와 같다고 기록되어 있다. 황금 벨트에 십자가가 그려져 있었다는 것은 성경에도 없는 내용이다. 그리고 십자가는 저주의 상징이다. 이 세상에서 인류의 죄와 저주를 예수님이 대신 십자가에서 해결하셨다. 그래서 이 세상에서는 십자가의 보혈을 믿기 때문에 교회의 상징으로 십자가의 구속의 능력으로 믿어 왔지만 하나님의 나라에서는 죄가 없기 때문에 십자가가 필요 없다.

요한계시록 22장 3절에 기록되었으되 "다시 저주가 없으며 하나님과 그 어린양의 보좌가 그 가운데 있으리니 그의 종들이 그를 섬기며" 다시는 저주가 없는 곳이 천국이다. 저주의 십자가가 예수님의 황금 벨트에 그려져 있다느니 황금 신발에 보석이 장식되어 있다느니로 거짓말을 하고 있는 것이다.

셋째, 주님의 황금 보좌에는 앞면과 뒷면에 포도나무 잎과 열매로 장식되어 있고, 특이한 것은 예수님께서 목걸이를 하고 계셨는데 그 목걸이에서 빛이 나고 있었다는 것이다. 주님의 황금 보좌에는 앞면과 뒷면에 포도나무 잎과 열매로 장식되어 있다고 하는 것은 성경에 없는 거짓말이요, 예수님이 현대인처럼 목걸이를 하고 계셨다고 하는 것 또한 성경에도 없는 거짓말을 하고 있는 것이다.

그러므로 결론으로 구순연 집사가 보았다고 하는 하늘 보좌의 예수님은 하나님께서 사도 요한에게 보여 주시며 본대로 기록하라는 말씀에 의해 전혀 다른 가짜 예수라는 것을 본인 스스로 증언하고 있는 것이다.

디모데전서 4장 1-2절에 기록되었으되 "그러나 성령이 밝히 말씀하시기를 후일에 어떤 사람들이 믿음에서 떠나 미혹케 하는 영과 귀신의 가르침을 좇으리라 하셨으니 자기양심이 화인 맞아서 거짓말 하는 자들이라"

그래서 요한에게 계시록을 기록하라 명하시고, 마지막의 경고의 말씀을 하셨다.

요한계시록 22장 18-19절에 기록되었으되 "내가 이 책의 예언의 말씀을 듣는 각인에게 증거 하노니 만일 누구든지 이것들 외에 더하면 하나님이 이 책에 기록된 재앙들을 그에게 더하실 터이요 만일 누구든지 이 책의 예언의 말씀에서 제하여 버리면 하나님이 이 책에 기록된 생명나무와 및 거룩한 성에 참예함을 제하여 버리시리라"

정말 두려운 말씀이다. 천국과 지옥에 대해서 간증하는 모든 자에게 요한계시록 22장 18-19절 말씀에 대해 책임질 수 있느냐고 질문한다.

그리고 구 집사가 천국 가서 보고 왔다는 내용을 일일이 거론하자면 책한 권을 써야 할것이다. 그러나 그것은 그만 두고라도 구 집사는 주님을 만나 대화 중에 "또 주님은 나에게 자신의 손을 만져 보라고 하셨다. 그래서 나는 주님의 못 박히셨던 손을 만져보게 되었다. 그때 나의 심령 깊은 곳에서부터 흐르는 눈물을 감출 길이 없었다. 내 눈물은 강이 되어 주님의 못 자국 난 손을 적셨다. (중략) 저는 아는 것이 아무것도 없어요." "그렇지, 그래서 내가 너를 불러주었고 만나주고 또 내 손의 못 자국을 직접 보여 준 것이다."[166] 했다.

구 집사는 천국에서 예수님이 못 자국난 손을 보여 주셨고 그 못 자국을 직접 만져보았다고 증언하고 있다. 가끔 이러한 간증을 듣는다.

필자는 이 문제 때문에 사후의 세계, 영계를 연구하게 된 동기가 되었다. 고등학교를 졸업하고 60년대 전남 곡성 어느 농촌교회에서 부흥집회가 있었다. 그때 그 부흥집회에 참석해 은혜를 받았다. 그런데 강사님이 어느 분의 간증을 하시면서 그가 잠깐 죽어 천국에 다녀왔다고 했다. 6.25전쟁 당시 자기 형님이 죽었다는 것이다. 자기 형님도 예수를 믿는 분이었는데 천국에 가서 만나 뵈었을 때 자기 형님이 가슴에 총 자국이 있는 것을 보고 '가슴에 총을 맞고 돌아가셨구나!' 그렇게 알게 되었다고 했다.

그 이야기를 들으면서 어찌 천국에 갔는데도 총 자국이 있다는 것일까? 궁금했고 의아심을 갖게 되었다.

정말 천국에서도 총 자국이 그대로 있다면 천국이라 할 수 있을까? 이 세상과 다름이 없다면 천국에 대한 소망을 가질 필요가 있을까? 그것이 아니라면 형님을 만나고 왔다는 곳은 어디일까? 이러한 의문을 갖게 되었다. 그러다가 세월이 흘러 1975년도에 하나님의 부름을 받아 신학교를 가게 되었다. 77년도에 어느 지인으로부터 사후의 세계, 즉 영계에 대한 이야기를 듣게 되었고 그동안 의문과 호기심을 가지고 있던 터라 신학적으로도 연구해야 할 문제이기에 관심을 갖고 접근하기 시작했다. 마침 78년도에 어느 주간지에 '사후의 진상'이란 내용으로 연재가 나왔고 심령과학에 대한 책들이 나왔다. 그래서 책과 자료들을 모으면서 연구를 시작했다.

단적으로 하나님의 우편에 계신 예수님의 손에는 못 자국이 없다. 하나님의 나라 천국이기 때문이다. 예수님께서 죽은 자 가운데서 부활하실 때는 손에 못 자국이 있었다. 예수님이 부활하셨다는 것을 확인시켜주기 위해 제자들에게 못 자국을 보여 주셨다. 죽으신지 3일째였고 이 세상은 아직은 저주의 세계였다. 그러나 하나님 나라 천국으로 가신 때는 저주가 없기 때문에 변화된 모습인 것이다. 예수님뿐만 아니라 우리들도 이후에 부활하여 또 영원히 살아서 하나님 나라에 갈 때는 변화받는다.

만약 예수님이 못 자국 그대로 천국에 계셨다면 우리들도 이후에 영원히 살아 천국으로 가게 된다면 꼽추는 꼽추대로, 다리 없는 사람은 의족을 낀 채로, 안경 쓴 사람은 안경 낀 채로, 눈먼 소경은 눈 먼 채로 천국에 있겠는가?

고린도전서 15장 50~52절에 기록되었으되 "형제들아 내가 이것을 말하노니 혈과 육은 하나님의 나라를 유업으로 받을 수 없고 또한 썩을 것은 썩지 아니할 것을 유업으로 받지 못하느니라 보라 내가 너희에게 비밀을 말하노니 우리가 다 잠잘 것이 아니요 마지막 나팔에 순식간에 홀연히 다 변화하리니 나팔 소리가 나매 죽은 자들이 썩지 아니할 것으로 다시 살고 우리도 변화하리라" 했다.

여기에서 비밀을 말한다고 하시면서 마지막 나팔에 순식간에 홀연히 다 변화한다고 했다. 썩어질 육신을 그대로 가지고 가는 게 아니다. 주님 재림하시는 날 홀연히 변화 받아 하나님 나라로 가는 것이다. 그러므로 저주가 끝나고 영원히 변화된 모습으로 사는 곳이 하나님의 보좌가 있는 천국이다.

우리는 이제 말씀으로 돌아가야 한다. 그리고 마귀의 전술 전략에 속지 말아야 한다. 영계로 끌어들여 구경시키고 본대로 듣는 대로 세상에 알리라는 마귀의 사명을 단호히 거절해야 한다.

3) '깡통 차고 빌어먹어도 지옥만은 가지 마라'(김○호 저)

• 기둥만 박혀 있는 하늘나라 나의 집

천사가 하늘나라에서 김○호 성도의 집을 안내했다고 한다. 나의 집은 어떻게 준비되어 있을까 상상을 하면서 따라 갔는데 "이제 다 왔다는 천사의 말이 떨어지자마자 내 앞에 상상했던 집이 펼쳐지는데 보통 것이 아니었다. 왜냐하면 근사한 집 대신 집터에 기둥만 네 개 박혀 있었기 때문이다. 그래도 혹시나 했는데 그것은 참이었다."¹⁶⁸⁾

실망스러워 천사에게 어떻게 하면 집을 지을 수 있느냐고 물으니 천사가 하는 말이 "세상에서 열심히 전도하고 봉사하고 헌금하고 십일조하고 구제하고 선교하면 재료가 올라와서 집이 지어지는 것이지요."¹⁶⁹⁾ 라고 대답했다. 세상에서 충성 봉사하는 대로 상급이 있다는 것은 사실이다. 의의 면류관(딤후 4:8), 생명의 면류관(야고보서 1:12, 계시록2:10), 영광의 면류관(벧전 5:4) 등 예수님은 달란트 비유에서도 충성을 요구하시며 그에 대한 상급이 있음을 말씀하셨다.

바울 사도는 디모데전서 4장 7-8절에 기록되었으되 "내가 선한 싸움을 싸우고 나의 달려갈 길을 마치고 믿음을 지켰으니 이제 후로는 나를 위하여 의의면류관이 예비되었으므로 주 곧 의로우신 재판장이 그날에 내게 주실 것이니 내게만 아니라 주의 나타나심을 사모하는 모든 자에게니라" 하는 말씀에 의하면 감사함으로 충성 봉사할 때 의의면류관을 주신다고 했으며 자기에게만이 아니라 주의 나타나심을 사모하는 모든 자에게라고 말씀하셨다. 그리고 '그날에'라고 강조하셨다. 그날은 요한계시록 22장 12절에 기록되었으되 "보라 내가 속히 오리니 내가 줄 상이 내게 있어 각 사람에게 그의 일한 대로 갚아 주리라"

요한계시록 3장 11-12절에 기록되었으되 "내가 속히 임하리니 네가 가진 것을 굳게 잡아 아무나 네 면류관을 빼앗지 못하게 하라 이기는 자는 내 하나님 성전에 기둥이 되게 하리니 그가 결코 다시 나가지 아니하리라 내가 하나님의 이름과 하나님의 성 곧 하늘에서 내 하나님께로부터 내려오는 새 예루살렘의 이름과 나의 새 이름을 그의 위에 기록하리라"

여기에서 '그날은' 주님의 재림을 의미한다. 주님이 오실 때 상가지고 오시며 달란트 비유에서는 얼마나 남겼는지 계산한다고 했다.

그런데 김○호 성도는 하늘나라에 자기의 집이 집터에 달랑 네 개의 기둥만이 박혀 있는 상태로 있었다고 하고, 천사에게 자기 집을 어떻게 하면 지을 수 있느냐고 물으니 세상에서 열심히 전도하고 봉사하고 헌금하고 십일조하고 구제하고 선교하면 재료가 하나님의 나라로 올라와서 집을 지을 수 있다고 하는 것은 성경에도 없는 거짓말이다.

〈내가 너에게 불세례를 주노라 제4권〉 (김○두 저)

이 책에서도 구미 ○○○교회에서 김○두 목사님을 모시고 부흥집회 중 "전○연 집사님은 천국에 있는 자기 집을 보았는데 아주 초라한 집 한 채가 초가집 같은 형태로 무너지기 일보 직전이었는데 성령의 불로 모두 흔적이 없어져 버렸고 김 목사님께서 앞으로 나와서 주님을 즐겁게 해드리고 기쁘게 하면 많은 상급이 올라간다고 말씀하시니 개다리 춤을 열심히 추었다. 그리고 곧 바로 주님께서는 전○연 집사님의 집을 빌딩처럼 올려주셨다"[169]

이렇게 간증하고 있다.

천국에도 초라한 초가집이 있다는 것이다. 그것이 강사 김 목사님을 통해서 성령의 불로 흔적이 없어지고 강사 김 목사님이 주님을 기쁘게 해드리면 상급이 올라간다고 하니 전 집사는 주님을 기쁘게 해드리기 위해서 개다리 춤을 추어 예수님이 곧 바로 천국의 전 집사의 집을 빌딩처럼 올려주셨다는 것이다. 정말 누가 들어도 웃기는 이야기인데 담임 목사님은 "○○○ 교회 전성도들은 말로만 들었던 신령한 영적 체험을 구체적으로 하게 되었으며 사도 바울이 경험한 삼층천의 경험을 이번 집회 중에 가지게 되어서 얼마나 감사한지 모릅니다. 할렐루야!" [170] 했다.

독자 여러분! 하나님의 나라는 미완성된 나라가 아니다. 마태복음 25장 34절에 기록되었으되 "그때에 임금이 그 오른편에 있는 자들에게 이르시되 내 아버지께 복 받을 자들이여 나아와 창세로부터 너희를 위하여 예비 된 나라를 상속하라"고 예수님이 말씀하셨다.

예수님께서 하나님의 나라는 창세로부터 예비 된 나라라고 말씀하신다. 창세로부터 이미 완성된 하나님의 나라. 세상의 어떠한 공로로 지어지는 처소가 아니라는 것이다. 바울 사도도 이렇게 증언한다.

고린도후서 5장 1절에 하늘에 있는 영원한 집이 우리에게 있다고 증언한다. 그리고 고린도후서 12장에서 바울 사도는 부득불 주의 환상과 계시를 이야기한다고 하면서 제 삼자를 내세워 이야기한다. 그러나 그 내용에 대해서는 일체 침묵하고 있다. 왜냐하면 하나님께서는 그 사실에 대해서 세상에 알리라는 말씀이 없었기 때문이다. 하나님은 사도 요한을 통해 계시하시고 기록하여 세상에 알리라는 특별한 사명이 계획되어 있었다.

그래서 바울 사도가 경험한 후 52년 후에 A.D. 95년경 사도 요한에게 계시를 보여주시고 기록하라고 명령하셨다. 그리고 계시록 22장 18-19절을 말씀하시면서 이 예언의 말씀에 더하지도 빼지도 말라 엄명하셨다.

요한계시록 1장 3절에 기록되었으되 "이 예언의 말씀을 읽는 자와 듣는 자들과 그 가운데 기록한 것을 지키는 자들이 복이 있나니 때가 가까움이라"

요한계시록 22장 7절에 기록되었으되 "보라 내가 속히 오리니 이 책의 예언의 말씀을 지키는 자가 복이 있으리라 하더라" 이 말씀에서도 '이 책의 예언의 말씀을 지키는 자'가 복이 있으리라는 것이다. 말씀을 주시면서 거듭 두 번 계시의 말씀을 지키라고 강조하셨다. 그러므로 이 예언의 말씀에서 더하지도 빼지도 말아야 할 것이다. 이 말씀은 철저히 지켜야 한다.

이렇게 철저히 강조하심은 미혹 받지 않기 위해서다. 확실히 모르면 미혹을 받는다. 그래서 사도 요한을 통해서 계시록을 기록케 하시고 이 말씀에다 더하지도 제하지도 말라 경고의 말씀을 하셨다. 요한계시록이 천국과 지옥의 기준이다.

『정말 천국은 있습니다』『정말 지옥은 있습니다』『내가 본 천국과 지옥』 등의 책들과 간증들이 쏟아져 나오고 있다. 그렇다면 예수님은 거짓말을 하신 것일까? 성경은 거짓말하고 있는 것인가? 무엇이 진짜고 가짜인지 분별해야 한다. 하나님의 말씀인 성경은 요한계시록으로 말씀을 마쳤다. 그러므로 기록된 말씀으로 신앙의 기준을 삼아야 할 것이다.

• 구멍 뚫린 양말 열 켤레와 쌀 열 가마니

김○호 성도에게 천사가 다른 곳을 구경하자고 해서 따라 간곳이 '구제와 선행창고'였다고 한다. 문이 '스르륵' 열리면서 창고 안을 보는데 "무언가 잘못 보았겠지 하는 맘에 눈을 다시 한 번 비벼보았다. 자세히 보니 순간 반갑고 고마웠다. 그러나 그것도 한 순간… '구멍 뚫린 양말 열 켤레와 쌀가마니 열장'이 있었다. 그것이 지금까지 내가 했던 남을 위한 선행과 구제의 결과였다. 나는 너무나 창피해서 고개를 들 수 없었다." [171]

그 양말과 쌀가마니에 대한 사연을 본인이 이야기하는데, 한번은 딸을 데리고 예배드리러 교회에 갔는데 어떤 성도님의 딸이 양말도 신지 못하고 있는 것을 보고 자기 딸의 양말을 벗겨 그 아이에게 준 것이고, 가마니는 어느 추운 겨울에 빈 가마니 다섯 장을 지게에 짊어지고 가는데 다리를 지나다 다리 밑에 거지가 벌벌 떨고 있기에 한 장 던져 주었는데 하늘나라에서 10장으로 보상받았다는 것이다.

하늘나라에서 상줄 게 없어서 구멍 뚫린 양말과 가마니로 세상에서 베풀었던 선행으로 보상한다는 것은 누가 들어도 웃기는 일이다. 하나님의 나라의 상은 영광의 면류관, 의의 면류관, 생명의 면류관으로 준비된다. 소위 하늘나라를 이야기하면서 행한 대로 갚아 준다는 것으로 보아 하늘나라가 아니고 영계에 가서 보고 온 것이라 생각된다. 지금 사후의 세계인 영계를 경험하고 와서 하늘나라 천국 다녀왔다고 하는 자들이 너무나 많다.

요한계시록 22장 15절에 기록되었으되 "개들과 술객들과 행음자들과 살인자들과 우상 숭배자들과 및 거짓말을 좋아하며 지어내는 자마다 성 밖에 있으리라"

여기에서 주신 말씀은 '거짓말을 좋아하며 지어내는 자' 마다 성 밖에 있으리라는 것이다. 다시 말하면 하나님 보좌 앞에 나아가지 못한다고 엄중한 말씀을 하셨다.

4. 덕정○○교회 '지옥의 소리'의 정체를 밝힌다

'지옥의 소리'가 한국교계를 혼란스럽게 하고 있다. 인터넷을 통해서 무분별하게 확산 되고 있고, 유튜브에까지 확산되고 있어 주의가 필요하다고 말하고 있다. 마지막 시대에 마귀는 무저갱에 들어갈 때가 가까워 오고 있기 때문에 기독교를 말살하고자 하는 마지막 카드를 사용하고 있음을 알 수 있다.

1) 영계에서의 마귀의 전략을 명심해야 한다

신약성경 로마서 5장 17절에 기록되었으되 "한 사람의 범죄로 인하여 사망이 그 한 사람으로 말미암아 왕노릇 하였은즉 더욱 은혜와 의의 선물을 넘치게 받는 자들이 한 분 예수그리스도로 말미암아 생명 안에서 왕노릇 하리로다"

이 말씀을 보면 인류의 운명을 알 수가 있다. 인류에게 죽음은 하나님께 범죄 함으로 찾아 왔는데 그 장본인은 마귀다.

신약성경 히브리서 2장 14-15절에 기록되었으되 "자녀들은 혈육에 함께 속하였으매 그도 또한 한 모양으로 혈육에 함께 속하심은 사망으로 말미암아 사망의 세력을 잡은 자 곧 마귀를 없이 하시며 또 죽기를 무서워하므로 일생에 매여 종노릇하는 모든 자들을 놓아주려 하심이니"

마귀는 사망의 세력을 잡고 있다는 것을 우리들은 간과해서는 안 된다. 그러므로 사망의 세계인 영계의 세력을 마귀가 잡고 있다는 것을 알아야 한다. 심령과학에서는 이 세상은 정부에 지배되는 세계라면 사후의 세계는 신들이 지배하는 세계라고 말한다. 무속인들도 그렇게 인정한다.

그래서 앞서 말씀드렸지만 사망의 세력을 잡은 마귀는 하나님의 형상대로 지음을 받은 우리 사람을 멸망시키는 것이 목적이다. 그래서 자기가 장악하고 있는 영계를 하나님 나라로 둔갑시켜 버리는 것이다.

"우리의 사명은 지상의 산물인 신학을 박멸하고 이것의 대신으로 보다 더 올바른 신의 가르침을 지켜야 한다."[172] (스테튼 모-제스가 받은 자동서기를 통한 영계통신) 하는 사명 속에 마귀의 전략 중 "영계와의 교통을 강구한다."가 포함 되어 있다. 영계의 왕래를 통해서 기독교인들을 미혹하겠다는 전략이다.

바울 사도는 미래를 내다보며 데살로니가후서 2장 7절에서 "불법의 비밀이 이미 활동하였으나 지금 막는 자가 있어 그 중에서 옮길 때까지 하리라"고 불법의 비밀이라고 밝혔다.

그 불법의 비밀이 영계에서 활동하고 있다. 가면 갈수록 주님 재림하실 때까지 극성을 부릴 것이라는 것이 바울 사도를 통해 예언되었다. 그리고 마지막에 이렇게 말씀을 마친다.

데살로니가후서 2장 11-12절에 기록되었으되 "이러므로 하나님이 유혹을 저희 가운데 역사하게 하사 거짓 것을 믿게 하심은 진리를 믿지 않고 불의를 좋아하는 모든 자로 심판을 받게 하려 하심이니라"

그러므로 마귀는 영계에서 기독교인들을 끌어들여 거짓 것을 보여주고 세상에 가서 본대로 들은 대로 증거 하라고 조화를 부리고 있다.

그 중에 '지옥의 소리'가 등장했다.

(1) '지옥의 소리'의 발단

인터넷의 내용을 보면 경기도 양주시 덕정동에 있는 덕정○○교회에서 시작 된 것으로 알려져 있다. 그 교회 담임목사(김○훈)는 20년 전 불교인이었으나 복음을 듣고 회개하여 예수를 믿게 되었다 한다. 그는 은혜를 체험하고 신학공부를 하고 목사가 되어 덕정○○교회를 개척하고 목회를 하는 가운데 성령의 역사로 오랜 회개 끝에 영의 눈을 뜨게 되었다고 한다.

회개기도와 부르짖는 기도 속에 영계를 드나들게 되었는데 지옥을 방문할 때는 고통 받는 이들의 신음소리를 들을 수 있었는데, 그 중에 죽은 유명인사들이 지옥에서 고통 받는 장면을 보았다고 한다. 교회 전도사와 함께 지옥의 간자들의 절규를 세상 사람들에게 알게 해서 회개하도록 권하려고

'지옥의 소리'를 제작하게 되었다고 한다.

그런데 지옥의 소리 음성파일을 교회 홈페이지에 공개하고, 유튜브에도 올려 무리를 일으키고 있다.

(2) 인터넷에 나온 인터뷰 내용을 점검해 본다

덕정○○교회 담임인 김 목사는 인터넷에 모 기자와의 인터뷰에서 주장하고 있는 몇 가지를 점검해 보려 한다.

가. 수시로 지옥을 보느냐는 질문에 맘대로 볼 수 있는 것이 아니라 하나님께서 특별한 때에 보여주신다고 하면서 "유명인이 죽게 되면 또 보게 될 것이다"라고 대답했다고 한다. 유명인이 죽으면 또 보게 될 것이라는 말에 의미는 무엇일까? 유명인이 죽으면 하나님이 자기를 통해 영계에 가서 천국에 갔는지 지옥에 갔는지 세상에 알리는 전령의 역할을 하겠다는 것이다. 이것은 참으로 조심해야 할 일이다.

나. 자살하면 지옥에 간다는 주장에 대해서는 "회개하지 못한 채 죽는다면 지옥에 가는 것이고, 자살하게 되면 회개할 기회가 없어 당연히 지옥에 가는 것이다. 기독교인이라도 죄를 짓고 회개하지 못하면 지옥에 가는 것이다." 자살하면 당연히 지옥에 가는 것이라고 심판을 하고 있음을 우리는 조심해야 한다.

사도행전 10장 42-43절에 기록되었으되 "우리를 명하사 백성에게 전도하되 하나님이 산 자와 죽은 자의 재판장으로 정하신 자가 곧 이 사람인 것을 증거 하게 하셨고 저에 대하여 모든 선지자도 증거 하되 저를 믿는 사람들이 다 그 이름을 힘입어 죄 사함을 받는다 하였느니라" 한 말씀은 베드로가 고넬료의 가정에 가서 설교하면서 하는 말씀이다. 우리를 명하사 백성에게 전도하되 하나님이 산자와 죽은 자의 재판장으로 정하신 자가 바로 예수님이라고 증언했다. 여기서 강조된 말씀은 '산 자와 죽은 자의 재판장'으로 하나님이 예수님을 세우셨다. 세상 사람들이 재판장이 되어서는 안 된다. 김 목사도 마찬가지다. 천국에 갔다느니, 지옥에 갔다느니 판단하는 것은 심판자이신 예수님에 대한 월권행위다.

예수님의 심판은 아직 이루어지지 않았다. "저리로서 (거기로부터) 산 자와 죽은 자를 심판하러 오시리라" 이 고백처럼 예수님이 재림하실 때 심판이 이루어진다. 죽은 자가 심판되었다는 것은 잘못된 신앙이다. 매일 신앙고백을 하면서도 자기가 심판을 하고 있다. 삼가 주의해야 할 것이다. 심판 주는 당연히 예수님이시다.

데살로니가전서 4장 13-17절에 기록되었으되 "형제들아 자는 자들의 관하여는 너희가 알지 못함을 우리가 원치 아니하노니 이는 소망 없는 다른 이와 같이 슬퍼하지 않게 하려함이라 우리가 예수의 죽었다가 다시 사심을 믿을진대 이와 같이 예수 안에서 자는 자들도 하나님이 저와 함께 데리고 오시리라 우리가 주의 말씀으로 너희에게 이것을 말하노니 주 강림하실 때까지 우리 살아남아 있는 자도 자는 자보다 결단코 앞서지 못하리라 주께서 호령과 천사장의 소리와 하나님의 나팔로 친히 하늘로 좇아 강림하시리니 그리스도 안에서 죽은 자들이 먼저 일어나고 그 후에 우리 살아남은 자도 저희와 함께 구름 속으로 끌어 올려 공중에서 주를 영접하게 하시리니 그리하여 우리가 항상 주와 함께 있으리라"

베드로전서 4장 5-6절에 기록되었으되 "저희가 산 자와 죽은 자 심판하기를 예비하신 자에게 직고하리라 이를 위하여 죽은 자들에게도 복음이 전파 되었으니 이는 육체로는 사람처럼 심판을 받으나 영으로는 하나님처럼 살게 하려 함이니라"

이 말씀은 중요한 말씀이다. '산 자와 죽은 자'를 심판하실 분은 예수님이시라는 것이다. 이를 위하여 죽은 자들에게도 복음이 전파 되었으니 이것은 육체로는 심판을 받으나 영으로는 하나님처럼 살게 하려 함이라고 말씀하셨다.

앞서 베드로전서 3장 18-20절에 기록되었으되 "그리스도께서는 한 번 죄를 위하여 죽으사 의인으로서 불의한 자를 대신하셨으니 이는 우리를 하나님 앞으로 인도하려 하심이라 육체로는 죽임을 당하시고 영으로는 살리심을 받으셨으니 저가 또한 영으로 옥(獄)에 있는 영들에게 전파하시니라 그들은 전에 노아의 날 방주 예비할 동안 하나님이 오래 참고 기다리실 때에 순종치 아니하던 자들이라 방주에서 물로 말미암아 구원을 얻은 자가 몇 명뿐이니 겨우 여덟 명이라"

하나님은 사랑이시다. 디모데전서 2장 4절에 기록되었으되 "하나님은 모든 사람이 구원을 받으며 진리를 아는데 이르기를 원하시느니라"와 같은 마음이 하나님의 사랑이다. 그래서 노아시대 때 홍수로 수많은 사람이 죽었다. 당시 부패된 인간의 삶을 보면서 마음 아파하시던 하나님께서는 심판의 채찍을 드신 것이다. 회개할 기간을 두고 노아에게 방주를 만들도록 하셨다. 그러나 노아 가족 외에는 돌아온 자가 없었다. 때가 되매 40주야 비가 내려 모든 사람은 죽고, 노아의 가족 여덟 식구만 살아 남았다.

어떤 분들은 하나님은 잔인한 분이라고 한다. 그리고 복음을 듣지 못한 우리의 조상들은 억울하지 않겠느냐고 항변을 한다. 하나님은 공평하고 정의로우신 분이시다. 그래서 영으로도 구원하시기 위해 예수님을 영계로 보내 복음을 전하도록 하셨다.

그런데 사망권세를 잡고 있는 마귀가 '지상의 산물인 신학'을 즉, 성경을 박멸하려던 세력들이 영계에서 비상이 걸렸다. 그 내용이 '스테톤 모-제스'의 자동서기(自動書記)를 통해 기록한 『영훈』(靈訓)이란 책 내용에 나온다.

인베레-타 -의 통신에 의하면 "우리들의 사명에 대하여 부단히 반항적 태도를 계속 취하고 있는 유력한 악령의 집단도 있다. 그들은 교활한 지혜와 악랄한 재주가 많은 사악한 영을 두목으로 삼고 백방으로, 있는 수단을 다하여 우리들의 성업을 방해하고 있다. 그 나쁜 장난은 대단히 교묘하고 그 행동은 극히 민활하여 공교하게 우리들의 사업을 모방하여 진실한 종교와 같이 헤매는 자의 환심을 사려하고 있어 그의 전파력 감염력은 놀랄 정도로 강하고 크다. 그들은 신(神)의 적(敵)인 동시에 악(惡)의 사자(使者)이다. 우리들은 그들에 대하여 영원한 싸움을 계속하고 있다."[173]

여기에서 보면 신학(성경)을 박멸하려는 그들의 계획에 대해 부단히 반항적 태도를 계속 취하고 있는 유력한 악령의 집단이라고 했다. 이것은 예수님의 영이 영계에 가서 복음을 전했다(베드로전서 4:18-20)는 것을 알고 방어 자세를 취하는 것으로 마귀 집단으로는 사악한 영으로 표현한 것으로 생각된다. 내용을 보면 영적인 싸움이 대단하다는 것을 알 수 있다. 심령과학을 연구해 보면 이에 대한 것을 이해할 수 있다. 바울 사도의 표현으로는 불법이 비밀이 이미 활동했다고 했는데 그 활동이 이미 예수님이 나시기 전 500년 전부터 활동하고 있었다. 인류를 멸망시키려는 것이 마귀의 일인데 예수님이 오셔서 십자가의 죽으심으로 마귀가 승리한 것처럼 생각했는데 육체로는 죽으시고 영으로는 사망권세 잡고 있는 영계에 오셔서 복음을 전하시니 마귀가 비상이 걸렸고, 대항하여 싸우려 했으나 사망 권세 이기시고 부활하시니 마귀는 실패하고 말았다. 그래서 작전을 세우는 것이 영계를 왕래케 하여 신앙을 혼란시키는 것이다. 그것은 하나님 나라와 영계를 혼합시키는 일이다. 그래서 스웨덴보르그로부터 영계를 왕래하기 시작했다. 이것이 마귀의 비밀무기다. 주님 재림하실 때까지 영원한 싸움을 계속하겠다는 것이다.

신약성경 에베소서 6장 10-13절에 하늘에 있는 악한 영과 싸우기 위해서는 전신갑주를 입으라고 권면한다. 이것은 악한 날에 승리하기 위해서다. 전신갑주가 무엇일까?

에베소서 6장 14-17절 "그런즉 서서 진리로 너희 허리띠를 띠고, 의의 흉배를 붙이고 평안의 복음의 예비한 것으로 신을 신고 모든 것 위에 믿음의 방패를 가지고 이로써 능히 악한 자의 모든 화전을 소멸하고 구원의 투구와 성령의 검 곧 하나님의 말씀을 가지라" 말씀에서 보면 전신갑주는 진리로 시작해서 하나님 말씀으로 무장이 끝난다. 다시 말해서 진리가 하나님의 말씀이요 예수 그리스도다. 그리고 성령의 검은 하나님의 말씀이다. 그러므로 하나님의 말씀으로 무장해야 마귀와 싸움에서 승리할 수 있다.

다. '지옥의 소리'를 만들 것인가에 대해서 많은 분들이 좋지 않게 비난하고 협박하지만 순종하는 자에게 찾아오는 핍박이라 생각하고 '지옥의 소리'를 듣고 깨닫고 돌아오는 사람도 있으니 이것이 하나님의 방법이라고 믿는다고 했다. 그리고 "이것은 세계적인 영적 전쟁이다. 죽을 각오로 계속 복음을 전하겠다."고 말했다고 한다.

어느 언론매체에 방영한 내용에서 김 목사는 기도 중 하나님이 지옥을 보여 주었고, 자신은 사람을 구원하기 위해 '지옥의 소리'를 만들었다고 했다. 지옥의 파일 내용들을 들어보면 너무나 황당한 내용들이 있다. 그리고 무분별하게 소리를 지르며 악의적인 말을 토해낸다.

필자는 인터넷을 통해 '지옥의 소리'를 들어 봤고, 판매하고 있는 CD를 구해서도 들어봤다. 정말 지옥의 소리다. 김 목사도 '지옥의 소리'라고 타이틀을 붙였다. 결론적으로 '지옥의 소리'는 마귀의 소리요 귀신의 소리다. 귀신의 소리를 하나님의 음성으로 듣는 주의 종들과 성도들이 있어서 안타깝다.

2) '지옥의 소리'는 기독교를 말살하려는 마귀의 마지막 전략이다

첫째, 영계에서의 마귀의 전략이 '영계와의 교통을 강구한다.'는 것을 기독교인들은 명심(銘心) 또 명심해야 한다.

마귀는 사람들을 자꾸 영계로 끌어 들인다. 근래에 와서 더욱 그렇다. 어린아이로부터 어른에게 이르기까지 기독교인뿐만 아니라 다양한 사람들에게 영계를 경험하게 한다. 그리고 그 경험을 책을 써서 알리라고 특명을 내린다. 영계를 하나님의 나라와 혼합시켜 버리는 것이다.

기독교인들은 기독교인들만 그런 체험을 하는 것으로 생각하고 '천국과 지옥'이란 타이틀로 간증을 한다. 이것은 대단한 착각임을 알아야 한다.

(1) 미얀마(버마)의 불교 승려가 경험한 간증

아텟 피안○○우 ○○루는 미얀마 전통 불교 집안에서 태어났다. 그는 성장하여 승려로서의 삶을 살며 불경을 배웠다. 그러던 중 황열병과 말라리아가 악화 되어 수술받기 위해 병원으로 이송되었다. 입원한지 한 달 후에 병은 더욱 악화되어 회복하기 불가능해 의사의 권유로 퇴원을 했고, 그를 돌보던 승려들이 있는 절로 돌아갔다. 병은 점점 악화되어 혼수상태로 빠졌다 3일 후 다시 깨어나서야 자기가 죽었었다는 것을 알게 되었다고 했다. 심장이 멈추자 죽음을 확인하고 불교 관례에 따라 장례식을 마치고, 화장하기 위해 준비 되어 있었다.

그 전에 그는 그의 영혼이 빠져 나가 나무도 풀도 없는 광활한 광야를 걷고 있었다. 아무도 없이 혼자 길을 걸어 얼마 후에 강을 건너게 되었고, 강 건너편에 끔찍한 불의 연못을 보게 되었다. 그 불꽃 가운데서 마귀를 보았는데, 얼굴과 몸통이 사자 같고 그의 다리는 용의 비늘 같고, 그 머리에는 뿔이 나와 있었다. 보는 순간 두려움에 누구냐고 묻자 '지옥의 왕'이라고 했다. 지옥의 왕은 그에게 불못을 다시 보라고 했다. 순간 불못을 보았을 때

'우 자딜라 ○○니 칸 사야도'(1983년에 교통사고로 죽은 저명한 스님)를 보았다. 깜짝 놀라 왜 이 훌륭한 지도자가 불못에 왔느냐고 '지옥의 왕'에게 물었다. 지옥의 왕은 "그는 좋은 스승이었으나 예수를 믿지 않아 지옥에 있는 것이다"라고 했다고 한다.

그는 지옥을 구경하고 다시 황량한 길을 다시 걷기 시작했다. 한참 후에 한 이정표가 나왔다. 한 길은 왼쪽으로 나 있었고 넓은 길이었다. 다른 한 쪽은 오른 쪽으로 나 있었고 좁은 길이었다. 분기점에 푯말이 있었는데, '예수를 믿지 않는 사람은 왼쪽으로 넓은 길로 갈 것이요, 예수를 믿는 자들은 오른쪽 길로 갈 것이다'라고 적혀 있었다. 그는 넓은 길이 흥미롭게 느껴져서 그 쪽으로 내려가는데 앞서 두 사람이 가고 있었다. 그는 앞서 간 사람들이 그 길의 끝에 다다랐을 때 누군가에 의해 찔려 죽임을 당하며 비명지르는 소리를 들을 수 있었다. 그도 소리를 지르며 그 길은 위험한 길이라 생각하고 되돌아서면서 바쁘게 길을 걸었다. 1시간 정도 걸었을까! 그 길의 표면은 순수한 황금빛으로 바뀌었다. 그리고 그 앞에 서 있는 한 남자를 보았는데, 그는 흰색 예복을 입고 있었다. 그리고 어디선가 들려오는 아름다운 노래를 들을 수 있었다. 그 흰 예복을 입은 남자는 그와 같이 걷기를 권유했다. 그는 그에게 이름이 무엇인지 물었다. 대답이 없어 여섯 번째 묻자 그 남자는 "나는 천국의 열쇠를 쥐고 있는 사람이다. 천국은 매우 아름다운 곳이다. 너는 지금 그곳을 갈 수 없다. 하지만 네가 예수를 따른다면, 너의 명이 다한 후엔 올 수가 있다."라고 하였다.

그의 이름은 베드로였다. 베드로는 내가 땅으로 돌아 올 때까지 함께 해 주었고, 하늘에 걸려 있는 천국으로 이어지는 사다리를 보여 주었다. 그리고 사다리에 오르내리는 천사들도 볼 수 있었다. 베드로는 나에게 이제 가야 할 시간이라고 하였다.

그는 움직이기 시작했다. 관 옆에 있었던 아버지와 어머니는 경악하여 소리쳤다. "그가 살아났다, 살아났어!" 그는 자기 손으로 관을 붙잡고 똑바로 앉았다. 그는 이상한 냄새 나는 액체에 앉아 있었다는 것을 알 수 있었는데 그것은 죽어서 시체에서 흘러나온 액체임을 알 수 있었다. 그러므로 그는 진짜 죽어 있었다는 것을 알 수 있었다. 하마터면 그는 관과 함께 태워질 뻔했다고 간증했다.[174)]

이 내용은 예수 믿지 않는 미얀마의 어느 불교 스님의 간증이다.

(2) 일본인 쇼죠 ○○모토 씨의 자살체험

1980년 초, 일본 중소기업 사장인 그는 회사가 망하게 되자 욕조에서 동맥을 절단하여 자살을 시도했을 때 죽기 직전 자신의 앞에 검은 색의 무엇인가 덮이는 체험을 했다고 한다. 얼마 후 욕조에 누워 있는 자신의 모습을 볼 수 있었다. 순간 "이건 실수였어, 큰 실수…"라고 소리치며 '자살이란 이 세상에서 저지른 가장 큰 실수'라고 생각하며 엄청난 두려움을 느꼈다고 한다. 저승사자는 그의 머리채를 잡고 깊은 땅속으로 끌고 들어갔다고 했다. 땅속으로 들어 갈 때는 차가운 기운을 느꼈는데 갑자기 ○○모토 씨는 시뻘건 용암을 통과한 뒤, 불이 이글거리며 비명을 지르고 있던 엄청난 사람들을 목격했다고 한다. 시뻘건 용암에 떨어진 그는 말할 수 없는 영적 고통을 겪었으며, 용암 위에 앉아 있던 빨간색갈의 악마가 뾰쪽한 꼬챙이로 소리를 지르던 자신의 눈을 계속 찔러댔다고 했다.

그 순간 ○○모토 씨의 옆에서 살아생전 잘 알고 지내던 사람들이 나타나 "왜 이런 곳에 왔는가, 얼른 돌아가라"는 경고를 하고 그를 위로 번쩍 들어 올렸다. ○○모토 씨가 의식불명에서 다시 깨어난 것은 바로 그때였다고 한다. 그 후 병원에 문병 왔던 모든 사람들에게 "절대로 자살하지 마라"고 충고를 했다고 한다.[175)]

이 분도 예수를 믿는 사람이라고 볼 수 없다. 다양한 사람들이 저승 사후의 세계인 영계를 다녀온다. 무속인들도 기본으로 저승에 가서 신을 만나고 와서 신기가 생긴다.

둘째, 앞에서도 언급했지만 '자미국'을 개국한 인황이 쓴 『황명』이라는 책에 이러한 내용이 있다.

(3) 수시로 영계를 왕래하여야 하느니라

'인황'이 2001년을 천기 원년으로 선포하고 천황태제님 전에 자미천감과 함께 기도를 했을 때는 주로 도솔천궁으로 자미천감의 생령을 승천시켜 하늘의 뜻과 미륵존불님의 뜻을 알고자 하는 천상공부였는데 미륵존불님이 가르쳐 주신대로 행하자 자미천감님의 생령은 순식간에 도솔천 내원궁에 도착하자 두 명의 선녀가 다가와 안내해 주었다고 한다.

내원궁 미륵님 집무실로 이동을 하는 동안 삼삼오오 짝을 지어 있는 선녀들이 환영의 인사를 해 주었고, 눈에 익은 꽃과 전혀 보지 못한 아름다운 꽃들이 피어 있었으며 오색무지갯빛 새들이 무리지어 날고 있었다고 했다. 용화세존 미륵존불님께서 계신 집무실 앞에 도착하자 웅장한 도솔천궁은 금빛으로 장식되어 있었고, 눈이 부시게 찬란한 빛은 순금과 칠보로 단장되어 있었다. 계단도 기둥도 화분도 장식등 촛대도 온통 황금으로 치장되어 있었다고 했다.

용안을 바라보니 화려한 금색 용포에 관모를 쓰고 계셨는데 좌우에 보좌관과 도솔선녀들이 있었고, 미륵존불님을 바라보자 지상에 계신 도솔천 선생님과 천상에 계신 미륵존불님과 두 분이 너무 닮아 신기하다고 했을 때 미륵존불님은 "껄- 껄- 껄" 웃으시며 "네가 보기에 우리 둘이 많이 닮았느냐? 우리 둘이 닮을 수밖에 없는 그 깊은 뜻은 훗날에 가르쳐 주마. 앞으로 너와 도솔천 선생은 수시로 나의 궁에 내왕을 하면서 내가 가르쳐 주는 하늘의 공부를 열심히 하여야 하느니라.[176) 했다고 한다.

여기에서 보면 "앞으로 너와 도솔천 선생은 수시로 나의 궁에 내왕하면서" 가르쳐 주는 하늘 공부를 열심히 하여야 한다고 했다. 수시로 영계를 왕래하여야 한다는 것이다. 이렇게 영계로 불러들인다.

"올라올 때마다 새로운 공부를 많이 시켜줄 것이니 자주 올라오너라" 하고 자주 영계를 출입할 것에 대해 말한다. 이것이 마귀의 비밀무기이다.

(4) 장례식장에서 예배드리지 못하게 한다

자미천궁이 지은 『황명』이란 책에 보면 "인간세계에 내려가 네가 완수해야 할 일은 내 아들로 인하여 너로 인하여 만 세상에 잘못 알려져 조상을 우상으로, 마귀 사탄으로 생각하고, 조상 섬기기를 게을리 한 그들을 교화시켜 내 아들 때문에 조상 대접을 못 받는 불쌍하고 가련한 만 영혼들을 구원하고 돌아 오거라"[177) 했다.

여기에서 말한 "내 아들 때문에 조상 대접을 못 받는 불쌍하고 가련한 만 영혼들을 구원하고 돌아 오거라"가 무슨 말인지 기독교인들은 분명히 알아야 할 것이다. 부족한 종이 이 책을 쓰는 이유도 이 사실을 밝히려는 것이다. "내 아들 때문"이라고 했는데 영계의 신(神) "태상천존 자미천황태제님"이 기독교에서 믿는 '여호와 하나님'을 아들이라고 하는 것이다. 그래서 예수님은 손자 취급하는 것이다. 자기(태상천존 자미천황태제님)가 우주만물의 창조자라는 것이다. 그리고 이어서 다음과 같이 말한다.

"선천의 세계에는 나의 손자인 예수를 남자로 보냈지만 후천의 세계에는 여자로 둔갑을 시키어 나의 자손 너를 보내니 명심할지어다. 어떤 방법으로 나의 명을 완수하고 돌아올 것인지 그것은 너의 소임이지만 나는 너의 일 거수 일 투족 모든 것을 다 살피고 있을 것이니 한시도 방심하거나 오만하지 말고 임무 완수하여 천상에서 너와 내가 다시 만나 웃을 수 있기를 바란다."[178)

정말 마귀 사탄이 하나님 자리를 넘보고 저주받은 사실을 입증해주고 있다.

신약성경 유다서 1장 6절에 기록되었으되 "또 자기 지위를 지키지 아니하고 자기 처소를 떠난 천사들을 큰 날의 심판까지 영원한 결박으로 흑암에 가두셨으며"

베드로후서 2장 4절에 기록되었으되 "하나님이 범죄한 천사들을 용서치 아니하시고 지옥에 던져 어두운 구덩이에 두어 심판 때까지 지키게 하셨으며" 말씀처럼 저주받은 천사가 사탄 마귀가 되어 심판 때까지 영계의 지옥을 지키고 있다는 사실이다. 그래서 '지옥의 소리'가 생겨났다. 또 책을 인용한다.

"또한 원신과 천인합체 의식을 행한 백성들에게 천상세계나 지옥세계로 가라고 명을 내리면 즉시 그곳 세계로 올라가서 임무를 수행했고, 천지의 일체신명이나 각 조상님들의 영혼(귀신)들도 말이 채 떨어지기 전에 찾아왔고, 더욱이 산사람의 생령(영혼)도 부르면 즉시 감응했다. 그 어느 누구에게 배워서 행한 것이 아니라 나도 모르게 마음에서 우러나오는 대로 말을 행한 것뿐인데 그 조화는 실로 엄청나게 많이 일어났었다."[179)

여기에서 밝히고 있는 것은 의식을 행할 때 '천상세계나 지옥세계'에 가라 명하면 즉시 올라가서 임무를 수행했다고 증언한다. 그리고 인황이 말을 하면 천지조화가 엄청나게 많이 일어나고 있다고 말한다. 이것은 예수님께 나타나 시험하던 마귀의 조화의 현상이 이루어지고 있음을 알 수가 있다.

천상세계도 자유자제로 가고, 지옥세계도 자유자제로 가서 임무를 수행한다는 것이다.

인터넷에 올라온 '지옥의 소리' 내용들을 보면 "이 지옥의 사건은 하나님께서 양주 덕정○○교회 김 목사님과 최 목사, 교인들에게 3년이 넘게 영안을 열어 보여 주시고 들려주신 사건이다. 이 사건은 입신이 아니라 밤마다 부르짖어 기도할 때 성령 충만 받고 지옥을 보여주신 사건이다. 지옥을 볼 때 귀신들은 팔을 비틀고, 창자를 비틀고, 숨을 쉬지 못하게 하고 최대한 방해하지만 예수님의 도우심으로 지옥 깊은 곳을 보게 된 실제 사건이다."[180]

여기에서 증언하고 있는 것은 하나님이 영안을 열어 지옥을 보게 하셨고, 예수님이 도우셔서 지옥 깊은 곳을 보게 되는 실제사건이라고 증언한다. 정말 하나님이 지옥을 보여주시는 것일까? 정말 예수님이 도와주시는 것일까?

그러나 예수님께서는 누가복음 16장 19-31절 말씀가운데서 음부(지옥)에 가 있는 부자가 불꽃가운데서 아브라함에게 부탁한 것은 "나사로를 보내어 그 손가락 끝에 물을 찍어 내 혀를 서늘하게 하소서"라고 할 때 "이뿐 아니라 너희와 우리 사이에 큰 구렁이 끼어 있어 여기서 너희에게 건너가고자 하되 할 수 없고 거기서 우리에게 건너 올 수도 없게 하였느니라"(26절) 하는 말씀은 예수님이 사후의 세계에 대해서 알려 주시면서 아브라함을 통해 음부(지옥)에 갈 수도 없고 거기서 건너올 수도 없게 하셨다고 말씀하셨다. 그런데 지옥의 깊은 곳에 가서 지옥의 지독한 냄새를 맡고 토하며 지옥의 형벌을 직접 느끼며, 고통 받고 있는 유명 인사들을 만나고 그들의 형벌받는 모습과 절규의 부르짖음을 주님께서 지옥을 보는 자의 입을 스피커처럼 사용하여 말하게 하신 사건이라고 한다.

여기에서 지옥의 부르짖음을 주님이 보는 자의 입을 스피커처럼 사용하여 말하게 하는 사건이라고 했다. 모두가 다 예수님이 보여 주시고 예수님이 그들을 사용하고 계시다고 말한다. 과연 그것이 사실일까?

그러면서 '지옥의 소리'를 들려준다. "죽은 조상에게 제사하며 사기당하다가 지옥에 떨어져 귀신들에게 무시무시한 형벌을 당하고 있는 것이다. 속지 말기 바란다. 또한 죽은 자 앞에 꽃을 바치는 행위가 우상숭배가 아니면 무엇이 우상숭배인가? 성경에 어디에 추도예배 드리고 제사음식 먹으라 했는가? 또 죽은 자에게 꽃을 바치라 했는가? 왜 하나님의 말씀을 따르지 않는가, 불순종 하는 것도 믿음인가?[181]

여기에서 강조하는 것은 "추도예배 드리는 것, 제사음식 먹는 것, 장례식장에서 예배드리고 죽은 자 앞에 꽃을 바치는 행위는 엄연한 우상숭배다."라고 주장한다. 이것이 '지옥의 소리'이다. 마귀는 에덴동산에서 사람을 미혹할 때 자신의 말을 합리화하기 위해 거짓말을 섞어 미혹했다.

창세기 3장 4-7절 말씀에서 "선악과를 먹으면 정녕 죽으리라"고 하셨는데 마귀는 "결코 죽지 아니하리라"고 거짓말을 하면서 "먹는 날에는 눈이 밝아 하나님과 같이 되어 선악을 알 줄을 하나님이 아심이라"고 '눈이 밝아진다'하는 참말을 섞어 말을 하면서 '하나님처럼 된다'는 거짓말로 교만을 부렸다.

가. 제사음식 먹는 것

'제사음식 먹는 것'에 대해서는 고린도전서 8장과 10장에서 말씀하고 있다. 우상의 제물에 대해서 그리스도인들이 어떤 태도를 취해야 하는 지에 대해서 다루고 있다. 고린도교회 당시에 시장에서 팔리던 고기들은 일부가 우상에게 바쳤던 것을 가지고 나와 판매되고 있었다. 이로 인해 고린도교회는 우상의 제물에 대해서 논란이 제기되어 이 문제에 대한 신앙적 답변을 해주고 있다.

고린도전서 10장 20-21절 말씀에서는 이방인의 제사는 귀신에게 하는 것이요 하나님께 하는 것이 아니므로 귀신과 교제하는 자 되기를 원치 않는 다고 말씀하셨다.

그러면서 고린도전서 10장 25-29절에 기록되었으되 "무릇 시장에서 파는 것은 양심을 위하여 묻지 말고 먹으라 이는 땅과 거기 충만한 것이 주의 것임이니라 불신자 중 누가 너희를 청하매 너희가 가고자 하거든 너희 앞에 무엇이든지 차려 놓은 것은 양심을 위하여 묻지 말고 먹으라 누가 너희에게 이것이 제물이라 말하거든 알게 한 자와 및 양심을 위하여 먹지 말라 내가 말한 양심은 너희의 것이 아니요 남의 것이니 어찌하여 내 자유가 남의 양심으로 말미암아 판단을 받으리요" 한 말씀은 무릇 시장에서 파는 것은 양심을 위하여 묻지 말고 먹으라고 했고, 불신자 중 누가 청하여 음식을 대접할 때도 무엇이든지 묻지 말고 먹으라고 했다. 그러나 누가 이것이 제물이라고 말하면 알게 한 자와 및 양심을 위하여 먹지 말라고 했다. 우상에게 드린 제사음식인지 알면 먹지 말아야 한다고 말씀한다. 이것이 성경의 교훈이다.

나. 장례식장에서 예배드리는 것

'지옥의 소리'에 '목사들이 지옥 가는 이유' 중 "장례예배, 추도예배를 드리고, 우상제물을 먹고, 영정 앞에 꽃을 드리고, 머리를 숙였습니다."라는 내용이 있다.

장례식장에서 예배드리는 것이 우상숭배라는 것이다. 우상은 귀신을 섬기거나 하나님 외에 신앙의 대상으로 삼는 것을 의미한다. 특히 우리나라에서는 유교사상과 토속신앙으로 내려오고 있는 장례법에 제사가 있다. 거기에는 음식을 차리고 술을 드리고 절을 한다. 이것은 돌아가신 분을 대접하는 것이 아니라 귀신이 받는 것이라는 사실을 알고 있기 때문에 기독교에서는 제사 음식과 절을 하지 않는다. 왜냐하면 우상이 되기 때문이다. 사람은 하나님의 형상대로 지음을 받은 인격체다. 그래서 육과 영혼이 있다. 육에서 영혼이 떠날 때 죽는다고 한다. 육은 흙으로, 영혼은 영계로 들어가는 것이다. 그런데 하나님을 안 믿는 분들은 사람이 죽으면 귀신이 된다고 한다. 그 죽은 조상귀신이 음식을 잡수시는 것으로 믿고 있다. 이것은 마귀에게 속고 있는 것이다.

그래서 사람이 죽으면 천사가 받들어 가거나 귀신이 데려간다.

신약성경 유다서 1장 9절에 기록되었으되 "천사장 미가엘이 모세의 시체에 대하여 마귀와 다투어 변론할 때에 감히 훼방하는 판결을 쓰지 못하고 다만 말하되 주께서 너를 꾸짖으시기를 원하노라 하였거늘"

모세의 시체를 놓고도 미가엘 천사장과 마귀가 다투었다고 한다. 왜냐하면 죽음의 세력을 잡고 있기 때문이다. 그러나 주께서 모세의 영혼을 붙드셨다. 그래서 사람이 죽으면 음부로 끌고 가기 위해서 마귀가 역사한다. 죽음의 자리에 귀신들이 찾아오는 것이다. 율법을 가지고 정죄를 하고, 배고프다고 하면서 먹을 음식을 요구한다. 우리의 죽은 조상의 영이 귀신이 되는 것이 아니다.

장례식장에 음식을 차려 놓고 절을 하는 것은 마귀가 섬김을 받고자 요구하는 것이다. 그런데 기독교인들은 음식을 차리지 않고 절을 하지 않으니, 얻어 먹지도 못하고 사람에게 숭배를 받아야 하는데 예배를 통해 하나님께 영광이 올라가고 찬송과 말씀과 기도로 대적하니 마귀가 비상이 걸렸다.

그 증거를 자미국 책에서 찾아볼 수 있다.

지황이 쓴 『하늘 땅 인간 천지개벽』이란 책에 보면, "4대 성인들이 종교를 세운 것이 아니라 악마들이 인간세상, 영혼세상을 지배하고자 세운 것이 종교라고 하니 기가 막히다"라고 하면서 "종교를 믿고 있거나 종교를 믿었던 사람들이라면 절대 종교의식으로 장례를 치르지 마라. 완전히 망자까지 팔아먹는 것이다. 악귀 잡귀, 사탄 마귀에게 자기 조상의 영혼을 영원히 팔아먹는 불효자 행위를 하는 일이 된다. 종교의식으로 장례를 치르면 악마들

의 종이나 노예로 다시 탄생하게 되는 엄청 무서운 진실이 숨어 있다." [182]

　종교의식으로 절대 장례 치르지 말라고 간곡한 경계를 하고 있다. 그것은 망자의 영혼을 사탄 마귀에게 팔아넘기는 꼴이 되기 때문이라는 것이다. 이것은 기독교를 겨냥해서 하는 말이다. 사탄 마귀에게 팔아넘기는 불효자라고 하는 것은 거짓말쟁이요, 거짓의 아비인 마귀가 사탄 마귀에게 팔아먹는다고 하는 고도의 속임수를 쓰고 있는 것이다. 그래서 자신의 정체를 숨기려고 하지만 오히려 거짓말쟁이요, 거짓의 아비인 정체가 들어난다. 다음 내용을 보면 확실히 알 수 있다.

　"하나님께서는 이런 말씀도 하셨다. 하나님께 기독교인들이 찬양 찬송하는 것이 사탄 마귀의 그것을 받아서 똑같이 하고 있다 하시면서 믿음이 좋다고 성령 충만하다고 자신의 자랑하기에 바쁘다하면서 지랄도 가지가지로 한다 하셨다. 약 올리는 것도 아니고 뭐하는 짓이냐고 크게 호통치셨다. 기독교인들은 과연 잘못한 것을 정확히 아는가? 지금까지 용서 빌어 사면 받았는가?" [183]

　이렇게 하나님이 말씀하셨다고 한다. 이 내용을 보면 거짓말쟁이인 사탄 마귀의 말인지 하나님이 하시는 말씀인지 독자 여러분은 알 것이다. 하나님께 기독교인들이 찬양 찬송하는 것이 사탄 마귀가 했던 것을 기독교인들이 본따서 하고 있다는 것은 찬양 찬송하던 루시퍼 천사장이 사탄 마귀가 되었다는 정체를 스스로 들어낸 것이라 할 수 있다. 그리고 지랄도 가지가지로 한다고 하는 말투는 저주하는 사탄 마귀의 속성을 그대로 나타내고 있음을 알 수 있다.

　이렇게 마귀가 장례식장을 찾아와서 음식과 절 받음으로 섬김을 받아야 하는데, 기독교인들은 하나님께 예배를 드림으로 섬김을 받지 못하니 장례식장에서 예배드리는 것을 우상이라고 뒤집어씌우는 것이다.

장례식장에서 음식을 얻어먹고 절 받고 섬김을 받아 잔치를 벌였던 마귀, 귀신들이 기독교인들이 예배드리며 찬송하니까 마귀가 싫어하고 비상이 걸려 예배와 찬양을 마귀가 받는다고 '지옥의 소리'는 거짓으로 속인다. 어찌 마귀가 찬양과 말씀과 기도를 좋아 하겠는가? 구약 시편 116편 15절에 "성도의 죽는 것을 여호와께서 귀중히 보시는도다"라고 하셨고 17절에는 "내가 주께 감사제를 드리고 여호와의 이름을 부르리이다"라고 성도의 영혼을 부르심에 감사하고 주의 이름으로 감사제를 드리는 것이다.

우리는 분명히 알아야 한다. 귀신들은 죽은 조상을 가장하고 대접 받기를 원한다.

3) 기독교를 말살하려는 '자미국'에서는 어떤 일이 일어나는가?

자미국 자미천궁을 개국하고부터는 인황 마음 안에서 천상에 신(神)이 계시다면 청해 보아야겠다는 호기심이 발동했다고 한다. 그래서 "이미 2001년에 처음으로 산사람의 생령을 인류 최초로 사감(女)의 몸으로 싣는 일을 해보았고, 천상세계로 보내는 일, 지옥세계 명부전에 보내는 일까지 해보았던 경험이 있었다."[184] 고 한다.

여기에서 인류 최초로 생령을 불러 천상세계로, 지옥세계로 보내는 일을 했다고 하는데, 인황은 처음 겪는 일이기 때문에 세계최초라고 하는데 이미 심령과학에서도, 무당세계에서도 이루어지고 있는 사실임을 알아야 한다.

그런데 자미인황이 하늘의 경문을 외우면서 사감(영매)의 영을 천상세계, 지옥세계로 보내고, 산사람의 생령까지 실어서 수많은 궁금증을 풀 수 있게 해 준 신비의 장본이라고 추켜세운다.

"사감(女)의 육신은 지상에 내(인황) 앞에 앉아 있는데 사감의 영이 떠나서 어떻게 천상세계와 지옥세계를 가서 그 모습을 보고 그 분들이 해주시는 말씀을 그대로 전달해 줄 수 있는지 너무나도 신기하였다."[185]

이것이 심령과학에서 말하는 입신의 경험이다.

자, 여기에서 일어나고 있는 사건과 덕정○○교회에서 일어나고 있는 사건을 비교해 보자. 덕정○○교회에서도 예배시간에 회개기도와 부르짖는 기도를 할 때에 영이 육신을 떠나 지옥을 가게 된다고 말한다. 그래서 지옥에 고통 받는 소리와 부르짖는 소리를 주님이 자신을 통해 스피커처럼 사용하고 있다고 증언한다. 이러한 일들이 '자미국'에서도 똑같이 일어나고 있음을 명심해야 한다. 덕정○○교회에서는 주님이 자신에게 역사한다고 하지만 그것은 마귀 사탄의 조화다.

그런데 이러한 일이 똑같이 서인천 ○○교회에서도 일어나고 있다. 김○두 목사님이 쓴 『내가 너에게 불세례를 주노라』라는 다섯 권의 책을 필자는 다 구입해서 읽어 보았다. 이 책을 읽으면서 비슷한 느낌을 받았다. 마지막 때가 되어 마귀는 우는 사자처럼 삼킬 자를 찾고 있다. 마지막 때라는 것은 주님의 재림이 가까이 왔다는 징조요, 마귀가 무저갱에 들어 갈 때가 가까이 오고 있다는 징조다. 예수님은 "사람의 미혹을 받지 않도록 주의하라."고 말씀하셨다.

제3장

'손에 금분이 반짝이고 이가 금니로 변했다'고 하나님의 능력과 표적으로 보아야 하는가? 그 정체를 밝힌다

필자는 연합 부흥집회에 참석한 적이 있다. 설교시간에 강사님이 "손에 금분이 내리는 분이 있다"하고 말하니까 서로 자기 손, 옆에 좌우 사람들의 손을 쳐다보느라 야단이다. 내 손은 아무런 변화가 없었다. 뒤에서 여성 한 분이 자기 손에 금분이 내렸다고 신기하다며 손을 펴 보인다. 나는 돌아서서 그 여성의 손을 보았지만 내 보기에는 맨손 그대로다. 그런데 그 여성은 손을 드려다 보면서 신기해하는 것을 보았다.

그리고 인터넷에서 큰믿음교회에 들어가 보았더니 상한 이가 금니로 변했다고 사진까지 찍어서 공개하면서 하나님의 은혜에 역사라고 하는 것을 보면서 걱정이 되었다. 교회에서 비정상적인 것을 하나님의 능력의 역사라고 믿고 있는 것은 하나님처럼 되겠다고 하는 사탄에게 미혹 받고 있는 것이다.

필자가 교과서처럼 인용한 말씀이 데살로니가후서 2장에 있는 말씀이다. 데살로니가후서 2장 7-12절에 주님 오실 때쯤 일어나리라는 상황을 말씀하셨다. 사단의 역사로 모든 능력과 표적과 거짓기적과 불의의 모든 속임수로 믿는 자들을 미혹하리라는 것이다. 그래서 예수님께서 마지막 때에 미혹 받지 마라 당부하셨다. 이제 세상 곳곳에서 일어나고 있는 손에 금분이 솟아

나고 금니가 변하는 것은 정말 하나님이 하시는 능력과 표적인지 그 정체에 대해서 알아보고자 한다.

필자는 먼저 심령과학에 대해서 언급을 했다. 일어나고 있는 모든 상황을 보면 기적과 표적으로 나타난다. 그리고 이에 대해 연구하면서 1997년도에 서점에 가서 『빛으로 오는 우주의 힘 초광력』이란 책이 우연히 눈에 띠어 구입해서 읽어보며 놀라움을 금치 못했다.

그런데 본장을 쓰기 위해 이 책을 꺼내 오래간만에 다시 읽어보면서 자 미국에서 일어나고 있는 기적과 표적, 그리고 교회에서 부흥집회 때 일어나고 있는 금분이 손바닥에 솟아나는 표적과 상한 이가 금니로 변하는 표적과 비슷하다는 것을 알게 되었다.

1. 빛으로 오는 우주의 힘 초광력은 어디로부터 오는 것일까?

역시 그분도 책을 쓰게 하셨다. 300페이지가 넘는 책을 약 보름 만에 쓰게 하셨다고 증언한다.

"그분의 뜻을 받아 그냥 써 내렸다. 이제 팔도 아프고, 손목도 아픈 것 같다. 온 지구와 우주를 통틀어 이루시고 이끌어 가시며, 온갖 선한 것과 좋은 것을 주시는 그분께서 이제 그만 써도 된다고 하신다. 한 번도 글이라고는 써보지 않은 내가 님의 뜻에 따라 약 보름에 걸쳐 글을 썼다. 후일 다른 글을 통해서, 초광력이라는 힘이 내게 오기까지 내가 살아온 과정에 대한 이야기와 '그분은 과연 어디에 계시며 또한 어떻게 하면 나와 같이 될 수 있는가'라는 몇 가지 질문에 대한 답변을 하고자 한다." [186]

그리고 대우주의 원리시며 존재시며 빛이신 대영광께, 이 글을 쓰게 해주신 데에 대해 감사를 올린다고 했다.

대우주의 원리시며 존재시며 빛 되신 분이 누구일까? 그 강력한 초광력은 어디로부터 오는 것일까? 자미국에서는 대우주의 창조자이신 "태상천존 자미천황 태제님"이시라고 한다. 자미는 북극성 부근을 말하고 자미국, 자미천궁이라 불리며 다른 말로는 태을천이라고도 하며, 자미를 중심 기점으로 우주 전체의 모든 별들이 운행하고 있고 만생만물이 창조된 곳이라고 한다. 그리고 대우주를 창조하신 천계의 주인께서 이곳에 머물고 계신다고 했다. 그러나 이 책에서는 그분의 존재를 아직 밝히지는 않았다.

그러나 어떻게 하여 그런 능력이 왔느냐는 질문에는 다음과 같이 답한다.

"나를 찾아라, 잃어버린 순수한 나를 찾으면 우리의 하느님이 보이고, 그 하느님은 초광력이라는 모습으로 나타나시며, 우리 모두의 마음 안에 현존해 있다. 나는 이렇게 하여 이 힘을 이 나라의 하느님으로부터, 천지신명이신 조물주로부터, 창조주로부터 전수 받았다. 그분은 '빛' 그 자체이시다." [187]

자미국에서 주장하는 창조주하고 어쩌면 그렇게 비슷할까?

그리고 이렇게 이야기한다. 하느님은 이 나라 모든 민족의 하느님이시다. "우리나라 하느님은 서양의 예수님과 동양의 부처님을 모두 좋아하신다. 다만 사랑과 자비가 근본 바탕이 되고 실현될 때에 한해서 말이다." [188]

여기에서 말하는 우리나라 하느님은 우주만물을 창조하신 '여호와 하나님'이 아니라 우리나라의 민족 신(神)을 의미한다. 마귀는 하나님처럼 되기를 원한다. 그래서 하나님 자리를 넘보다 저주받아 사탄이 된 것이다.

2. 손에 금분이 내리고 솟아나는 것은 어떤 조화일까?

우주의 힘 초광력이 교류되는 방식은 '센서씰, 광력봉, 프로그램' 세 종류가 있다고 한다. 각각 3년이란 기간에 걸쳐 우주의 느낌을 받아 특정한 과정을 통과함으로써 우리 생활에 사용할 수 있도록 했다고 밝히고 있다. 이 세 가지는 우주의 마음과 우리의 마음이 교류할 수 있게 해주는 교량 역할을 한다고 한다. 즉, 강물을 건너기 위해 다리를 놓고, TV를 보기 위해 안테나를 세우고, 우주의 마음을 받기 위해 초광력 봉입물을 사용하는 것과 같이 이해하면 된다고 한다.

초광력 이 빛을 효율적으로 받는 방법은 약 2-3분간 편한 자세로 눈을 감고 지극히 겸손한 마음으로 우주의 힘, 초광력을 통하여 나와 우리의 마음이 맑아지고 밝아지도록 대우주의 마음에 부탁하라는 것이다. 그리고 진실한 마음으로 감사 기도를 하라고 한다.

이렇게 하면 어떠한 체험을 하게 되는가?

- 손끝에 전율이 오는 느낌, 진동이나 열기가 느껴지고, 들꽃이나 장미, 박하 향기를 맡게 되고, 물소리 바람소리 등 자연의 소리를 듣기도 한다.
- 금빛(금분, 은빛)이 손바닥, 얼굴 등에서 나타나기도 한다.
- 초강력을 펼치자 황금빛 기둥이 내려오기도 한다.
- 우주초광력연구소 뜰에서 초광력을 펼치자 금분이 쏟아져 내려오고, 손바닥에서 솟아나는 금분, 은분을 바라보며 즐거워하는 사진도 있다.
- 손바닥에 올려놓은 콩에 초광력을 펼치자 콩에서 싹이 텄다.

그리고 이렇게 증언하기도 한다.

"한번은 각 종교인들이 모인 자리에 가게 되었다. 내가 초광력을 보내니, 한쪽에선 '주님, 주님'을 외치고, 또 한쪽에서는 '관세음보살'을 외치고, 또 다른 사람은 '보현보살'을 부르고, 또 한편에서는 주송을 외었다. 그러다가 잠시 후 그들이 불렀던 소리는 간 데가 없고 하나같이 무슨 뜻인지 모를 말을 뭐라고 중얼거렸다. 고개를 좌우로 흔드는 사람, 양손을 덜덜 떠는 사람도 있고, 모두들 제 각각의 행동을 했다. 몇 분이 경과하자 모두 고요 속에 잠겼다. 그리고 하나같이 조용해졌다. 모두의 손에는 금빛이 나와 반짝거렸고, 더 이상 어떤 말도 필요가 없었다. 이 힘 초광력은 모두를 포용했기 때문이다." [189]

초광력 힘으로 이러한 기적의 역사가 이루어지고 있음을 기독교인들은 명심해야 한다. 기독교에서 믿는 하나님의 역사가 아니다. 또 한 권의 책을 소개한다. 21세기의 신화 『우주초염력』 책에도 똑 같은 금분의 경험들을 하고 있다. 이 책에서는 이렇게 증언한다.

"이 우주초염력은 종교와는 전혀 다른 신비한 힘이다. 모든 생명체를 유지시키는 근본적인 힘이 바로 우주초염력인 것이다." [190] 즉, 우주는 신이다. 따라서 우주의 힘은 신의 힘이다. 일찍이 일본 심령과학협회 전 이사장 시오다니 씨는 "이 우주에는 무한한 힘이 충만해 있으니 인간이 우주의 힘과 안테나를 맞추면 초능력을 얻을 수 있다"라고 말하였다. [191]

이렇게 우주에는 힘(에너지)이 있다고 확신한다. 그리고 그 힘을 사용하여 병을 치유하기도 한다.

"우주초염력은 병에 따라서 단 한 번의 힘으로서 완치시킬 수 있으며, 또 최대한 호전시킬 수 있다. 이 힘의 구조 속에는 강렬한 생명연장의 에너지가 들어있기 때문이다." [192]

이렇게 우주초염력을 통해서도 놀라운 기적과 표적과 각종 질병의 치유적 역사가 이루어지고 있다. 그리고 또 이렇게 증언한다.

"대우주의 신비를 완전히 파헤치기 전에는 우리는 그 힘의 극히 일부분만을 파악할 수밖에 없는 것이다. 이처럼 기계의 힘을 빌리지 않고도 우주초염력을 증명하는 사례는 무수히 많다. 강연 회장에 모인 청중들의 몸에서 금분이 나오는 것은 한 예에 불과할 뿐이다."[193]

1996년 7월 22-23일까지 연변대학 사회과학부 주관으로 각국 학자들을 초빙해서 '21세기를 향한 동북아 전망'이라는 국제학술회의가 열렸을 때 정 소장님은 '우주초염력과 진심'이라는 논문을 발표했다고 한다. 그때 참석한 분들은 반신반의하면서 믿지 않아 정 소장님이 직접 그 자리에서 시범에 나섰다고 했다.

"파워를 불어넣자 참석자들의 손과 발, 얼굴 등에 누런 금분이 반짝이기 시작했다. 시간이 흐를수록 금분은 자꾸 많아져 어떤 학자는 얼굴에 누런 금가루를 뿌려놓은 듯 반짝였다. 이렇게 놀라운 사실이 눈앞에서 벌어지자 그제서야 학자들은 신기하다며 믿기 시작하였다."[194]

이렇게 이번 학술세미나를 통해서 정 소장님이 초염력 힘을 불어넣자 금분이 쏟아지기 시작했고, 참석자들은 신경통, 허리통, 목병, 위장환자, 간염환자, 신염환자, 심장병환자, 중풍환자 등 이들에게 대대적인 우주파워 치료가 이루어졌다고 한다.

이러한 금분이 인체에 나타나는 신기한 사건은 1990년도 이전부터 기독교 밖에서 이루어지고 있는 사실이다. 그런데 그러한 일이 교회에서 일어나 하나님의 능력의 표적이라고 하면 금분의 경험을 하고 있는 자들이 들을 때에 무어라고 하겠는가, 독자 여러분들께서 생각해 보시고 판단하시기 바란다.

3. 상한 이가 금니로 변하는 것이 하나님의 선물인가?

우리 몸을 이루고 있는 세포의 수가 약 60조 개나 되고, 형태도 천차만별이지만 구성성분은 매우 단순하다. 유기질(단백질, 지방, 탄수화물)과 무기질(회분, 수분)로 구성되어 있을 뿐이다. 뼈와 치아에 무기질이, 연골, 인대 등에는 콜라겐(경단백질)이 좀 더 많이 포함되어 있다는 것이 다른 점이다.[195]

인간은 난자와 정자가 만나 수정된 후 한 개의 세포가 두 개로, 두 개가 네 개로, 네 개가 여덟 개로 분열하여 수십조 개가 되려면 약 40-50여 회 분열하여 한 인간이 완성된다고 한다.

결국 인간은 한 개의 수정란으로부터 뇌가 만들어지고, 눈도 만들어지고, 심장, 간, 콩팥뿐만 아니라 근육, 뼈, 치아 등 220여 종의 세포로 분화된다.

즉, 정자와 난자가 수정되어 분열한 초기 세포는 모든 장기로 분화될 수 있는 만능 잠재력을 갖고 있으며, 이미 여러 차례 분열을 거듭하여 특정 장기로 분화되기 시작한 세포는 그 장기로만 분화될 수 있는 제한된 잠재력을 가지게 된다. 바로 전자가 배아줄기세포이며 후자가 성체줄기세포라고 할 수 있다.[196]

세포 재생에 필요한 영양소는 아미노산(단백질), 탄수화물(당질), 무기질(미네랄), 비타민, 필수지방산이다. 이러한 영양소가 아니면 질병의 근본치유, 즉 손상된 세포를 본래대로 회복시킬 수 없다.

그리고 아미노산(단백질)과 무기질(미네랄)은 우리 몸을 만들어주는 영양소이며, 무기질은 뼈와 치아 등을 만들어 주는 필수성분이면서도 또한 생리기능 조절에도 관여를 하는 아주 중요한 영양소다.[197]

치아(齒牙)는 사람의 입속에 돌출되어 있는 뼈다. 음식을 씹을 때 주로 사용한다. 사람의 이는 흰색으로 단단한 백악질로 덮여 있고, 치은(잇몸) 밖으로 나와 있는 부분을 '치관(齒冠)', 황색이고 치은 속에 파묻혀 있는 부분을 치근(齒根)이라 한다. 치근은 상아질로 되어 있는데, 치관 내부에도 상아질로 되어 있다.

그런데 치아가 손상을 입고 제법 많이 깨져나갔거나 치아 신경까지 타격을 입었다면 치아 씌우기를 해야만 한다. 여기에 '크라운'이라는 치과 보철물로 치아의 기능과 모양을 회복시켜 주는 것이다. 크라운 보철물 사용되는 재료는 인체에 친화적인 성질을 기본으로, 자연치아의 씹는 힘과 교합을 잘 되돌려줄 수 있도록 튼튼한 것을 사용한다고 치과 전문 이는 말한다.

첫 번째가 금(골드)이다. 가장 전통적이라 할 수 있는 재료요, 침에 쉽게 부식되거나 가루로 떨어져 나올 일이 거의 없다고 한다. 또한 굉장히 단단한 금속이기 때문에 보철물이 깨지는 일도 없다. 단, 황금색이기 때문에 심미성이 높지 않은 편이다.

두 번째는 세라믹이다. 자연치아의 색감과 빛이 투과하는 투명도를 거의 비슷하게 재현할 수 있는 재료다. 그래서 치아에 씌웠을 때 티가 거의 나지 않는다고 한다.

세 번째는 금속사기이다. 티타늄 등의 금속을 베이스로 하여 그 위에 세라믹을 덧입히는 재료다. 이것은 자칫 잘못하면 손상되면서 심미성이 떨어질 수 있어 주의가 필요하다고 한다.

네 번째는 지르코니아다. 최근 치과 보철재료 중 주목받고 있는 종류라고 한다. 기존 세라믹과 비슷하지만 강도를 더욱 보완하고, 색감과 투명도를 높이 살렸기 때문에 자연치아 못지않게 튼튼하고 자연스러운 보철물을 만들 수 있다고 한다.[198]

이와 같이 하나님이 창조하신 사람의 인체에 대해서 설명을 하는 것은 그만한 이유가 있다. 그리고 치아에 대해서 알아봤다.

그런데 큰믿음교회에서 인터넷에 공개한 황금색 치아를 하나님이 베풀어 주신 선물처럼 좋아하고 기적의 표적으로 야단들이다. 하얀 이는 하나님의 솜씨요, 황금색은 첨가물을 넣은 가공품이다. 왜 하나님께서 창조하신 세포를 통해 하얀 이를 주시지 않고 황금이 들어간 가공품 이를 주시겠는가? 판단은 독자 여러분에게 맡긴다.

오늘날 기독교의 현실이 걱정된다. 하나님의 역사인지 마귀의 역사인지 구분하기가 어렵다. 하나님의 말씀 속에서 그 해답을 찾을 수 있다.

필자는 교과서처럼 인용한 신약성경 말씀이 있다. 마태복음 24장 23-25절, 데살로니가후서 2장 1-12절, 디모데전서 4장 1-2절, 디모데후서 4장 1-5절, 디모데후서 3장 16-17절, 요한계시록 22장 18-19절, 요한계시록 22장 7절 말씀이다.

나^(필자)의 인생을
회고^(回顧)해 본다

1945년 1월 전남 곡성에서 태어났다. 일제강점기의 극악무도한 일본은 조선말살 정책과 동남아를 집어 삼키려는 야심을 가지고 전쟁에 광분하던 암담했던 때에 태어 난 것이다. 그리고 어머니 품에서 8.15 광복절을 맞이 했다. 그래서 우리 세대를 해방둥이라 한다.

그런데 '살아 있는 순교자'로 널리 알려진 안이숙 선생은 평안북도 박천에서 출생하여 평양 서문여고를 졸업하고 일본 경도여전, 동경 가정여학원 연구과를 수료 후, 대구여고보와 선천 보성여고에서 교편생활을 하던 중 일제 말엽 여성의 몸으로 신사참배 강요에 대항하여 투쟁하였다.

그가 쓴 수기 '죽으면 죽으리라'라는 책에 우리나라 광복절의 생생한 증언이 기록 되어 있다. 나는 이 책을 오래 전에 읽으면서 감동을 받았고 목회자로서 교인들에게 8.15 광복절 기념예배를 드릴 때 몇 번 인용해서 설교한 적이 있다. 8.15의 광복절은 그냥 이루어진 게 아니다. 일본에 빼앗긴 나라의 주권을 다시 찾기 위해 독립투사들이 목숨 바쳐 투쟁을 했고, 1919년 3.1운동은 나라를 되찾고자 태극기를 휘날리며 일본의 총칼 앞에 항거하며 독립만세를 부르며 전국에서 궐기했지만 독립을 이루지 못하고 수많은 희생자가 나왔고 그 뒤에도 독립투사들의 눈물어린 희생이 뒤따랐다.

그러나 일본은 더욱 악랄해지고 교만이 하늘을 찌를 듯 동남아를 집어삼킬 듯 위세가 등등했다. 그런 와중에 하나님을 믿는 성도들은 신사참배를 거부하면서 하나님께 부르짖었다. 나라의 독립을 위해서… 이때 하나님께서는 믿음의 성도 박관준 장로와 안이숙 선생을 일본으로 하나님의 대사로 보내어 일본이 회개치 않으면 유황불로 망한다는 하나님의 경고를 전하게 하셨다. 그리고 6년 후에 일본이 회개하지 않으니 미국으로 하여금 원자탄 무기를 준비케 하여 급기야 8.15의 해방을 맞이하게 된다. 이 역사적인 사실을 안이숙 선생의 '죽으면 죽으리라'는 수기를 간추려 진실을 세상에 더 널리 알리고 싶은 것이 필자의 간절한 소망이다.

당시 선천 보성여고에서 선생님으로 재직 중 매월 초하루에 남산에 있는 신사에 참배해야 되는데 안이숙 선생은 남산에 올라가지 않고 신사참배를 거부하다 교장선생님의 훈계를 듣고 남산에 올라갔다.

시간이 되어 예복을 입은 중년의 관리로 보이는 사람이 일본말로 "차렷" 하고 고함을 질렀다. 모두가 동쪽을 향해서 차렷 자세로 섰다. 안이숙 선생은 움직이지 않았다. 다시 호령 소리가 크게 들려왔다.

"살아 있는 신이신 천황폐하와 황태신궁을 향해 최경례!"

안 선생은 처음부터 섰던 그대로 똑바로 하늘만 바라보며 꼼짝도 하지 않았다. 산에 있던 모든 사람들은 호령과 동시에 머리가 땅에 닿도록 수그린 채 움직이지 않았다. "바롯!" 하는 호령과 함께 신사참배는 끝났다.

"끝났습니다. 주님!"

그러나 학교로 돌아오고 있는 안 선생은 앞으로 닥칠 일에 대해 불안이 엄습해 왔다. 붙잡혀 가서 두들겨 맞고 고문을 당한다 생각하니 연약한 몸에 앞이 캄캄했다. 그래서 하늘을 쳐다보며 마음속으로 찬송을 불렀다고 한다.

학교에 도착하여 교원실에 들어서니 벌써 형사 네 사람이 기다리고 있었다. 형사들에게 끌려 군수 사무실로 갔다. 군수 책상 앞까지 데리고 간 형사들은 나가버리고, 군수는 험악한 얼굴로 안 선생을 쳐다보며 독사의 눈초리로 말했다.

"자네! 오늘 산에서 무엇을 했는지 기억하겠나? 대체 얼마만한 힘을 가졌기에 그러한 무법한 행동을 했나? 대일본제국 경찰의 힘을 자네가 얼마만큼 당해 나갈 수 있어 응?"

안 선생은 그 말이 떨어질 때 '주님이 내편이시다.' 하는 강한 힘을 느꼈다고 했다.

다시 군수가 포악스런 욕설을 퍼붓기 시작할 때 전화벨이 울렸다. 그는 전화기에서 흘러나오는 말을 듣자 교만했던 태도가 급변하고 얼굴색이 변해 공손히 심각한 표정으로 "네. 네." 하는 대답만을 거듭했다.

전화가 끝났을 때 그는 즉시 서류 캐비넷을 열쇠로 열고 서류를 이리저리 급하게 찾더니 두꺼운 서류철에서 한 장의 서류를 꺼내 자기 가방 속에 넣고 허둥지둥 밖으로 나가 버렸다. 그는 안 선생이 거기 있다는 것조차 염두에도 없는 것 같았다.

그가 나간 후 몇 분 동안 혼자 그대로 서 있다가 방안을 돌아보니 혼자였다.

"주여, 저를 숨겨 주소서."

자! 주님이 역사하실 때 나도 지혜롭게 행동해야 한다고 결심하고 그 사무실을 나와 버렸다. 바쁜 걸음으로 집에 돌아오니 어머니와 어머니의 친구가 대문을 걸어 잠그고 모여서 간절히 기도하고 있었다. 걸려 있는 대문을 두드리니 어머니가 뛰어 나와 문을 여시며 놀라셨다.

"이게 웬일이냐? 네가 잡혀갔다고 해서 우리는 모여서 기도하고 있는데…" 사도행전에도 마가의 집에 모여 베드로가 옥에 갇힌 것을 놓아 달라고 기도하다가 베드로를 보고 놀라듯이 어머니도 놀라셨던 것이다.

우선 방으로 들어가 그동안의 일을 설명했을 때 어머니는 급한 어조로 "성경에 '이 성에서 핍박하면 저 성으로 피난하라'고 했으니 자 이제는 도망을 가는 수밖에 없다."하며 보따리를 꾸려 주었다. 안 선생은 신의주로 피신을 했다. 언니네 집에서 있었지만 그곳에 형사들이 찾아온다는 이야기를 듣고 또 피신을 해야만 했다.

온갖 어려움과 이리저리 피해 다녀야 하는 그의 삶은 정말 주님이 지켜주지 않으면 살아 갈 수 없는 형편이었다.

하루는 제법 큰 동리에 들어섰다. 사람도 많고 큰 소학교도 있었다. 저녁이 되어 그 학교로 찾아 갔다. 아무도 없는 운동장에 주저앉아 보따리에 얼굴을 대고 엎드리자 "아버지!" 하고 눈물이 쏟아져 나왔다. 이리저리 피해다니며 지치고 지친 몸은 한없이 눈물만 쏟아져 나왔다. 그는 부끄럼 없이 엉엉 소리 내어 울고 또 울었다.

"아버지, 나는 너무 젊어서 2, 3년 내에 죽을 것 같지도 않습니다. 병도 안 걸리고 나는 이렇게 긴장한 피신 생활을 계속해야 하니 앞이 캄캄하기만 합니다. 일본이 그렇게 쉽게 빨리 망하겠습니까? 나는 죽더라도 이 믿음의 정절을 지켜 절대로 개같이 되고 싶지 않습니다. 나의 도망 길이 갈수록 험하고 어렵기만 합니다. 그래도 나는 주님께서 싫다 하시는 일은 하고 싶지 않습니다. 나는 죽어도 주님께 순종하겠습니다. 저에게 강한 힘을 주시옵소서."[199]

이렇게 간절하게 호소하던 중 스르르 잠이 들었는데 비몽사몽간에 음성이 들렸다고 한다.

"평양성으로 가라."

안이숙 선생은 주님의 지시에 따라 서둘러 평양으로 갔다. 평양에서 어머니를 만날 수 있었다. 이곳에서 오래간만에 어머니와 함께 있으면서 그동안의 겪은 일과 비몽사몽간에 "평양성으로 가라"는 주님의 음성을 듣고 급히 평양으로 오게 된 이야기를 나누었다.

어느 날 아침 식사 중에 한복차림의 단장을 짚은 어떤 점잖은 대머리 노인이 불쑥 안 선생 집 대문을 열고 들어서더니 다짜고짜로 물었다.

"여기 안 선생이라는 이가 있지요?"

어머니와 안 선생은 놀라 저 노인이 도대체 누구일까 하며 그 노인을 쳐다보는데 그 노인은 얼굴에 기쁨이 가득 찼고 반갑다는 듯이 웃음을 활짝 띄우며 "오! 주님 감사합니다. 찾았습니다. 이렇게 쉽게"하면서 큰 소리로 감탄했다.

"아니, 누구신가요?"

"나는 박관준 장로요. 주님께서 안 선생을 찾아가라고 해서 찾아왔습니다."

그는 평남 개천읍에서 십자의원을 개업하고 있는 의사요 장로였다. 그는 신사참배를 적극 반대했기 때문에 경찰에 잡혀가서 많은 고생을 했으나 노인이라고 해서 특별히 풀어 놓아 주면서 입을 꼭 다물고 신사참배를 하라고 하는 것을 어느 날 기도하는 중에 "이제부터 그리스도의 정병을 뽑는다. 평양성으로 가서 안 선생을 만나라."[200] 하는 주님의 계시를 받고 평양으로 오니 주님의 신이 자기를 인도해 이 집을 찾아 데려다 주었다는 것이다.

"나는 50여 년을 예수를 믿어 왔지만 이번처럼 주님의 음성을 똑똑히 들은 적은 없었지요. 만일 이같이 원수 놈들의 핍박이 심할 때 하나님이 평안할 때와 같이 가만히 계시면 어떻게 믿는 자들이 이 무서운 핍박을 견디어 나갈 수 있겠습니까? 오, 주님! 주는 나의 피난처요 강한 방패요 높은 산성이시니이다."[201] 하며 감격해 한다.

그는 "일본이 회개하지 않으면 하나님이 유황불을 비와 같이 쏟아내려 멸망시키겠다."고 하신 하나님의 음성을 들었다고 했다. 그래서 요나가 니느웨에 간 것같이 자기는 일본으로 가서 일본 정부와 고관들에게 경고하고 싶으나 일본말을 한마디도 못해 고만하며 열심히 기도하던 중 계시를 받고 바로 그 다음날 떠나 무작정 평양으로 왔는데 주님이 인도해 주신 고로 이렇게 단번에 찾게 되었다는 것이다.

말하는 것을 듣고 있던 안 선생은 "평양성으로 가라" 하신 말씀과 "네가 하라" 하신 말씀을 생각하지 않을 수 없었다고 했다.

"주여 순종하겠습니다. 나는 비록 요나 같지 못해도 또 가시와 찔레로 내 몸이 상해도 주님이 보내시니 가겠습니다. 니느웨와 같은 원수의 나라에 주님이 가라고 하시니 가서 회개치 않으면 유황불이 떨어진다고 경고하겠습니다. 순종하겠사오니 내게 힘을 주소서." [202)]

안 선생은 주님이 주신 소명에 순종하겠다고 하나님 앞에 다짐을 했다.

그러던 중 어느 날 안 선생 어머니가 말씀하셨다.

"얘! 이숙아, 내가 너를 기독교 학교인 사립학교를 보내려고 그렇게도 애쓰고 기도했는데 주님은 너를 기어이 일본인이 가르치는 공립으로 소학교와 여학교 그리고 전문학교에까지 보내고야 말았다. 너에게 일본어를 그렇게 유창하게 하도록 한 것도 이때를 위해서 인지 모른다. 이것이 주님의 사명이면 속히 순종하자. 오래 끌고 기다릴 필요가 무어냐?" [203)]

드디어 안 선생은 박관준 장로와 같이 일본으로 떠나기로 결심했다. 이 중대한 사명을 가지고 떠나가는 일을 위해 지하교회 회원 모두가 3일간 금식기도를 하고 산과 굴속에 숨어 있는 모든 성도들에게도 연락해서 이 일을 위하여 기도하도록 했다.

일본 동경에 가면 안이숙 선생은 박관준 장로에게 동경유학 때 말을 듣고 기억하고 있는 후지미죠우 교회의 장로이고 열렬한 크리스천인 히비끼 중장과 또 같은 장로인 마쯔야마 대의사를 찾아갈 계획을 설명했다. 히비끼 중장은 당시 노일전쟁에 직접 참전했던 고급장교 중에서 큰 전공을 세웠고 현재 생존해 있는 단 한 사람의 인물이었다. 그 존재가 아주 존귀한 탓으로 그의 권세가 대단하다고 했다. 박 장로는 전에 조선총독을 지낸 우가끼 대장을 찾아가는 것이 좋겠다는 의견을 내놓았다.

일본에 갈려면 도항증이 필요해 안 선생은 박 장로에게 경찰 고등계에 가서 '도항증'을 발급받아야 한다고 이야기를 했으나 박 장로는 여호와 하나님이 보내시는 대사인데 도항증이 무슨 필요가 있느냐고 거부했다. 안 선생은 할 수 없이 자신의 도항증만 발급받았다. 기차표를 구입해 박 장로에게 전해주었으나 이런 게 뭐 필요 있느냐고 하면서 받아 챙겨 기차에 올랐다.

그런데 사도행전에 나오는 기적이 일어난 것이다. 기차를 타도, 배를 타도 박관준 장로는 무사통과했다. 하나님이 그들의 눈을 가려 도항증을 보자는 사람도 기차표를 보자는 사람도 없었다.

동경에 도착해 호텔에 들어가서 박관준 장로는 기차표를 안 선생에게 내보였다. 안 선생은 깜짝 놀랐다.

"장로님! 그 차표는 정거장에서 나올 때 역부(驛夫)에게 주어야 나오는데 어떻게 그것을 주지 않고 나오셨어요? 그 역부가 차표를 받지 않고는 내보내지 않는데요."

"나도 그런 줄 알고 손에 들고 나오면서 받으라고 해도 다른 사람 것만 받고 내 것은 받지 않고 나는 보지도 않던데요. 뒷사람들이 자꾸 나를 밀어내니 나는 밀려서 나올 수밖에 없었지."

그리고 그는 만족한 듯이 웃는다.

"아! 주는 나의 피난처시라. 주께서 내 몸을 가려 일본인들의 눈을 내게 대해서 소경을 만들었구려. 그러니 볼 수가 있겠소? 소경을 만들어 놓았단 말이야, 소경을!…" 하면서 자신만만해 한다.

안 선생은 그 말을 들으면서 더욱더 용기를 얻어 앞으로의 모든 일을 하나님께 맡기며 기도하기로 했다.

그동안 박 장로가 추천한 야마무로 구세군 중장을 만나 이야기도 나누어 보고, 전 총독이었던 우가끼 대장도 만나 이야기도 나누었다.

"하나님의 부르심을 받아 일본의 집권자들에게 일본이 회개하지 않으면 머지않아 하나님이 보내는 유황불로 심판을 받게 될 것을 경고하러 왔습니다."[204]

"나는 현제 아무런 권력도 직접 가지지 않았으나 모든 권력 있는 이들이 가까운 친구들이고 또 우리 집에 출입하는 사람이 많으니 기회 있는 대로 당신들의 뜻을 전하고 힘닿는 대로 도와 드리겠습니다."

일본인 장군 우가끼가 이 같은 태도로 나오는 데는 주님이 역사하셨다는 확신이 들었다. 그는 우리를 문까지 전송하고 헤어졌다.

1939년 3월 24일. 제74회 일본제국의 중의원(衆議院)에서는 종교 법안이 상정(上程)되는 날이었다. 그날 저녁 박 장로는 긴장하며 "여호와 하나님의 대사명이다"라는 말을 그의 아들로부터 일본말로 번역해서 수없이 연습을 했다. 박 장로는 일본 국회에 들어가서 큰소리로 외치고 "일본제국은 회개하고 폭정을 철회하라"는 경고문을 던져야 한다고 했다.

박 장로 아들과 함께 셋이서 아침 식사를 마친 후 제일 좋은 옷으로 단정히 차려 입고 의사당으로 달려갔다. 방청을 원하는 사람은 반드시 대의사(代議士)를 통해서 방청권을 얻어야 들어갈 수 있게 되어 있었다. 우리는 마쯔야마 대의사의 비서를 찾아 방청권 석장을 부탁했더니 그는 전화를 걸어 보고 단번에 우리에게 방청권을 내주었다. 그래서 우리들은 그 으리으리하고 장엄한 의사당으로 들어 갈 수 있었다. 의사당 안으로 들어가니 남자 편, 여자 편으로 좌석이 나뉘어져 있었다.

이윽고 긴 벨소리가 울리며 회의장은 엄숙해졌다. 고야마 중의원 의장이 천천히 단상의 사회석으로 올라와 "지금부터 제74회 의회를 다시 개회하겠습니다."라는 스피커 소리가 들렸다.

"이번 74회 의회는 큰 역사적 기록을 남기게 될 것으로 믿는바 그것은 종교문제를 처리하는 의회가 되기 때문이다. … 이러한 중대한 시국에 처한 우리는 정신적인 강한 힘이 필요한데 이 정신적인 것은 오직 종교만이 해결하는 것으로, 이 정신적인 면에서 힘을 줄 수 있다고 볼 수 있는 종교를 택해서 우리 일본제국의 종교로 정하고 그 외의 모든 민심을 혼란케 하는 것은 사교이므로 국가의 권세를 세우기 위해 없애 버려야만 한다."[205]

그의 열변은 계속되었다.

안 선생은 이때 곁눈으로 박 장로를 쳐다보았다. 그는 몸에서 경고문을 끄집어내려고 하는 것 같았다. 안 선생은 정신이 아찔했다. 만일 그가 경고문을 던진다면 마쯔야마 대의사의 책임이 될 것이다. 우리가 그의 이름이 적혀 있는 방청권을 가지고 들어왔기 때문에 우선 그에게 문책이 가는 것이므로 안 선생은 진심으로 마쯔야마 대의사에게 해가 미치는 것을 원치 않았기 때문에 경비원들의 눈치를 보면서 박 장로에게 가까이 가서 강하게 말했다.

"오늘은 안 돼요. 이제 곧 밖으로 나갑시다."

박 정로가 선뜻 일어나 나오니 그의 자제도 같이 밖으로 나와 버렸다.

그 다음 날 아침 식사를 맛있게 하고 박 장로는 "오늘은 마지막이니까!" 하고 의미심장한 결의를 보였다. 그의 아들 영창 씨도 결심을 한 태도였다.

안 선생도 "죽으면 죽으리라"는 각오로 가진 돈과 성경을 핸드백에 넣고 세 사람은 호텔에서 출발했다. 의사당에 도착하여 오늘은 마쯔야마 대의사를 찾아가지 않고 한국인 박춘금 대의사(朴春琴 代議士)의 비서를 찾아갔다. 마쯔야마 대의사에게 누를 끼치지 않기 위해서다. 그리고 박춘금 대의사는 같은 동포이기 때문에 문제가 덜 되기 때문이다. 박춘금 대의사의 비서에게 찾아가 우리는 한국에서 왔는데 방청석 3장을 달라고 하니, 비서는 우리들의 옷 입은 차림새나 인상이 한국의 상류층으로 알고 방청권 3장을 내주었다. 안 선생 일행은 어제의 경험을 되새기며 더 침착하게 행동했다.

심한 몸 검사를 했는데도 박 장로는 어제와 같이 자기 몸에 숨긴 경고문을 발각되지 않은 채 무사히 방청석으로 올라갔다. 개회시간을 알리는 벨이 요란하게 울리자 물을 끼얹은 듯이 엄숙하고 조용해진 가운데 고야마 의장이 사회석으로 등단하여 개회선언을 했다.

그 정중한 목소리의 개회선언이 끝날 때였다. 박 장로는 자기 양복바지에 숨겨 가지고 온 경고문(警告文)을 재빨리 빼어 들기 바쁘게 벌떡 자리에서 일어나 큰 소리로 고함을 지르며 그 경고문을 아래층 회의장을 향해 힘껏 던졌다.

"에호바 가미사미노 다이시메이다 (여호와 하나님의 대사명이다)" [206]

아! 그 순간, 이 삼엄한 분위기의 의사당 안은 와악하는 소리와 함께 수라장이 되고 박 장로가 던진 그 경고문은 밑으로 쏜살같이 떨어졌다. 어느새 달려들었는지 세 명의 경비원이 박 장로를 체포해 끌고 나갔다. 이때 아들 박영창 씨도 뒤를 따라 나가고 있었다. 안 선생도 벌떡 일어나 뒤따라 나가니 어떤 수위가 뒤 따라 오더니 묻는다.

"당신도 이들 중의 한 사람입니까?"

"그렇다."

우리들이 일본 정부를 상대한 최후 경고 사명은 끝내 이렇게 결행되었다.

"이루었다."

안이숙 선생은 되어 질 일이 되어졌다고 생각했다.

"오! 주님! 우리는 이제 일본제국 정부에 대한 최후 경고 사명을 완수했습니다. 주님이시여! 이 일이 경고로 끝나지 않고 예수를 믿는 자에게는 능력이 있다는 증거가 일본과 한국 전체와 온 세계에 퍼지는 산 역사가 되게 하여 주소서!"

안 선생 일행은 경시청 지하 유치장에 수감되었다.

얼마 뒤 하나님의 은혜로 안 선생과 박관준 장로는 한국으로 이송되어 평양형무소에 수감되었다.

1941년 12월 8일 진주만을 폭격하고 미국에 선전포고를 한 일본은 인적, 물적, 총동원에 광분, 한국 젊은이는 징용으로 끌고 가고, 젊은 여자들은 정신대로 강제로 끌고 갔으며, 성물은 물론 교회 종까지 몰수했고, 예배시간을 근로동원 시간으로, 기도는 무운장구 기원으로, 구역심방은 유기물 및 국방헌금 독촉수단으로, 유력한 교회 지도자는 지원병 장려 선무공작 대원으로 강제 동원시켰다.

또 1942년 교회 집회를 주일 낮과 밤으로 국한해 수요예배와 금요일 구역 저녁 모임은 폐지시켰으며, 찬송가는 그들의 국시(國是)에 어긋난다 하여 '삼천리금수강산' '피난처 있으니 환란을 당한 자' '십자가 군병 되어서' 등을 삭제했고, 성경은 '요한계시록'을 삭제했으며, 1945년 8월 18일을 기해 눈에 가시같이 여겼던 한국교회 지도자들을 모조리 살해할 계획을 세웠다.

그러나 하나님께서는 박관준 장로와 안이숙 선생을 일본으로 특사로 보내 제74회 국회의사당에서 "일본이 회개하지 않으면 패망한다."는 경고를 하게 하였고, 붙잡혀 경시청에 가서 문초를 받을 때도 "일본이 회개하지 않으면 유황불로 망한다."고 하나님의 경고를 알렸다고 한다. 그러나 이를 무시해 회개하지 않고 대동아 전쟁을 일으켰고, 한국을 말할 수 없이 미친개처럼 억압하며 전쟁에 광분할 때, 하나님은 일본에 대한 채찍을 미국을 통해 준비하고 계셨다. 그동안 미국은 원자탄제조에 착수, 1945년 8월 일본 상공에 갑자기 나타난 비행기 편대는 수많은 삐라를 뿌렸다. 그것은 미 공군의 경고장이었다.

"히로시마 시민에게 경고한다! 모든 시민은 8월 6일 아침까지 50리 밖으로 대피하라"

믿을 수 없는 무서운 경고였다. 그러나 대부분의 사람들이 공갈 협박으로 알고 믿지 않았으며 일부 사람들은 설마하고 자기와 상관없는 듯 평상시와 같이 일했다.

1945년 8월 6일 일본에 원자폭탄이 투하되었다. 히로시마와 나가사끼에 20세기의 소돔과 고모라처럼 유황불로 소멸되고, 동경과 큰 도시들도 B29가 실어다 부은 폭탄으로 인하여 유황불에 타고 있었다.

"유황불이 내려 이 도회지들을 소멸한다."는 주님의 말씀을 받고 안 선생은 20세기 문명시대에 어디서 유황불이 떨어질까 의심했던 죄를 이제 톡톡히 자복하고 회개했다고 한다.

일본에 유황불이 떨어졌다. 살아 있는 신(神)으로 경배를 받으며 하늘에까지 높아졌던 일본의 천왕 히로히또는 1945년 8월 15일 정오를 기해 세계 인류에게 방송을 통해 무조건 항복을 선포했다.

"나는 신(神)이 아니오, 사람이외다."

생각만 해도 몸서리가 나는 일본인의 잔인한 학정은 부서졌다. 착취와 압박과 포악과 횡포의 열매는 칼을 쓰는 자는 칼로 망한다는 말씀처럼 비참함 그대로였다.

"우상을 섬기는 자는 우상과 함께 망하느니라."

8월 17일. 히가시 간수의 말에 의하면 안 선생이 사형받을 날은 8월 18일, 즉 내일 오전 중이었다고 한다. 아하! 안 선생과 성도들과 애국 동포들을 죽이려던 사형틀은 누구를 위해 준비되었는고…

"아! 하나님은 세상을 바꾸어 놓으셨구나. 이렇게도 빨리 이렇게도 홀연히 세상을 그 말씀으로 잡으시고 운행하신 창조주는 세상을 슬쩍 뒤집어 놓으셨구나 !"

이것이 내가 존경하는 안이숙 선생의 8.15 광복절의 생생한 증언이다. 나는 이 사실을 내가 목회하던 교회에서 광복절 기념 감사예배 때 인용해서 성도들에게 설교했다.

1919년 3월 1일, 나라 전역에서 일본의 잔악한 총칼 앞에 독립선언서를 낭독하고 손에 태극기를 들고 독립만세를 불렀던 선열들의 희생은 결과도 없이 계속적인 일본인들의 압박만 더 커졌다. 신앙을 지키던 기독교인들의 눈물어린 기도와 무참히 고문 속에 죽어가는 순교자들의 피를 보신 하나님은 이로부터 20년 후 그리스도의 정병 박관준 장로와 안이숙 선생을 일본에 특사로 보내 제74회 국회의사당에서 일본이 회개치 않으면 패망한다는 하나님의 메시지를 전하게 했다. 하나님의 전격적인 역사로 3.1운동 26년 만에 기적적인 해방과 광복의 기쁨을 맞이하게 된 것이다.

이 역사적인 사실을 나는 세상 사람들에게 알리고 싶었다. 특별히 창조주 여호와 하나님을 모욕하고 있는 자미국 인황에게 이 사실을 알리고 싶었다. 그래서 '죽으면 죽으리라'는 안이숙 선생의 수기를 간추려 이 책에 소개했다.

해방이 되어 자주독립임을 뜻하는 것으로 알았으나 북위 38도선 경계로 한반도의 분할 점령과 소련의 대일 참전을 결정한 '얄타회담'으로 한반도는 두 개의 나라로 분단이 되고 말았다. 38선을 중심으로 남쪽은 연합군과 미군이 서울로 입성했고, 북쪽은 평양에 이미 소련이 진주하고 있었다.

조국 광복의 감격이 채 가시기도 전에 한국에 대한 미, 소, 영, 중 4국에 의한 신탁통치안이 발표되었다. 이는 해방된 한국이 자치정부를 세우기까지 5년 동안 4강국이 통치하겠다는 것으로 1945년 12월 '모스코바' 외상회의에서의 결정사항이었다. 이에 따라 국민은 민족자결주의 원칙에 의거 반대의 기치를 높이 들었다. 그러나 공산당은 처음에 '신탁통치 반대에 동조했으나 모스코바의 지령을 받고 하룻밤사이에 돌변, 찬탁을 부르짖게 되어 통치안에 대한 반대와 찬성으로 헤어날 수 없는 민족분열의 구렁텅이 속으로 빠져들어갔다. 이때부터 북한에 진주한 소련군은 마각이 들어나기 시작했다.[207]

다시 말해서 소련이 숨기고 있던 본래의 모습이 드러났다는 것이다. 가짜 김일성(본명: 김성주)을 '위대한 지도자'로 날조하여 공산괴뢰의 두목으로 앉히고, 한반도 적화를 위한 준비에 들어갔다.

북괴는 1946년 2월 8일 소위 북조선 인민위원회를 창설하고 가짜 김일성을 임명하고 토지개혁, 정권기관의 강화, 신탁통치 지지 등을 들고 나섰다. 남한은 유엔의 감시하에 역사상 처음으로 자유, 평등의 원칙에 의한 총선거를 실시하여 국민의 대표를 뽑아 구성한 제헌국회는 국호를 대한민국으로 정하고, 1948년 7월 17일 헌법을 공포하였다. 그리하여 제헌 국회의원들이 모여 초대 대통령으로 이승만 박사를 선출했다. (1948. 7. 20)

이로써 대한민국은 한반도의 유일한 합법정부로써 유엔의 승인을 받고 광복 3주년이 되는 1948년 8월 15일 대대적인 대한민국 정부수립 행사를 실시하게 되었다.

1948년 10월 19일 제주도 공비토벌의 출동명령을 받은 국군 제 14연대의 남노당 조직책 지○○ 상사가 주동이 되어 일으킨 국군 반란사건이 일명 여, 순 반란사건이다.

이 반란 사건은 내가 5살 때 일어났다. 그 여파는 지리산 줄기를 타고 내가 살던 전남 곡성 죽곡면에까지 이르렀다.

그때 아버님께서 죽곡국민(초등)학교 교장선생님으로 계셨다. 그래서 학교 관사에서 살고 있었다. 반란군 소리를 너무 많이 듣고 자랐다. 대창을 들고 줄을 서서 행진하며 가는 모습도 보았다. 저녁이면 반란군들이 판을 치고 낮이면 국군, 경찰이 초등학교에 진을 쳤다.

문득 잠이 깨었다. 방문이 환해 벌써 날이 새었나 했다. 아버님께서 환한 방문을 주시하고 무릎을 세운 채 앉아 계셨다. 나는 웬일인가 했는데 날이 샌 것이 아니라 학교가 불타고 있었다. 공산당 반란군들이 학교까지 불을 지르고 달아났다. 학교가 불타고 우리 가족은 이웃 마을로 방을 얻어 이사를 했다. 저녁이면 반란군들이 산에서 내려와 먹을 양식, 개, 닭들을 잡아갔다. 그래서 골목골목마다 산에서 가시나무들을 베어다가 방책문을 만들어 저녁이면 골목길을 막아 통행금지가 되었다. 그러나 반란군들은 그것을 뚫고 집안으로 침입했다.

그런데 그날 저녁 반란군들이 내려와 창고에 둔 모든 양식과 키우고 있는 개까지 잡아 가지고 갔다. 이것이 공산당의 사주를 받은 반란군들의 하는 짓이다. 아버님도 그날 저녁 놈들에게 붙들려 가시다 구사일생으로 도망쳐 다음날 순천으로 가서서 이사할 집을 마련하시고 급히 그 다음 날 온 가족이 순천으로 피난해 이사를 했다.

여, 순 반란사건을 일으킨 반란군들이 산악지대로 잠입한 것과 때를 같이하여 북괴가 보낸 공비들의 활동은 1950년 6.25직전까지 계속되었다.

드디어 동족상잔의 6. 25의 남침인 1950년 6월 25일 새벽 4시, 북괴는 38선 전역에 일제히 무력 남침을 개시해 이 땅에 동족상잔(同族相殘)이란 엄청난 비극을 몰고 왔다. 그동안 북괴는 5년이란 긴 세월을 두고 소련의 사주를 받아 오직 전쟁준비에만 혈안이 되어 왔는데 이날에 첫 포문을 연 것이다. 38선 전역에 걸쳐 북괴군의 남침도발이 자행되자 유엔의 긴급 안전보장이사회(安全保障理事會)를 열고 '이번 전쟁은 북괴의 완전한 무력침략 행위로 규정짓고 유엔이 한국전에 즉각 개입을 선언한다.'고 의결했다.[208]

여기에서 유엔의 안전보장이사회 상임회원 5개국(미국, 소련, 영국, 프랑스, 중국) 이 거부권을 가지고 있기 때문에 한 나라만 거부해도 유엔군 파병은 할 수 없는 상황이었다. 그런데 북괴를 사주해 전쟁을 일으켰던 소련 대표가 안전보장이사회에 참석하지 않았다는 것은 무슨 이유였을까? 여기에 숨겨진 사실이 있다.

1991년 '신앙계' 6월호에 그 내용에 대한 사실이 기록되어 있다. 이것은 신앙에 대한 기적적인 일이기 때문에 기독교 관련 서적에만 밝힐 수가 있었다. '신앙계' 36페이지에서부터 나온 기록을 내가 설교하면서 설교노트에 인용했던 내용을 간추려 본다.

"6.25 전쟁은 제2차 세계대전 후 세계정복에 혈안이 되었던 소련의 스탈린에 의해 일어났던 비극이었습니다. 동유럽 하나하나를 공산혁명을 통해 속국으로 만든 스탈린은 아시아로 붉은 손길을 뻗쳐 아시아 일대를 손아귀에 넣고자 했습니다. 이런 소련의 야욕에 사주를 받은 가짜 김일성은 우리

나라가 8.15광복이 이루어진 이후 이 땅에 소련군이 진출함에 따라 군대를 양성하고 군비를 확충하며 전쟁의 날을 노리고 있었습니다.

그리고 1950년 6월 25일 새벽 4시를 기해 일시에 남한을 무력으로 밀고 내려왔던 것입니다. 갑작스런 전쟁에 당황한 국군은 밀리고, 6월 26일 이미 의정부까지 점령당했습니다.

또한 인민군은 6월 28일 서울에 진격하고 진격을 멈추고 서울에서 시간을 보냈다고 합니다. 이것이 김일성에게 큰 실책이었다고 뒤에 알려졌습니다. 김일성은 그때 서울까지만 점령하면 남한에서는 민중봉기가 일어나 남조선은 저절로 해방된다고 기다리고 있었다는 것입니다.

그러나 남한에서는 아무런 반응이 없었고 오히려 국군이 한강 이남에 재집결해 6월 28일부터 7월 4일까지 6일간 한강 방어선에 전력을 기울렸습니다. 물론 이때 한강다리가 폭파되고 많은 사상자가 생겼습니다. 만일 국군이 6일 동안 시간을 벌지 못했더라면 이 나라는 적화되고 말았을 것입니다. 왜냐하면 재편성되는 동안 긴급히 유엔 안전보장이사회가 열려 유엔군이 상륙할 수 있는 시간의 여유가 생겼기 때문입니다.

이것은 '하나님이 보우하사 우리나라 만세'를 부르는 백성이기 때문에 하나님께서 도와주신 결과입니다. 기독교인들은 이때 나라와 민족을 위해서 집에서, 들에서, 교회에서, 굴속에서, 피난길에서 부르짖어 기도했습니다.

그리고 이승만 대통령께서는 목사님들을 초청해 미국 트루먼 대통령에게 유엔에 지원을 요청할 터이니 나라를 위해서 간곡히 기도해달라는 부탁을 했습니다. 6월 28일 미국의 트루먼 대통령은 곧장 유엔 안전보장이사회를 소집해 유엔군을 한국전쟁에 보내기로 가결시켰는데 이때 찬성 9, 기권 1, 불참 1, 이 되어 유엔군 파병이 결정되었습니다. 그 기권은 유고 대사였으며, 불참은 소련 대사였습니다.

이것은 전쟁역사를 편찬하는 사람들에게 아주 기이한 일로 남아 있습니다.

만일 이 이사회의에서 거부권을 행사하는 나라 중 한 나라라도 거부권을 행사하면 유엔군이 파병될 수 없었습니다. 이때 소련 대사가 거부권을 행사하는 것은 당연한 일이었습니다. 풍전등화 같은 한국을 위해 미국의 트루먼 대통령이 이사회를 소집, 북한을 침략자로 규정하고 유엔군을 파병하자고 결의 하는데 소련이 거부하면 트루먼 대통령의 노력이 수포로 돌아갈 뿐 아니라 한국은 패망하고 마는 순간이었습니다. 이런 중대한 회의에 어째서 소련대사가 불참해 유엔군이 한국에 파병되는 실책을 범했을까요?

그 배경에는 하나님의 도우심이 있었던 것입니다. 소련대사는 유엔 본부에서 그리 멀지 않는 거리의 아파트에 있었는데 안전보장이사회 개최 소식을 듣고 바로 출발을 하려고 할 때 보좌관들이 "얼마 되지 않는 거리니 서두리지 말고 천천히 가셔도 된다."는 부탁을 받고 충분한 여유를 갖고 있다가 회의시간에 맞춰서 떠났다고 합니다.

그런데 한 번도 고장 나지 않던 차가 뉴욕의 거리에서 갑자기 고장이 나고 말았습니다. 회의시간이 다 되어 가는데 잘 운행되던 소련대사의 차가 왜 갑자기 고장이 났을까요? 이것은 부르짖는 주의 종들과 성도들의 기도가 응답된 것입니다. 이것은 분명한 살아계신 하나님의 역사입니다. 안전보장 이사회의가 끝난 후에야 소련대사의 차가 회의 장소에 도착했습니다. 만일 그때 소련대사의 차가 고장 나지 않았다면 이 나라는 적화되고 말았을 것입니다.[209]

북괴의 김일성은 감히 유엔군이 한국을 지원하리라고는 꿈에도 생각지 못했을 것입니다. 유엔군은 분명 하나님이 보내신 군대였습니다."

유엔군 총사령관 맥아더 장군의 용단으로 역전된 전세(戰勢)

유엔군이 낙동강 교두보에서 치열한 공방전을 계속하고 있을 때 맥아더 총사령관은 웅대한 작전계획을 세우고 있었다. 그것이 바로 인천 상륙작전이다. 맥아더 장군은 그가 구상하고 연출한 작전은 1950년 9월 15일 인천 앞바다에서 막을 열어 성공함으로써 한국전은 모든 전선에서 활기를 띠기 시작하면서 대반격 작전을 감행하여 그로부터 15일 만에 북괴군의 주력은 일소(一掃)되었다. 전의(戰意)를 잃은 북괴군은 백기를 들고 투항하기 시작했다.[210]

드디어 빼앗긴 중앙청을 되찾아 1950년 9월 28일 감격의 태극기를 한국군 해병대 용사들이 게양했다. 그러나 통일을 염원하는 온 겨레의 소망을 앞에 두고 중공군의 한국전 개입으로 전쟁은 새로운 국면으로 빠져들었다. 통일의 희망은 1950년 10월 25일 밤 국군 제1사단이 막 수복한 운산(雲山)에서 중공군의 첫 나팔소리와 피리소리가 들려옴으로서 사라지고 말았다. 소위 3-40만 명으로 추산되는 중공군의 인해전술에 북진은 좌절될 수밖에 없었다. 거기에다가 겨울이 닥쳐 혹한과 싸워야 하는 이중고를 겪어야만 했다.

유엔군과 공산군 측의 치열한 전쟁가운데 휴전회담을 시작했다. 첫 휴전회담은 1951년 7월 8일 개성 봉래장에서 열렸다. 그렇다고 휴전이 쉽사리 이루어지지는 않았다. 지루한 전쟁 속에 양측의 피해는 더해만 갔고, 피해가 큰 남측은 휴전을 반대하고 궐기했다.

그러나 1953년 7월 27일 우리의 뜻과는 상관없이 근 2년여를 끌어오던 휴전협정이 온 국민의 열화 같은 반대에도 불구하고 조인되었다. 통일이 눈앞에 다가오는가 싶던 우리 국민들의 실망은 말할 수 없었으며 이날부터 현 전선에서 모든 무력 행위를 중지하는 휴전선이 그어졌다.[211]

1952년 휴전회담이 계속되고 있을 때 필자는 8세, 순천으로 피난 차 이사한 후 2년 만에 순천 남국민(초등)학교에 입학을 했다. 그때는 전쟁 중이어서 정신이상자 즉 미친 사람들이 거리에 있었다. 학교에 오가며 미친 사람

때문에 이리저리 쫓겨 다닐 때도 있었다. 1학기 공부가 끝나고 방학이 되었을 때 저의 아버지께서 곡성면 곡성중앙국민(초등)학교 교장선생님으로 발령이 나셔서 우리 가족은 방학 동안에 곡성으로 이사를 했다. 그곳에 곡성읍교회가 있었다. 어머님께서는 처녀 때 순천은성학당에(지금의 매산중, 고등학교) 다니시면서 선교사님의 인도 따라 교회에 다니셨다고 한다. 그동안 신앙생활을 못하시다 교회가 있으니 얼마나 기뻐하시는지 곡성으로 이사 오셔서 곡성읍교회를 다니셨고, 나도 어머님을 따라 초등학교 1학년 때부터 교회를 다니기 시작했다. 어릴 적 교회 목사님에게 창세기에 나오는 하나님의 창조이야기를 재미있게 설교 듣던 생각이 난다.

내(필자)가 초등학교 2학년 때 1953년 7월 27일 3년여만의 전쟁을 끝내고 휴전협정에 들어갔다. 나는 초등학교를 졸업하고 곡성중학교에 입학을 했다. 중학교 3학년 때 4.19혁명과 5.16혁명의 과정을 겪으면서 중학교를 졸업하고 순천농림고등학교에 입학을 했다.

순천농림고등학교에 자랑거리가 하나 있다. 순천농림고등학교는 당시 문교부 지정 연구학교였다. 그리고 61년도 입학해서 들어가 보니 벌써 비닐하우스가 있었다. 비닐하우스에서는 토마토, 오이, 마디호박이 자라고 있었다. 농과의 박○○ 선생님이 가르치고 계셨다. 학교에서 하우스 만드는 법, 작물 재배법을 배워 졸업생들이 여수, 여천, 순천, 광양 등 남부지역에서부터 하우스재배를 시작했다. 지금은 전국 각지에서 하우스가 없으면 농가소득을 얻지 못할 정도로 보급이 되었다. 나는 항상 이 일에 대해서 자부심을 가지고 나의 모교인 순천농림고등학교에 대해 자랑을 한다. 우리가 졸업한 뒤 5년제 농업전문학교로 승격했다가 지금은 4년제 국립 순천대학교로 승격되었다. 고등학교가 4년제 국립 대학교로 승격한다는 것도 또한 자랑거리다.

내가 순천농림고등학교를 다니던 2학년 때로 기억한다. 그러니까 1962년도다. 순천 시민극장에서 영화 관람이 있었다. 그때는 학생 개인이 영화 관람하는 것을 학교에서 단속을 했었다. 아무래도 학교에서 단체관람을 한 것 같다. 그때 영화 제목이 '지옥의 문'이었다. 내용은 불교를 배경으로 한 영화였다. 그때 주연이 이예춘 씨로 기억된다. 그 내용이 지금 생각하면 내가 '영계를 연구' 하는데 큰 도움이 되는 내용이었다.

그 내용을 간단하게 이야기하면 이런 내용이다.

어느 성(成)에 성주(城主)가 쾌락을 일삼고 매일 즐기며 사는 모습이었고, 여인들을 농락하는 삶을 살았다. 그가 죽어 지옥(地獄)에 갔다. 지옥에 가서 온갖 형벌을 받는 장면이 나온다. 그런데 어느 불제자가 지옥에 와서 지옥의 안내자를 따라 이곳저곳 다니면서 형벌 받는 장면과 안내자의 설명을 듣는다. 한곳에 가보니, 문에서부터 수많은 뱀들이 날름거리고 있었다. 안을 드려다 보니 수많은 남녀가 발가벗은 몸으로 뱀들에게 고통을 받고 있다. 온몸을 뱀이 감고 집어삼킬 듯이 찢고 할퀴고 위협해 사람들은 괴성을 지르며 고통 받는 장면이 나오는데 거기에 성(成)의 성주가 그곳에서 고통을 받고 있는 것이었다.

이번에는 또 다른 곳으로 데리고 가는데, 엄청나게 큰 가마솥에 끓는 물속에서 수많은 사람들이 뜨거워 고통을 받고 있었으며 서로 나오려고 아우성치는 장면이었다. 한 사람이 간신이 밖으로 나오는데 밖에 있던 악마들이 몽둥이로 때려 다시 집어넣는다. 이런 행위가 계속 반복되고 있다. 그런데 그 불자의 어머니가 그곳에서 고통을 받고 있었다. 불자는 차마 눈뜨고 볼 수 없는 장면을 보면서 자기 어머니가 고통 받는 것을 보고 지옥의 안내자에게 울면서 어떻게 어머니를 구해낼 수 없느냐고 묻는다. 그때 지옥의 안내자는 세상에 나가 어머니를 위해서 지극정성으로 보시를 많이 하고 선행을 쌓으면 좋은 곳으로, 극락왕생할 수 있다고 권면한다.

또 다른 곳으로 안내했다. 그러나 영화 관람 한 지가 너무 오래되어 생각나는 것만 적어본다.

이러한 지옥의 내용이 근래에 지옥을 보고 왔다는 자들의 내용을 들어보면 거의 일치한다. 내가 62년에 '지옥의 문'이라는 영화를 보게 된 것도 나로 '영계를 연구' 하게 된 동기라고 할 수 있을까? 어찌되었던 나에게는 '영계를 연구' 하는데 도움이 되었고 우연이 아니라고 생각되었다.

1964년 2월에 고등학교를 졸업하고 어머님께서 교회를 개척하시며 전도하시던 것을 도와드리고 있었다. 한번은 어머님께서 '박군의 심정'이란 조그마한 소책자와 '톨스토이의 인생론'이란 그림을 저에게 주시면서 전도용으로 쓸 터이니 모조지 전지에다 크게 그려 달라고 부탁을 하셔서 일주일을 어디 나가지도 못하고 그림을 그려 괘도로 만들어 드렸다. 그랬더니 어머님께서 너무나 좋아 하시면서 그것을 가지고 다니시면서 전도를 하셨다.

그런데 '박군의 심정'이란 그림의 내용을 보면 누가 그렸는지 모르지만 정말 영이 깊고 밝은 분이 그린 것 같았다. 그 그림에 나오는 마귀의 모습이 어쩌면 그렇게 비슷할까? 영적으로 보고 그린 것 같은 느낌이 들었다.

이 '박군의 심정'이란 그림도 내가 '영계를 연구' 하는데 도움이 되는 자료였다.

고등학교를 졸업하고 그해 어머님은 전남 곡성 오산면 오산교회에서 목회를 하고 계셨다. 나는 오산교회 사택에서 생활하며 주일학교 교사를 하면서 어머님의 목회를 도와 드렸다. 그 이듬해 1965년 전남노회 전도부에서 저의 어머님을 권유하셔서 광주 송정리에서 개척하는 송정제일교회로 목회지를 옮기게 되었다. 토요일 날을 정해 이사를 하는데, 오산교회에서 정들었던 한 집사님과 정 집사님이 어디로 가시는지 알고 싶다고 따라나섰다.

그래서 무사히 이사를 하고 보니 송정리는 전깃불을 사용하고 있었고, 연탄을 연료로 쓰고 있었다. 오산에서는 나무연료와 남포불, 호롱불을 쓰고 있었던 때이다. 오랫동안 그런 생활 속에서 살다 송정리에 와보니 정말 딴 세상에 온 것 같았다. 집사님들은 저녁에 밝은 전깃불을 켜는 것을 보고 부러워했다. 저녁까지 짐정리를 다 마치고 넓은 방에서 어머니와 나 그리고 두 집사님과 함께 한방에서 잠을 잤다. 바로 옆방이 문만 열면 교회당이다.

예기치 않았던 연탄가스 중독사건

다음날 새벽예배를 드리기 위해서 습관적으로 잠이 깼다. 바로 오늘이 주일이기 때문에 주일 예배를 준비해야 했다. 새벽예배를 드리기 위해서 먼저 일어나 교회로 나가려고 하는데 머리가 핑 돌았다. 머리를 손으로 싸매면서 안정을 시키고 간신히 교회로 나가 불을 켜고 그 자리에 주저앉고 말았다. '어제 이사하면서 피곤했나? 제가 왜 저러고 있지?' 머리를 움켜쥐고 있는 나의 모습을 보고 어머님도 내가 일어나 교회 문을 여는 소리에 깨서 나의 모습을 보고 그런 생각을 하시며 그대로 누워 계셨다고 한다. 연탄가스 중독은 누워 있으면 잘 감지를 못한다. 나는 교회 밖으로 나가 바람을 쐬면서 돌아다녔다. 연탄가스중독이 처음이라 중독인 줄도 몰랐다. 만약 연탄가스중독이라고 알았더라면 어머님과 집사님들을 깨워 밖으로 나왔을 것이다. 어머님도 마찬가지시다. 몰랐기 때문에 아들이 머리를 감싸고 있는 것을 보면서도 그 자리에 그냥 누워 계셨던 것이다. 내가 먼저 일어나 교회 문을 열고 공기가 통하게 한 것이 뒤에 알고 보니 큰 도움이 되었다고 한다. 어머님도 시간이 되어서 일어나시는데 쓰러질 듯 잘 일어나지 못하시고 자리에 다시 드러누우셨다고 한다. 두 집사님들도 마찬가지다. 새벽예배도 드리지 못하고 일어나서 토하고 정신들이 없었다.

새로운 전도사님이 오셨다고 하니 아침 일찍 어린학생예배를 드리기 위해 교사 한 분이 좀 더 일찍 나오셨다고 한다. 자고 일어난 상황을 말씀 드렸더니 깜짝 놀라시며 급히 달려 나가셨다가 의사선생님과 간호사를 모시고 왔다. 연탄가스중독이라는 것이다. 큰일 날 뻔했다고 하시면서 주사를 놔주시고 먹을 약을 주셨다. 의사선생님은 천만다행이라고 하시면서 새벽기도가 전도사님 가족을 살리셨다고 하나님께 감사했다. 이사해 처음으로 연탄을 피우면서 겪었던 죽음의 고비였다. 알고 보니 연탄을 안 피우다 새로 피우면 조심해야 한다고 한다. 새벽에 기도회에 일어나지 못했다면 네 사람이 그대로 잠들고 말았을 것이다.

만약에 네 사람이 죽었다면 뉴스에 크게 나올 뻔했다. 하나님께서는 이렇게 종의 가정을 지켜주시고 생명을 연장시켜 주신 것은 사명이 있었기 때문이다.

어머님(이기남 =현이)께서는 하나님께로부터 특별한 복음사역의 사명을 받으셨다. 네 곳의 교회를 개척하시어 교회를 건립하셨다. (죽곡교회, 광천교회, 경악교회, 명산교회) 그리고 어려운 농촌교회에 교역자가 없는 곳을 다니시면서 8개 처에 교회를 목회하는 위력을 보이셨다. (오산교회, 송정리제일교회, 원등교회, 진월교회, 진광교회, 오곡교회, 동계교회, 봉정교회)

1967년 1월 24일 군 영장이 나와 육군 31사단 훈련소에 입대했다. 6주 훈련을 마치고, 대구 군의학교에 가서 의무병교육을 마치고 강원도 인제로 자대 배치를 받고 근무했다. 근무하는 동안 1968년 1월 21일 북괴 민족 보위성 정찰국 소속 124군부대의 소대규모인 무장공비 31명이 청와대 기습을 목표로 서울에 침투했다. 그러나 모두 사살되고 1명이 생포되었다.

1. 21 무장공비 청와대 기습침투에 실패한 북괴는 한국의 사회혼란과 경제 질서를 파괴하기 위하여 또다시 대규모의 무장공비를 남파했다. 그것이

울진, 삼척사건이다. 1968년 11월 2일 경북 울진과 강원도 삼척의 산악지대에 있는 외딴집이나 작은 마을을 무력으로 적화하라는 지령을 받고 해상으로 침투한 공비들은 무고한 양민을 학살했다. 이때 전방에서는 비상사태로 공비색출 일망타진 작전 수행에 들어갔다. 내 기억으로는 일백여 명이 사살되고 생포자도 있었다. 우리 부대에서 그때 많은 공적을 세웠다. 이 작전이 끝나고 1969년 11월 나는 육군병장으로 명예로운 전역을 했다.

1975년 1월 첫 주일부터 하나님은 나를 신학교도 가기 전에 순천노회 ○○교회에서 강권적으로 첫 목회를 시작하게 하셨고, 그해 3월 광주 호남신학교에 입학하여 신학공부를 시작했다. 그 당시에는 목회자들이 부족했기 때문에 나 같은 사람도 쓰임 받았다.

나는 호남신학교 재학 중 1977년 3학년 때 어느 지인으로부터 사후세계를 연구하는 심령과학에 대한 이야기를 듣고 호기심과 신학연구에도 필요하기에 광주시내 서점을 돌아다니며 심령과학 시리즈 책을 사서 읽기 시작했고, 마침 중앙주간지에 '영계의 여행'이라는 내용이 있어 계속 구입해서 읽었다. 영적세계, 사후의 세계가 과학적으로 증명되고 있었다. 그것은 성경으로 조명하여 보면 마귀의 역사가 있음을 확인했다. 그래서 더욱 관심을 가지고 자료를 모으고 책들을 사서 보았다. 이것이 내가 사후의 세계를 연구하게 된 동기가 되었다.

신학교를 졸업하고 천안에서 부교역자로 목회하다 1984년에 충남공주로 임지를 옮겨 목회하게 되었다. 공주에서 목회하면서 중단했던 영계를 다시 관심을 갖고 연구하면서 많은 자료를 모으기 시작했다. 그런데 87년에 펄시. 콜레 박사가 경험한 5일 반 동안 천국을 상세히 보고 왔다는 『내가 본 천국』이 기독교내에서 베스트셀러가 될 정도로 선풍을 일으켰다. 물론 나는 광고를 보고 즉시 구입해서 읽어 보았다. 내용을 읽으면서 황당하기도 했지만 그동안 나온 자료 중에 그래도 성경과 근접했다고 생각했다.

그런데 역자의 서문에 보면

"사도 바울도 천국을 부분적으로 보았으나 천국의 계시를 나타내는 것이 허락되지 않았음에도 불구하고, 콜레 박사에게는 천국의 현실과 100가지 계시를 온 세상에 전하라는 특별한 사명이 주어진 것이었습니다."[212] 했다.

여기서 펄시. 콜레 박사도 천국에 대한 현실과 100가지 계시를 온 세상에 전하라는 특명을 받고 왔다고 했다. 역자인 홍○봉 씨가 콜레 박사에게 농담식으로 질문을 던졌다. "그처럼 영광스러운 세계를 보시고도 어떻게 지상에 다시 돌아올 수 있었단 말입니까?" 했더니 "나도 돌아오고 싶지 않았지만, 지상에 가서 해야 할 일을 특별히 지시하시면서, 나의 뼈가 썩기 전에 다시 천국으로 부를 터이니 가서 사명을 다하라고 하시기에 왔죠."[213] 라고 하면서 소박한 미소를 지었다고 했다.

그런데 마침 1988년 5월에 전남 장성 S 기도원에서 펄시. 콜레 박사 초청으로 집회가 있다는 광고가 나왔다. 나는 좋은 기회다 하고 그날을 기다리며 참석의 기회를 얻었다. 특히 콜레 박사가 밝히는 주님으로부터 받은 『100가지 천국비밀』의 책도 구할 수 있다고 했다. 5월이라 날씨가 따뜻해 전국에서 모여든 인파 때문에 야외에다 강단을 만들고 집회를 했다. 나는 아는 전도사님들과 함께 숙식을 하며 집회에 참석했다. 통역을 하기 때문에 시간이 길었다.

성경 말씀 내용은 오래되어 잘 생각나지 않는다. 자신의 간증을 하면서 천사에 대해 이야기를 많이 한 것으로 기억된다. 그 집회 장소에서 『100가지 천국비밀』을 구입해 읽어 보면서 깜짝 놀랐다. 그 책은 갑자기 이장림 목사에게 번역과 출판을 맡긴 것이다. 5월 집회 때 선 보이기 위해서 급히 번역을 했다고 한다. 그것도 하나님의 세밀한 인도하심이 가능케 했다고 역자의 서문에서 밝혔다. 그런데 내용을 보니 황당하다.

그 중에서 〈콜레 박사가 밝히는 100가지 천국비밀〉 책 140페이지에 보면 100가지 비밀 중 14번째 비밀에서 다음과 같은 내용이 나온다.

"이것은 계시된 또 다른 비밀이다. 내가 예수님에게 인간이 무엇 때문에 타락했느냐고 묻자 그 대답은 세 글자 "섹스"(sex)였다. 물론 아담 이전 사람들도 있었다. 생산을 하려면 성관계를 가져야 하는데 이것은 동물과 인간에게 있는 일이며 타락한 천사들에게도 있다. 타락한 천사들이 육신이 되었고 온 세상은 아담 이전 사람들로 뒤덮였다. 아담이 에덴동산에 이었을 때 하나님은 아담에게서 이브를 만들어내어 남자와 여자를 창조하셨다. 하나님은 선악을 알게 하는 나무 실과를 먹지 말라 말씀하셨다. 하나님은 완전한 사람, 첫 아담을 원하신 것이다. 기억해 보라. 여전히 사탄과 하나님 사이에 전쟁이 있었고 하나님은 사탄에게 이브를 시험하도록 허락하셨다. 이브는 시험에 빠지고 말았다. 성욕이 이브를 사로잡았고 아담은 그녀의 품에 빠져들었다. 이것이 하나님이 창조하신 남녀의 첫 번째 성행위였다."[214]

아담과 이브(여자)가 타락한 원인이 창세기에서 밝힌 하나님이 금하신 선악과를 따 먹음으로 타락한 것이 아니고, 사탄에게 미혹을 받아 아담과 이브(여자)의 성행위로 타락했다고 예수님이 말씀했다는 것이다. 나는 이 부분을 읽으면서 황당했다. 그것도 예수님께서 그렇게 가르쳐 주셨다는 것이다.

"하나님은 저녁 서늘할 때에 아담과 함께 거닐 곤 했는데 이것은 사람이 자연력, 곧 더위와 추위의 지배를 받았음을 입증한다. 아담과 이브 사이에 이런 성행위가 있은 후에 하나님은 아담이 이제 완전하지 않은 것을 보셨다. 그때 하나님은 아담을 에덴동산에서 쫓아내시며 그에게 나가서 성관계를 하여 땅에 충만하라고 말씀하셨다." [215)

이 내용은 성경 창세기에 있지도 않은 내용을 열거하며 거짓말을 늘어놓았다. 창세기에 3장 1-24절에 기록된 말씀을 보면 알게 될 것이다.

그런데 펄시 콜레 박사가 예수님께 받았다고 하는 비밀은 성경 말씀과 하나님이 금하신 선악과 실과를 따먹고 범죄 한 사실을 아담과 이브(여자)의 성행위로 둔갑을 시켜 버렸다. 이것은 분명한 거짓말쟁이요, 거짓의 아비인 마귀에게 받은 것이지 예수님의 말씀이라고 할 수 없다.

창세기 1장 27-28절에 기록되었으되 "하나님이 자기 형상 곧 하나님의 형상대로 사람을 창조하시되 남자와 여자를 창조하시고 하나님이 그들에게 복을 주시며 그들에게 이르시되 생육하고 번성하여 땅에 충만하라, 땅을 정복하라, 바다의 고기와 공중의 새와 땅에 움직이는 모든 생물을 다스리라 하시니라" 한 말씀에 보면 하나님께서 남자(아담)와 여자를 창조하시고 복을 주시며 생육하고 번성하여 땅에 충만하라고 하셨다. 남자(아담)와 여자를 부부로 인정하여 성행위로 자녀를 낳아 땅에 충만하라고 한 것은 하나님이 허락한 복이지 범죄 행위가 아니다. 그런데 펄시 콜레 박사가 예수님으로부터 받았다고 하는 천국비밀은 요한복음 8장 44절에 예수님이 거짓말쟁이요, 거짓의 아비라고 알려준 마귀의 계시임에 틀림이 없다.

또 다음을 확인하면 더 확실해진다. 100가지 천국비밀 중 147페이지에 23번 다음의 비밀은 내가 천국에 갔을 때 예수님께 한 질문에 대한 대답이다. "가장 큰 S는 무엇입니까?" 답-"섹스"(sex) 24번 "사람이 타락한 이유는 무엇입니까?" 답-"섹스"(sex) 24번째 물음에 사람이 타락한 이유가 '섹스'라고 예수님이 말씀했다는 것이다. 그리고 p148에 28번 "다윗 왕의 죄는 무엇입니까?" 답-"섹스"(sex)였다.

다윗 왕의 범죄는 섹스 일수 있다. 그러나 최초의 아담의 범죄는 금하신 선악과이다. 이것은 분명히 거짓된 마귀로부터 받았음이 틀림이 없다. 그래서 나(필자)는 낮 집회를 마치고 S 기도원의 이○석 목사에게 쫓아가서 아담과 여자가 타락(범죄)한 것이 성행위라고 한 것이 맞느냐고 따졌다. 그랬더니 이○석 목사는 깜짝 놀라며 자기는 아직 그 책을 읽어보지 못했다고 말한다. 나는 이 책에 쓰여 있으니 읽어 보라고 하고 숙소로 와 같이 있는 전도사님께 분명히 필시 콜레 박사가 쓴 책에 대해서 한국 교회에서 말썽이 있을 것이라고 했다. 과연 그 뒤에 인천에서 집회하다 설교시간에 통역하던 목사님이 도저히 통역을 못하겠다고 단에서 내려와 버려 집회도 못하고 쫓겨 간 사실이 밝혀졌다. 그리고 모 기독교 신문사에서는 미국에 가서 필시 콜레 박사에 대해서 추적 조사했더니 그의 신앙에 문제점이 많은 것을 발견했다고 보도했다.

그런데 월간 현대종교 특집에 보면 필시 콜레 박사가 쓴 내(필자)가 지적한 것처럼 한국 교회에서 "사람이 타락한 이유는 무엇입니까?" "섹스"(sex)에 대해서 이의를 제기하자 부랴부랴 그 해답을 각각 '불순종'을 타이피스트의 실수로 왜곡되었다고 해명서를 냈다고 했다. 그 해명서를 옮겨본다.

해명서

본인이 한국집회 중 본인의 저서, 『100가지 천국비밀』에 본인의 의사가 본인의 비서인 타이피스트의 실수로 p.147의 23번, 24번의 답을 '불순종'을

'Sex'로 p.148의 28번 '살인'을 'Sex'로 여러 부분에 걸쳐 왜곡되어 본의 아니게 한국 성도님들께 물의를 빚어드린데 대해 진심으로 죄송스럽게 생각하며 사과드립니다. 번역상의 잘못은 없으며 한국 성도님들의 오해가 없으시길 바랍니다. 하나님으로부터 무한한 사랑을 받는 한국 성도님들이 되시기를 기원합니다. 1988. 6. 펄시 콜레 올림[216]

해명서에서는 p147 23번, 24번, p148 28번에 대한 '불순종, 불순종, 살인'을 '섹스'(Sex)로 쓴 것은 타이피스트의 실수라고 해명했다.

그렇다면 p.140에 나오는 14번 중간에 "내가 예수님에게 인간이 무엇때문에 타락했느냐고 묻자 그 대답은 세 글자 "섹스"(Sex)였다."고 했다. 여기에서 분명히 '세 글자'라고까지 했다. 여기에서는 무엇이라고 해명할 것인가? 묻고 싶다. 아무리 거짓말을 해명하려 해도 진실은 속일 수가 없는 것이다.

펄시 콜레 박사는 분명히 천국에 가서 예수님을 만났고, 예수님으로부터 받은 100가지 천국비밀이라고 했다. 그런데 거짓으로 일관했다. 그가 5일 반 동안 갔다 온 천국은 도대체 어디며, 그가 만났다고 하는 예수님은 누구일까? 예수님이 거짓말쟁이인가? 그래서 예수님은 마지막 때에 미혹 받지 말라고 신신당부하셨다.

신약성경 마가복음 13장 5-6절에 기록되었으되 "예수께서 이르시되 너희가 사람의 미혹을 받지 않도록 주의하라 많은 사람이 내 이름으로 와서 이르되 내가 그로라 하여 많은 사람을 미혹케 하리라" 했다.

예수님의 말씀이 진리다. 마귀는 광명한 천사로 가장하여 우리에게 접근한다. 그러나 예수님은 미리 미혹 받지 말라고 경계의 말씀을 하셨다.

거짓으로 들어난 1992년 10월 휴거소동

1987년부터 한국에 불어 닥친 휴거 사건이 있었다.

『다가올 미래를 대비하라』는 책을 써 주님의 재림과 휴거가 곧 있을 것이라는 이○림 목사의 책이 전국을 강타했다. 그 책에는 "우리 시대를 위한 충격적인 하늘의 메시지"를 담고 있었다.

이 목사는 서문에서 이렇게 썼다.

"어느 날 누가 갑자기 불쑥 내민 펜을 들고 나도 모르게 정신없이 써내려 온 기분이다. 어디서부터 어떻게 시작했다가 마쳤는지 얼떨떨하기만 하다. "너는 이것을 기록하라"는 하늘의 명령을 거역할 수 없었던 한 젊은이와의 만남! 그것이 이 책을 쓰게 된 동기라고 할 수 있다." [217]

여기에서 책을 쓰게 된 동기가 "너는 이것을 기록하라"는 하늘의 명령을 거역할 수 없었던 한 젊은이를 만남이라고 했다. 다시 말하면 하늘의 명령 때문이라는 것이다. 이렇게 하늘은 책을 쓰라고 강조한다. 그 하늘은 도대체 누구일까? p7 페이지에 보면 "매일 살아계신 하나님을 만나 대화를 하면서 주고받는 한 젊은이의 계시 스토리가 있었기에 오늘의 이 책이 나오게 되었음을 자인하지 않을 수 없다"고 했다.

이 젊은이는 대학 입시 공부를 하고 있는 고등학고 2학년 학생이었다고 한다. 그 학생은 87년 2월 27일부터 환상을 보고 계시를 받고 있었다고 했다. 그에게 있어서 계시는 하나님과의 일상적인 대화에서부터 시작된다고 했다. 그는 김○진으로 책에서는 진군이라고 불렀다.

『다가올 미래를 대비하라』 27페이지에 진군에게 하나님이 나타나 말씀 하셨다고 한다.

"중공으로 가겠느냐, 북한으로 가겠느냐?"

"내 동족이 사는 북한으로 가겠습니다."

"좋다. 북한으로 가거라. 너는 1992년 5월 9일에 북한으로 가서 석 달 남 짓 복음을 전하다가 8월 26일에 순교할 것이다."

진군은 순교할 것이라는 말에 충격을 받았다고 했다. 이렇게 하나님이 나타나셔서 자기에게 말씀했다고 한다. 과연, 그 말씀을 한 분이 하나님이실까?

이○림 목사는 진군에게 "그러면 통일이 되는 것이냐?"고 물었다고 한다. 그러나 진군은 통일이 되는 것은 보여 주지 않았고 앞으로 수많은 젊은 이들이 북한으로 들어가서 전도하다가 죽임을 당하는 환상을 보여 주었다고 했다. 그때 자기도 북으로 들어가 전도하다 순교하게 된다는 것이다.[218]

진군은 그가 받은 계시와 환상을 노트에 기록하고 있었다고 이○림 목사는 이야기한다. "너는 이것을 기록하라"고 하는 명령 때문이다. 그렇다면 기록하라고 명령하신 분이 진짜 하나님이실까?

이○림 목사는 여러 가지 징조로 보아 '92-3년경에 "휴거"가 있을 것이라는 전망이 더욱 확실해지고 있다고 강조했다.

예수님은 이렇게 말씀하셨다.

마태복음 24장 35-37절에 기록되었으되 "천지는 없어지겠으나 내 말은 없어지지 아니하리라 그러나 그 날과 그 때는 아무도 모르나니 하늘의 천사들도, 아들도 모르고 오직 아버지만 아시느니라 노아의 때와 같이 인자의 임함도 그러하리라"

이러한 말씀으로 이미 재림의 그날과 그때는 아무도 모르고 하나님만 아신다는 것이 정답이다. 누구도 그 날을 말하는 것은 미혹의 영과 귀신의 가르침이라고 디모데전서 4장 1-2절에 말씀하고 있다. 이○림 목사는 귀신의 계시를 하나님의 계시라고 믿고 있고, 진실이라고 미혹하고 있다. 그러면 이○림 목사가 하나님의 계시라고 하는 계시를 한 번 들어보자

• 신림동의 이○○ 권사는 '90년부터 청년들에게 성령이 강력하게 임하고 '91년부터는 재림의 징조가 보이면서 재난이 닥치고 '92년에는 휴거가 일어나며 '92년 11월부터는 성령을 거둬 가신다는 계시를 받았다.

• 서울의 G 교사는 천국에 갔을 때 생명강 물줄기에 '1992. 10'이라는 글자가 나타난 것을 보았다.

• J 목사님에게는 주님이 '92년 10월에 오시겠다며 환란시대의 피난처와 천사들이 인치는 무덤과 때를 모르는 주의 종이 가는 지옥도 보여 주셨다.

• 오하이주 에크론시 에크론 교회 어느 집사님은 '89년에 급한 재림 메시지를 듣고 기도하다가 하늘의 음성을 듣기 시작했는데 석 달 동안 "3년 남았다"는 음성이 계속 들렸다고 한다. 이것 역시 1992년에 주님이 오실 것을 가르쳐 준 것이다.

• 대구의 K 청년은 어느 날 밤 2시 30분경에 기도하고 막 잠이 들었는데 비몽사몽간에 대구역 광장에 큰 플래카드가 나타났다. 대문짝만한 글씨로 주님이 오시는 시간이라고 검은 글씨로 써 있었고 그 밑에 붉은 글자로 1992년 10월 ○○일이라고 기록되어 있었다.

• 인천 반석교회 S 자매는 천국 생명강에 갔을 때 이미 생명강이 다 차있었고 생명강 강둑에 '1992. 10'이라고 기록되어 있었다.

이○림 목사는 한 두 사람도 아니고 여러 사람이 생명강에서 1992년 10월 이란 글자를 보고 왔다는 것은 우연의 일치라고 보기에는 너무나 엄청난 사건이라 하지 않을 수 없다.[219] 고 강조했다.

여러 계시들을 보면 한결같이 1992년 10월에 주님이 재림하시고 성도의

휴거가 있을 것이라는 것이다. 그런데 모두가 다 거짓말이 되고 말았다. 이 사실은 이미 거짓말이라고 검증이 되었다.

그렇다면 진군이 만난 하나님은 누구일까? 또 말씀하신 예수님은 거짓말쟁이인가? 갔다 온 천국의 생명강 둑은 어디일까? 왜 그토록 수많은 사람에게 1992년에 주님이 재림하시고 성도의 휴거가 있다고 거짓 계시를 내려 보냈을까?

예수님은 말씀하셨다. 요한복음 8장 44절에 기록되었으되 "너희는 너희 아비 마귀에게서 났으니 너희 아비의 욕심을 너희도 행하고자 하느니라 저는 처음부터 살인한 자요 진리가 그 속에 없으므로 진리에 서지 못하고 거짓을 말할 때마다 제 것으로 말하나니 이는 저가 거짓말쟁이요 거짓의 아비가 되었음이니라"

예수님이 밝힌 것은 마귀는 거짓말쟁이요, 거짓의 아비인 것이다. 그렇게도 미혹 받지 말라고 당부했는데 모두가 마귀에게 미혹 당한 것이 들어났다.

마귀는 무저갱에 들어가는 때가 가까이 오고 있기 때문에 우는 사자처럼 삼킬 자를 찾고 있다고 했다. 그 대상은 예수를 믿는 자들이 표적이다.

신약 베드로전서 5장 8-9절에 기록되었으되 "근신하라 깨어라 너희 대적 마귀가 우는 사자같이 두루 다니며 삼킬 자를 찾나니 너희들은 믿음을 굳게 하여 저를 대적하라"

이렇게 1992년 휴거의 열풍을 일으켰던 '다미선교회'가 그동안 예언했던 모든 것이 거짓으로 드러나고, 1992년 10월 28일 휴거가 거짓으로 끝나자 이〇림 목사는 사기죄로 구속 징역형을 받았고, 이로 인해 '다미선교회'는 공식 해체되었다. 이에 동조했던 교회들이 간판을 내리고 문을 닫는 곳이 속출했다. 마귀는 이와 같이 믿는 자를 표적 미혹하고 있음을 명심해야 한다.

2000년대에 자미국 등장

2000년대에 들어서면서 내가 목회하던 교회에서 설교시간에 성도들에게 "2000년도에는 용(龍)의 시대가 올 것이다"라고 했다. 그것은 중국을 겨냥해서 하는 말이었다. 중국의 상징이 용(龍)이기 때문이다. 중국은 용 그림과 용의 흉상을 가지고 춤을 추고 용을 국가의 상징물로 많이 이용한다. 그리고 성경 요한계시록에 용의 세력이 마지막 때에 세상을 지배하기 때문이다.

그래서 앞으로 2000년대에 중국이 세계를 제패하기 위해서 경제적으로, 정치적, 사회적, 군사적으로 세계적으로 두각을 나타낼 것이라는 의미였다.

그런데 진짜 용(龍)의 세력이 나타났다. 그것도 우리 대한민국에서 말이다.

2006년이 넘어 서면서 모 일간지에는 전면에 책 광고가 나오기도 하고, 다른 일간지에는 2단으로 3단, 4단으로 책 광고가 나오기도 했다. 나는 그 광고를 유심히 읽어 보았다.

"세상 그 어느 누구도 몰랐던 조상세계, 영혼세계, 사후세계, 하늘세계 인생에 대한 새로운 진실! 모든 이들의 운명이 바뀌어 질 수 있는 신비의 천지조화 기운! 하늘을 찾아 헤매던 모든 이들의 종착역!"이란 광고를 내면서 『천지령』이란 책을 소개하고 있었다.

나는 영계를 연구하고 있는 중이라 이러한 책은 빠짐없이 구입하여 읽어 본다. 공주 ○○서점으로 가서 찾아보았더니 『천지령』 『하늘이 인류에게 내린 명』을 구입할 수 있었다. 그런데 『천지령』의 저자가 『자미천인』으로 되어 있었고, 『하늘이 인류에게 내린 명』이란 책에는 저자가 '인존천황, 천상신인'으로 되어 있어 나로 하여금 더욱 의아심을 갖게 했다.

그리고 『천지령』 책을 펼쳐보니 '책을 엮으면서'의 앞장에서는 "자미는 북극성 부근을 말하고 자미국, 자미궁, 자미천궁이라 불리며 다른 말로는 태을천, 태을궁이라고도 한다. 자미를 중심 기점으로 우주천체의 모든 별들이 운행하고 있으며 만생만물이 창조된 근원인 곳이다. 이곳에 대우주를 창조하신 천계의 주인께서 머물고 계시니 그분이 바로 "태상천존 자미천황 태제님"이시다." [220)라고 쓰여 있었다. 나는 정신이 번뜩 들었다. 30여 년 전 유○형 박사님을 만나 인터뷰를 할 때 우주만물을 만드신 조물주를 이야기하시기에 나는 기독교에서 믿는 성경에 나오는 창조주 하나님을 말씀하신 것이냐고 했더니 유 박사님은 아니라고 했다. 그래서 나는 속으로 여호와 하나님 외에 누가 또 창조주가 있단 말인가? 하고 하나님처럼 되려고 하는 마귀의 역사라고 생각하고 더욱더 심령과학과 영계를 연구하는 계기가 되었다.

그런데 『천지령』이란 책에는 대우주를 창조하신이가 "태상천존 자미천황 태제님" 이시라고 이름까지 나오기에 깜짝 놀랐다. 그리고 그분이 북극성 부근 자미국, 자미천궁에 머물고 계신다는 것이다.

그래서 『천지령』이란 책과 『하늘이 인류에게 내린 명』이란 책을 정독을 했다. 책을 읽으면 신비한 기운을 느낀다고 했는데 나는 두 권의 책을 읽어도 아무런 느낌도 없었다. 그것은 성경에서 말하는 '하나님의 자녀'와 '마귀의 자녀'로 드러나기 때문이라는 생각이 들었다. 마귀의 자녀는 책을 읽으면 기운을 느낀다는 것이 확실해졌다.

그리고 책을 읽으면서 다시 한 번 더 놀란 것은 "이 분은(태상천존 자미천황 태제님) 종교상으로 모든 인류가 떠받드는 천계의 천주들을 거느리고 다스리시는 절대자 존재이시기에 종교를 펼치시지 않고 오히려 기존의 모든 종교를 멸하거나 흡수하여 하나의 천상제국을 지상에 건설하시려고 하신다. 족보상으로는 영혼들의 어버이시며, 하나님께는 아버지가 되시는 존재시고, 석가모니 부처님과 용화세존 미륵존불님, 구천상제님, 옥황상제님, 제위 모든 천존

님들을 다스리시며 지휘통솔 하시는 유일한 우주의 절대자이시다."[221]

여기에서 "태상천존 자미천황 태제님"이 족보상으로 기독교에서 믿는 하나님의 아버지가 되신다고 사탄 마귀의 교만의 정체를 들어내고 있었다.

신약성경 데살로니가후서 2장 3-4절에 기록되었으되 "누가 아무렇게 하여도 너희가 미혹하지 말라 먼저 배도하는 일이 있고 저 불법의 사람 곧 멸망의 아들이 나타나기 전에는 이르지 아니하리니 저는 대적하는 자라 범사에 일컫는 하나님이나 숭배함을 받는 자 위에 뛰어나 자존하여 하나님 성전에 앉아 자기를 보여 하나님이라 하느니라"

예수님이 재림하시기 전 꼭 일어날 일들이다. 거짓 그리스도가 나타난다고 예언했다.

그리고 "이렇게 위대하신 대우주의 창조주께서 동방의 작은 나라 한반도에 2007년 5월 6일에 공식 강세하시었다."[222]고 한다. 그 이유는 첫째, 하늘과 조상을 팔아 착취하고 있는 잘못된 종교를 멸하시고, 종교에 노예가 되어버린 인류를 구원하시어 종교로부터 모두를 해방시키시고, 또한 더 이상 무당, 도사, 법사, 보살, 스님, 신부, 목사 등 종교인으로 탄생하는 것을 예방하시기 위하여 강세하시었다. (중략) 일곱째, 생로병사를 초월하여 불로수명 장생하는 신선의 나라를 세우시고자 강세하시었다.[223] 이렇게 강조하면서 이 책이 인생을 살아가는 동안 근심걱정 없이 하늘과 조상의 보호를 받아 가장 행복하게 잘사는 지름길로 여러분 각자의 인생을 인도해 줄 하늘이 내리신 인생 행복의 비결서(秘訣書)라고 호평을 하고 있었다.

그가 쓴 책이 비슷한 내용으로 무려 30여 권이나 된다. 나는 10권 이상을 구입해서 읽어 보았다. 2015년에 나온 '천지인 견문록'이란 책은 저자가 천인(天人) 이○민 씨로 되어 있다. 표지를 열어보니 "나는 누구이며 무엇 때문에 인간으로 왔는가? 태어난 사명은 무엇일까? 죽으면 어디로 가는가?"

라고 자문을 하며 그 통쾌한 해답을 자미국에서 찾았다고 한다.

필자는 나의 인생 70년이 넘어 섰고, 63년 동안 기독교의 하나님의 말씀인 성경을 믿는 신앙생활을 해왔고, 인생의 40년을 농촌교회를 섬기는 목회자로서 일을 해왔다. 그 중에 36년을 영계의 통신을 통해 하나님의 말씀인 성경을 박멸하겠다는 사탄의 음모를 알게 되면서 여기에 대한 연구를 하게 되었다.

"우리들의 사명은 지상의 산물인 신학(神學)을 박멸하고 이것의 대신으로 보다 더 올바른 신(神)의 가르침을 지켜야 한다." 이것이 때가 되면 무저갱으로 들어가게 될 사탄, 마귀의 인간에 대한 마지막 미혹의 전략이다.

그래서 A.D. 65년경에 신약성경 디모데전서에 미리 이러한 때가 오게 될 것을 말씀했다.

디모데전서 4장 1-2절에 기록되었으되 "그러나 성령이 밝히 말씀하시기를 후일에 어떤 사람들이 믿음에서 떠나 미혹케 하는 영(靈)과 귀신의 가르침을 좇으리라 하셨으니, 자기 양심이 화인(火印)맞아서 외식함으로 거짓말하는 자들이라"

'천지인 견문록' 책 33페이지에 "모든 종교가 진짜 하늘을 섬기지 않고 가짜 하늘을 섬기는 것이라고 알리는데도 수많은 종교인들이 자미국에 쳐들어와 난리는 왜, 안 쳐대는 건지?"라고 말하고 있다.

그래서 필자는 여기에 대해 책을 쓰고 있는 것이다. 그리고 이러한 내용이 나온다.

"종교가 이렇게 가짜 하늘을 전하는 지도 모르고 사후세계로 가신 아버님을 위해, 할아버님을 위해 고향 강화도에 있는 ○○사에서 49재를 올린 게 몽땅 뒤집어지는 행을 한 것을 알고 불경책, 달마도 등 종교에 관한 모든 것을 몽땅 태워 버렸습니다. 속이 다 시원해지더라고요. 부처님과 예수님께 천벌 받는다고요? 절대 아닙니다."[224]

필자는 이○민 씨에게 묻는다. 왜 그토록 아끼고 신앙했던 불경, 달마도 등 불교에 관한 모든 용품을 없애라고 하는지 아는가? 그것은 병주고, 약주고다. 저 영계에서의 사탄 마귀가 지상의 산물인 신학을 박멸하기 위해서 성경 외에 각 종교의 책이나 신앙 용품까지 모조리 없애게 하는 것이다. 사실은 기독교의 경전인 성경만 없애도 되는데, 타 종교의 신앙 용품까지 없애게 되는 것은 박멸한다고 했기 때문이다.

이러한 계획을 지금으로부터 85년 전에 저 영계에서 가장 높다고 하는 유혼단의 통솔자인 인베레타의 음모라는 것을 알린다.

성경을 없애려는 것은 성경책에 사탄 마귀의 운명이 기록되어 있기 때문이다.

요한계시록 20장 10절에 기록되었으되 "또 저희를 미혹하는 마귀가 불과 유황못에 던지우니 거기는 그 짐승 과 거짓선지자도 있어 세세토록 밤낮 괴로움을 받으리라" 했다.

인류를 거짓말로 속이고 죽음으로 몰아넣었던 사탄, 마귀가 유황불못으로 들어 갈 때가 가까이 오고 있음을 알고 있기 때문에 마지막까지 인류를 미혹해서 둘째 사망으로 끌고 가려는 음모를 꾸미고 있다. 여기에 자미국이란 이름으로 이용당하고 있음을 명심해야 한다.

'천지인 견문록'에 기록된 내용을 살펴보자.

"상상세계에 존재하실 것이라고 믿고 있던 천지만생만물을 창조해 주신 진짜 하늘 태상천존 자미천황님과 태상천존 자미황후님께서 가짜 하늘을 믿는 배신자 인류로 인해서 아파하고 슬퍼하실 것이라고 감히 상상도 못했던 말씀입니다. 인류는 기독교에서 말하는 하나님(천상천감님)이 대우주와 천지 만생만물을 창조하신 분으로 알고 있는데 하나님보다 더 높은 진짜 하늘이 존재하고 계셨던 것입니다."[225]

여기에서 '진짜 하늘' 태상천존 자미천황님이라고 강조를 한다. 하늘이면 하늘이지 진짜, 가짜를 왜 들먹일까? 그리고 진짜 하늘이라고 강조한다. 그래서 "기독교에서 말하는 하나님(천상천감님)이 대우주와 만생만물을 창조하신 분으로 알고 있는데 하나님보다 더 높은 진짜 하늘이 존재하고 계셨던 것입니다."라고 항변하고 있다.

기독교에서 믿고 있는 하나님은 하늘이 아니다. 진짜 하늘, 가짜 하늘과는 상관없다. 기독교에서 경외하는 하나님은 하늘을 창조하신 인격적인 신이시기 때문이다. 그러므로 하늘이라고 하는 것은 하나님이 창조하신 피조계다. 지금 자미국에서 강조하고 있는 '하늘'을 창조하신 분이 '여호와 하나님'이시다. 그런데 그 하늘에 계신 창조주 하나님을 모방하여 마귀가 '하늘'이라고 인황이란 관명을 주고 속이고 있다.

구약성경 신명기 10장 14절에 기록되었으되 "하늘과 모든 하늘의 하늘과 땅과 그 위의 만물은 본래 네 하나님 여호와께 속한 것이로되"

느헤미야 9장 6절에 기록되었으되 "오직 주는 여호와시라 하늘과 하늘들의 하늘과 일월성신과 땅과 땅위 만물과 바다와 그 가운데 모든 것을 지으시고 다 보존하시오니 모든 천군이 주께 경배하나이다."

이렇게 3500년 전에 기록된 하나님의 말씀인 구약성경에 이미 기록되어 있다. 그리고 창조주 하나님은 '여호와 하나님'이시다. '천상천감님'이라고 자미국에서 말하는 것은 정말 가짜다.

그런데 자미국에서는 한국의 대통령의 집무실인 청와대를 비우라고 협박을 하고 있다.

"인황님께서 전하는 말씀을 무시하고 청와대 터를 비우지 않는다면, 상상을 초월하는 불행한 일들이 꼬리를 물고 이어지게 됩니다."[226]
"지금까지는 재임 중이든 퇴임 후에 세월이 흐른 다음에 불행이 일어났지만 이번에는 터 주인의 뜻이 워낙 강력하기에 무시하면 상상을 초월하는 엄청난 불상사가 일어날 것이고, 이런 불행을 돌려주는 그날까지 계속될 것이니 그만큼 청와대 터를 속히 비우라는 메시지가 아주 강합니다."[227]

이렇게 청와대 터를 빨리 비우라고 협박을 하고 있는 것은 인황을 이용하고 청와대 터에 사탄의 왕국을 짓고 72억 인류를 둘째 사망, 곧 유황불로 끌고 가려는 사탄, 마귀의 음모이기 때문에 필자는 국민의 한 사람으로 단호히 반대한다.

나는 인황을 속이고 있는 사탄 마귀를 대적하고 있음을 인황은 이해하기 바란다. 인류는 영생의 존재에서 죽는 것도 억울한데 영원한 멸망의 길인 둘째 사망, 유황불못으로 들어가 세세토록 고통을 받으면 어찌 되겠는가?

해법은 청와대에서 대통령 집무실을 옮기는 것이 아니라 청와대에 자리 잡고 역사하고 있는 사탄 마귀, 귀신을 추방하는 일이다. "하나님이 보우하사 우리나라 만세"를 부르는 국민이기에 이제 하나님께서 일하실 때가 왔다고 필자는 믿는다.

그러므로 우리 모든 국민은 다음과 같이 기도하고 외쳐야 한다.

"가라사에 군대귀신을 내어 쫓으신 예수 그리스도의 이름으로 명하노니 더러운 귀신아! 청와대 터에서 떠날 지어다!!! 아멘, 아멘, 여호와 닛시!!"

20대 총선이 있었다. 이번 국회의원 선거가 2016년 4월 13일이었다. 자미국에서는 '자미당'을 만들겠다고 했다.

"〈자미당〉은 하늘과 땅의 좋은 천상 정기가 세세생생 무궁무진내리는 당명이기 때문에 영원히 바뀌지 않으며 자미국이 존속하는 날까지 함께할 것입니다."라고 밝히고 있다.

그래서 "앞으로는 대통령, 내각총리, 광역시장, 도지사, 국회의원, 시장, 구청장, 군수, 교육감, 광역시 의원, 도의원, 시의원, 구의원, 군의원 후보들은 자미당 소속으로 공천 받아 출마하지 않으면 당선이 불가능한 날이 곧 다가옵니다." [228] 이렇게 말하는 것은 2015년 4월에 책을 내면서 2016년 총선을 두고 하는 말이었다. 그리고 다음과 같이 확신에 찬 말로 강조한다.

"자미국과 자미당을 인황님 육신을 통해서 실질적으로 운영하신 분들이 단순한 인간들이 아니신 하늘과 땅, 도솔천황님, 천지신명님, 열두 대신님, 자미인황님, 신감님들이시기 때문입니다. 즉 이분들의 선택(공천)을 받지 못한 선거 출마 후보들은 절대로 선거에서 이길 수가 없게 됩니다." [229]

자미국 인황의 공천을 받지 못하면 절대로 당선될 수 없다고 했다. 필자는 눈 똑바로 뜨고 이번에도 지켜 볼 것이다. 앞서 이야기 했지만 2015년도에 자미국이 청와대에 들어가는 해라고 했다. 그런데 거짓말이 되고 말았다. 자미국이 청와대 터에 2015년에 들어가지 못한 것은 분명히 거짓말쟁이요, 거짓의 아비인 사탄 마귀라고 필자는 규정한다고 했다.

그런데 이번에는 자미국 인황의 공천을 받지 못하면 국회의원 선거에서 당선되지 못한다는 것이다. 필자는 '자미당'의 공천을 받는 자가 몇 사람이나 당선되나 지켜보았다. 2016년 4월 13일을 기다려 보았지만 과연 자미국의 인황의 공천을 받지 않고 당선된 사람이 몇 사람이고, 자미당의 공천 받는 자가 몇 사람이나 되었는가?

4월 13일, 총선 결과는 자미국이 거짓말쟁이인 사탄 마귀의 역사임이 증명된 것이다. 나는(필자) 선거 결과에 먼저 등록된 당명을 찾아보았다. '자미당'은 아예 이름도 없었다. 이제 또 무엇으로 대한민국 국민을 속일 것인가 지켜 볼 것이다.

• 후주 •

서문

1) 천경, 자미국 지음. 한솜미디어, 2013년. p236

1부

1장

2) 유석형,'영계여행'중앙주간. 1978, 10, 22 p17

3) 앞의 글 p17

4) 유석형, '영계여행' 중앙주간. 1978, 10, 22 p17

5) 앞의 글 p17

6) 차길진, '죽었다 살아난 사람들' 태일출판사 1994. p72

7) 메리백스터(전민석. 역) '내가 본 지옥' 도서출판 오리진 1995. p13

8) 유석형. '영계여행' 중앙주간. 1978. 10. 22 p17

9) 유석형, '영계여행' 중앙주간 1978. 11. 12 p27

10) 유석형, '영계여행' 중앙주간 1978. 11. 12 p27

11) 유석형, '영계여행' 중앙주간 1978. 11. 26 p10

12) 유석형, '영계여행' 중앙주간 1978. 11. 26 p10

13) 유석형, '영계여행' 중앙주간 1978. 11. 26 p10

14) 앞의 글 p10

15) 안동민, '방랑4차원' 중앙주간 1978. 9. 17 p29

16) 앞의 글 p29

17) 안동민, '심령과학' 태종출판사 1976. p71

2장

18) 유석형, '영혼의 세계' 금란출판사 1974. p167

3장

19) 자미국, '생령' 한솜미디어 2013. (앞표지 내)

20) 유석형, '신과 악마에 대하여' 한국심령학회 회보(26호) 1979. p9

21) 앞의 글 p9

22) 유석형, '신과 악마에 대하여' 한국심령학회 회보(26호) p9

23) 앞의 글 p9

24) 앞의 글 p9

25) 유석형, '신과 악마에 대하여' 한국심령학회 회보(26호) p12

26) 유석형, '신과 악마에 대하여' 한국심령학회 회보(제26호) 1979. p12

27) 앞의 글 p13

28) 앞의 글 p13

2부

1장

29) 김한기, '성지파노라마'(성경66권 현장) 도서출판 청담. 2006. p75

2장

30) 유석형, '영혼의 세계' 금란출판사 1974. p161-167 (참고)

31) 스웨덴보르그(하재기 역), '나는 영계를 보고 왔다' 대종출판사. 1975. p12

32) 스베덴보리 연구회 편역, '스베덴보리의 위대한 선물' 다산북스. 2009. p26

33) 스웨덴보르그(하재기 역), '나는 영계를 보고 왔다' 대종출판사. 1975. p15

34) 앞의 글 p14

35) 심진송, '신이 선택한 여자' 백송(출판) 1995. p177

36) 앞의 글 p178

37) 이장림, '다가올 미래를 대비하라' 그루터기. 1987. p31

38) 이장림, '경고의 나팔' 다미선교회 출판부. 1989. p71

39) 이장림, '1992년의 열풍' 도서출판 광천. 1990. p44

40) 스베덴보리 연구회 편역. '스베덴보리의 위대한 선물' 다산북스. 2009. p148

41) 서정범, '기치료와 초능력' 한나라 1996. p51

42) 나까가와 마사도(김준호 역) '진기의 세계' 도서출판 진기광. 1995. p11

43) 강대봉, '신(神)' 도서출판 언림. 1989. p204

44) 르네. 봔.다르. 와다나베(안동민 역) '초능력과 영능력' 서음출판사. 1976. p182

45) 안동민, '경이의 심령수' 서음출판사 1994. p26

46) 우주기연구소, '선화도' 인터넷 참조

47) 정명섭, '우주 초염력' 진세계사 1999. p235

48) 인존천황, 천상신인 '하늘이 인류에게 내린 명' 이롬미디어. 2006. p126-129

49) 스베덴보리 연구회 편역, '스베덴보리의 위대한 선물' 2009

50) 스베덴보리 연구회 편역. '스베덴보리의 위대한 선물' 2009. 앞표지 안

3부

1장

51) 유석형, '신과 악마에 대하여' 한국심령학회 회보(제26호) 1979. p9

52) 자미천궁, '황명' 이롬미디어. 2009. p31-32

53) 앞의 글 p32

54) 자미천궁, '황명' 이롬미디어. 2009. p36

55) 앞의 글. p37

56) 자미천궁, '황명' 이롬미디어. 2009. p42

57) 앞의 글. p43

58) 앞의 글. p4

59) 자미천궁, '황명' 이롬미디어. 2009. p44-45

60) 앞의 글. p52

61) 앞의 글. p52

62) 자미천궁, '황명' 이롬미디어, 2009. p78

63) 앞의 글. p78

64) 자미천인, '천지령' 이롬미디어. 2009. p301

2장

65) 인존천황, 천상신인, '하늘이 인류에게 내린 명' 이롬미디어. 2006. p15

66) 자미천궁, '황명' 이롬미디어. 2009. p41

67) 인존천황, 천상신인, '하늘이 인류에게 내린 명' 이롬미디어. 2006. p15

68) 자미천궁, '황명' 이롬미디어. 2009. p42

69) 허창욱, '피라미드 에너지' 도서출판 모색. 1998. p26

70) 앞의 글. p34

71) 자미천인, '천지령' 이롬미디어. 2009. p4

72) 인존천황, 천상신인, '하늘이 인류에게 내린 명' 이롬미디어. 2006. p196

73) 강병도, '호크마 종합 주석' 기독지혜사. 1989. p71-72

74) 자미천인, '천지령' 이롬미디어. 2009. p205

75) 앞의 글, p80

76) 자미천인, '천지령' 이롬미디어. 2009.

77) 자미천인, '천지령' 이롬미디어. 2009. p153

78) 용화진인, '대제사' 한솜미디어. 2014. p20

79) 앞의 글, p21

80) 용화진인, '대제사' 한솜미디어. 2014. p21

81) 자미천인, '천지령' 이롬미디어. 2009. p204

82) 자미천인, '천지령' 이롬미디어. 2009. p205

83) 앞의 글, p285

84) 자미천인, '천지령' 이롬미디어, 2009. p209

85) 자미천궁, '황명' 이롬미디어. 2009. p113

3장

86) 유석형, '신과 악마에 대하여' 한국심령학회지 회보(제26호) 1979. p9

87) 자미천궁, '황명' 이룸미디어 2009. p216

88) 앞의 글, p216

89) 앞의 글, p217

90) 오강남, '예수는 없다' 현암사 2001. p7

91) 앞의 글, p8-9

92) 한계례신문 광고. '우주에는 신이 없다' 2010. 3. 29(월)

93) 정광용, '예수는 없었다' 후아이엠 2010. p27

94) 정광용, '예수는 없었다' 후아이엠 2010. p27-28

95) 민희식, '성서의 뿌리' 〈'예수는 없었다'에서 인용한 내용 발췌 p54〉

96) 국승규, '예수는 과연 하나님의 독생자 인가' 좋은땅. 2013. p5

4장

97) 자미천인, '천지령' 이룸미디어. 2009. p4

98) 앞의 글, p4-5

99) 앞의 글, p5

100) 자미천궁, '황명' 이룸미디어 2009. p19

101) 인존천황, 천상신이, '하늘이 인류에게 내린 명' 이룸미디어 2006. p158

102) 자미국, '생령' 한솜미디어 2013. p272

103) 지황, '하늘 땅 인간 천지개벽' 더어울림. 2011. p337

104) 지황, '하늘 땅 인간 천지개벽' 더어울림. 2011. p371

105) 앞의 글, p371

106) 자미천궁, '황명' 이룸미디어. 2009. p164

 도솔천- 욕계 육천(六天) 가운데 넷째하늘, 하늘의 사는 사람의 욕망을 이루는 외원(外院)

   과 미륵보살의 정토인 내원(內院)으로 이루어졌다고 함

107) 앞의 글, p165

108) 자미천인, '천지령' 이룸미디어. 2009. p4

109) 지황, '하늘 땅 인간 천지개벽' 더어울림. 2011. p332

110) 앞의 글, p332-333

111) 앞의 글, p375

112) 인황, '천상입궁' 한솜미디어 2012. p197

113) 앞의 글, p202

114) 앞의 글, p202

115) 용화진인, '대제사' 한솜미디어. 2014. p99

116) 용화진인, '대제사' 한솜미디어 2014. p186

117) 앞의 글, p186

118) 용화진인, '대제사' 한솜미디어 2014. p194

119) 용화진인, '대제사' 한솜미디어 2014. p157

120) 앞의 글, p220

121) 자미국, '생령' 한솜미디어 2013. p274

122) 앞의 글, p276

123) 용화진인, '대제사' 한솜미디어. 2014. p283

124) 앞의 글, p221-222

125) 자미천궁, '황명' 이룸미디어 2009. p53

126) 자미천인, '천지령' 이룸미디어 2009. p7

127) 자미천궁, '황명' 이룸미디어 2009. p177

128) 용화진인, '대제사' 한솜미디어 2014. p247

129) 자미천궁, '황명' 이룸미디어 2009. p4

4부

1장

130) 스웨덴보르그(하재기 역), '나는 영계를 보고 왔다' 대종출판사. 1975. p11

131) 스웨덴보르그(하재기 역), '나는 영계를 보고 왔다' 대종출판사 1975. p37-38

132) 앞의 글, p39

133) 앞의 글, p39

134) 스웨덴보르그(하재기 역), '나는 영계를 보고 왔다' 대종출판사 1975. p39

135) 스베덴보리(스베덴보리 연구회편역), '스베덴보리의 위대한 선물' 다산북스 2009. p26

136) 스베덴보리(스베덴보리 연구호편역), '스베덴보리의 위대한 선물' 다산북스. 2009. 안 표지

137) 스베덴보리(스베덴보리 연구회편역), '스베덴보리의 위대한 선물' 다산북스 2009. p60

138) 앞의 글, 60-61

139) 유석형, '신과 악마에 대하여' 한국심령학회 회보(제26호), 1979. p13

140) 스베덴보리(스베덴보리 연구회편역), '스베덴보리의 위대한 선물' 다산북스 2009. p148

141) 앞의 글, p148

142) 스베덴보리(스베덴보리 연구회편역), '스데벤보리의 위대한 선물' p278-288

2장

143) 변승우, '하늘에서 온 이메일' 은혜출판사. 2005. p18-19

144) 유석형, '신과 악마에 대하여' 한국심령학회 회보(제26호). 1979. 1. 10 p8

145) 유석형, '신과 악마에 대하여' 한국심령회 회보(제26호) 1979. 1. 10 p9

146) 스베덴보리(스베덴보리 연구회 편역), '스베덴보리의 위대한 선물' p61-62

147) 앞의 글, p62

148) 유석형, '신과 악마에 대하여' 한국심령회 회보(제26호) 1979. 1. 19 p13

149) 박영문, '믿겠느냐' 광주안디옥교회 선교부. 1990. p28

150) 앞의 글, p30

151) 앞의 글, p31

152) 박영문, '믿겠느냐' 광주안디옥교회 선교부. 1990. p39

153) 박영문, '믿겠느냐' 광주안디옥교회 선교부. 1990. p51

154) 자미천궁, '황명' 이룸미디어. 2009. p165

155) 자미천궁, '황명' 이롬미디어 2009. p165

156) 만덕법사, '영의 세계' 안암문화사. 2011. p150

157) 강대봉, '신(神)' 도서출판 언립 1989. p67

158) 앞의 글, p.68

159) 박영문, '믿겠느냐' 광주안디옥교회 선교부 1990 p64

160) 구순연, '천국과 지옥' 책나무. 2011. p183-214

161) 홍성일, 홍현일, '한국의 사명과 세계의미래' 도서출판 이웃. 1991. p101-115

162) 변승우, '하늘에서 온 이메일' 은혜출판사. 2005. p84, 142, 212

163) 김상호, '깡통을 차고 빌어먹어도 지옥만은 가지마라' 책나무. 2010. p73-85

164) 대안스님, '불교강좌(상)' p139-140

165) 구순연, '구순연집사가 본 천국과 지옥' 책나무. 2011. p43

166) 구순연, '구순연집사가 본 천국과 지옥' 책나무. 2011. p44-45

167) 김상호, '깡통을 차고도 빌어먹어도 지옥만은 가지마라' 책나무. 2010. p119

168) 앞의 글, p119

169) 김용두, '내가 너에게 불세례를 주노라(4권)' 예찬사. 2006. p47

170) 앞의 글, p48

171) 김상호, '깡통을 차고도 빌어먹어도 지옥만은 가지마라' 책나무. 2010. p121-122

172) 유석형, '신과 악마에 대해서' 한국심령학회 회보(제26호). 1979. p8

173) 유석형, '신과 악마에 대하여' 한국심령학회 회보(제26호). 1979. p13-14

174) '신투오 파우루' 00교회 전도용 소책자 (내용 간추림) p5-21

175) '세 개의 집' 00교회 전도용 소책자(내용 간추림) p8-9

176) 자미천궁, '황명' 이롬미디어. 2009. P.166

177) 자미천궁, '황명' 이롬미디어 2009. p187

178) 앞의 글, p187-188

179) 자미천궁, '황명' 이롬미디어 2009. p219

180) 덕정사랑교회 '인터넷 내용 발췌' www.blog.daum.net 2012. 5. 28

181) 덕정사랑교회 '인터넷 내용 발췌' www.blog.daum.net 2012. 5. 28

182) 지황, '하늘 땅 인간 천지개벽' 더어울림. 2011 p73

183) 앞의 글, p269

184) 지황, '하늘 땅 인간 천지개벽' 더어울림, 2011. p325-326

185) 지황, '하늘 땅 인간 천지개벽' 더어울림. 2011. p326

3장

186) 정광호, '빛으로 오는 우주의 힘 초광력' 예진출판. 1996. p12-13

187) 앞의 글, p59

188) 앞의 글, p61

189) 정광호, '빛으로 오는 우주의 힘 초광력' 예진출판. 1996. p200

190) 정명섭, '21세기의 신화 우주 초염력' 진세계사. 1999. p30

191) 앞의 글, p37

192) 앞의 글, p52

193) 앞의 글, p158-159

194) 정명섭, '21세기의 신화 우주 초염력' 진세계사. 1999. p178

195) 김상원, '세포를 알면 건강이 보인다' 도서출판 일진내츄럴. 2007. p19

196) 김병호, '9년 후 줄기세포 치료' 도서출판 진기획. 2006. p141

197) 김상원, '세포를 알면 건강이 보인다' 도서출판 일진내츄럴. 2007. p20

198) 인터넷, '치아 자료 참조' www.blog.naver.com. 2015. 11.22

후기

199) 안이숙, '죽으면 죽으리라' 기독교문사. 1976. P.53

200) 안이숙, '죽으면 죽으리라' 기독교문사. 1976. P.62

201) 안이숙, '죽으면 죽으리라' 기독교문사. 1976. P.63

202) 앞의 글, P.64

203) 안이숙, '죽으면 죽으리라' 기독교문사. 1976. P.72

204) 안이숙, '죽으면 죽으리라' 기독교문사. 1976. P.90

205) 안이숙, '죽으면 죽으리라' 기독교문사. 1976. pp.101-102

206) 안이숙, '죽으면 죽으리라' 기독교문사. 1976. p 104

207) 한국반공화보 편찬위원회, '반공화보총감' 1987, p.74

208 한국반공화보 편찬위원회, '반공화보총감' 1987, p.133

209) 신앙계, '6.25 전쟁의 교훈' 신앙계사, 1991, pp. 36-37

210) 한국반공화보 편찬위원회, '반공화보총감' 1987. p.196

211) 한국반공화보 편찬위원회, '반공화보총감' 1987, p. 434

212) 펄시. 콜레(홍의봉 역), '내가 본 천국' 일신출판사, 1986, p. 7

213) 펄시. 콜레(홍의봉 역), '내가 본 천국' 일신출판사, p. 11

214) 펄시. 콜레(이장림 역), '100가지 천국비밀' 1988, p. 140

215) 앞의 글, p. 140

216) 월간 현대종교 편집부 편, '이초석, 이장림의 정체' 국종출판사. 1988. p.20

217) 이장림, '다가 올 미래를 대비하라' 그루터기, 1987, p. 5

218) 이장림, ;다가 올 미래를 대비하라' 그루터기. 1987. p.15

219) 이장림, '1992년의 열풍' 도서출판 광천. 1990. pp.43-46

220) 자미천인, '천지령' 이롬미디어, 2009, p. 4

221) 자미천인, '천지령' 이롬미디어, 2009, pp. 4-5

222) 앞의 글, p. 5

223) 자미천인, '천지령' 이롬미디어, 2009, p. 6

224) 천인, 이재민, '천지인 견문록' 도서출판 띠앗, 2015, P.41

225) 천인,이재민, '천지인 견문록' 2015, P.90

226) 천인, 이재민, '천지인 견문록' 도서출판 띠앗, 2015, p. 218

227) 앞의 글, p. 221

228) 천인, 이재민, '천지인 견문록' 도서출판 띠앗, 2015, p. 249

229) 앞의 글, p. 250

● 참고문헌 ●

성경

1. 성경. 한글판 개역성경전서 . 아가페 출판사. 1997.

단행본

1. 차길진. '죽었다 살아난 사람들' 태일출판사. 1994.

2. 안동민, '심령과학' 태종출판사. 1976.

3. 자미국, '천경' 한솜미디어. 2013.

4. 유석형, '영혼의 세계' 금란출판사. 1974.

5. 김한기, '성지 파노라마' 도서출판 청담. 2006.

6. 스웨덴보르그(하재기 역), '나는 영계를 보고 왔다' 대종출판사. 1975.

7. 스베덴보리 연구회 편역, '스베덴보리의 위대한 선물' 다산북스. 2009.

8. 이장림, '다가올 미래를 대비하라' 그루터기. 1987.

9. _____ '경고의 나팔' 다미선교 출판부. 1989.

10. _____ '1992년의 열풍' 도서출판 광천. 1990.

11. 강대봉, '신(神)' 도서출판 언립. 1989.

12. 르네.봔.다르.와다나베(안동민 역), '초능력과 영능력' 서음출판사. 1976.

13. 안동민, '경이의 심령수' 서음출판사. 1994.

14. 정명섭, '우주 초염력' 진세계사. 1999.

15. 자미천궁, '황 명' 이롬미디어. 2009.

16. 자미천인, '천지령' 이롬미디어. 2009.

17. 인존천황/천상신인, '하늘이 인류에게 내린 명' 이롬미디어. 2006.

18. 허창욱, '피라미드 에너지' 도서출판 모색. 1998.

19. 강병도, '호크마 종합주석' 기독지혜사. 1989.

20. 용화진인, '대제사' 한솝미디어. 2014.

21. 오강남, '예수는 없다' 현암사. 2001.

22. 정광용, '예수는 없었다' 후아이엠. 2010.

23. 민희식, '성서의 뿌리'

24. 국승규, '예수는 과연 하나님의 독생자인가?' 좋은땅. 2013.

25. 자미국, '생 령' 한솝미디어. 2013.

26. 지 황, '하늘 땅 인간 천지개벽' 더어울림. 2011.

27. 인 황, '천상입궁' 한솝미디어. 2012.

28. 박영문, '믿겠느냐' 광주안디옥교회 출판부. 1990.

29. 만덕법사, '영의 세계' 안암문화사. 2011.

30. 구순연, '구순연 집사가 본 천국과 지옥' 책나무. 2011.

31. 홍성일/홍현일, '한국의 사명과 세계의 미래' 도서출판 이웃. 1991.

32. 변승우, '하늘에서 온 이메일' 은혜출판사. 2005.

33. 김상호, '깡통차고 빌어먹어도 지옥만은 가지마라' 책나무. 2010.

34. 대안스님, '불교강좌 (상)'

35. 정명섭, '빛으로 오는 우주의 힘 초광력' 예진출판. 1996.

36. 김상원, '세포를 알면 건강이 보인다' 일진 내츄럴. 007.

37. 김병호, '9년 후 줄기세포 치료' 도서출판 진기획. 2006.

38. 안이숙, '죽으면 죽으리라' 기독교문사. 1976.

39. 한국반공화보 편찬위원회, '반공화보총감' 1987.

40. 신앙계. '6.25전쟁의 교훈' 신앙계사. 1991.

41. 펄시.콜레(홍의봉 역), '내가 본 천국' 일신출판사. 1986.

42. _____(이장림 역), '100가지 천국비밀' 그루터기. 1988.

43. 월간현대종교 편집부편, '이초석, 이장림의 정체' 국종출판사. 1988.

44. 천인. 이재민, '천지인 견문록' 도서출판 띠앗. 2015.

신문, 잡지 참고

1. 안동민, '방랑 4차원' 중앙주간 1978. 9. 17

2. 유석형, '영계 여행' 중앙주간 1978. 10. 22

3. _____, '영계 여행' 중앙주간 1978. 11. 12

4. _____, '영계 여행' 중앙주간 1978. 11. 26

5. _____, '신과 악마에 대하여' 한국심령학회 회보(제26호) 1979.

6. 한계레신문(광고), '우주에는 신이 없다' 2010. 3. 29(월)

7. 조선일보(광고), '인간의 마지막완성도는 하늘의 명' 2013. 7. 20.

8. ○○교회, 전도용 소책자, '세 개의 집'

9. _____, 전도용 소책자, '신토우 파우루'

인터넷 자료

1. www. djsarang. com 2014. 5. 6

2. www. blog. daum. net 2012. 5. 28

3. www. jesus 114. org 2012. 5. 25

4. www. blog. naver. com / ko. wikipedia.org. 2015. 11. 22

5. www. djsarang. co. kr 2015. 12. 21

미혹의
영을
경계하라